Lehrgang Arabisch
Schlüssel

Dieter Blohm / Wolfdietrich Fischer / Wolf-Dietrich Fromm

# Lehrgang Arabisch
# Standardsprache der Gegenwart

Schlüssel

zu den Texten, Hörtexten und Übungen

bearbeitet von

Dieter Blohm und Wolfdietrich Fischer

REICHERT VERLAG WIESBADEN 2013

**Bibliografische Information der Deutschen Nationalbibliothek**
Die Deutsche Nationalbibliothek verzeichnet diese Publikation
in der Deutschen Nationalbibliografie; detaillierte bibliografische Daten
sind im Internet über http://dnb.d-nb.de abrufbar.

© 2013 Dr. Ludwig Reichert Verlag Wiesbaden
978-3-89500-978-5
www.reichert-verlag.de

# Inhaltsverzeichnis

## Lektion 1

**T 1:** Willkommen, o Hamid!

**Ü 1:**

أهلا – سهلا – يا – حامد – حمد – سال – سهل– هل – أحمد – ساهل – لها – لحوم

**Ü 2:**

أَهْلًا – سَهْلًا – وَسَهْلًا – أَحْمَد – يَا حَامِد

**Ü 3 ⊙ 1.:**

أهلا وسهلا – يا حامد

**Ü 4:**

لحم – حمد – دم – مدح – وسوس – لام – دال – ولد – وهم – يدها – حامد – لمح – هو – هي –
والد – دموي – حلو – لوح – هام – دلو – حلم – ملح – لس – لامس – سلم – ليس

## Lektion 2

**T 1 ⊙ 2.:** Willkommen! – Sei gegrüßt, Sami! – Dir ein Gruß, Mahmud! – Guten Morgen! – Schönen guten Morgen! – Wie geht es dir, Mohammad? – Gott sei Dank, es geht mir gut.

**Ü 1:**

مرحبا – بك – صباح – الخير – النور – كيف – حالك – أنا – بخير – الحمد

**Ü 2:**

مَحْمُودُ – مُحَمَّدُ – مَرْحَبًا – بِكَ / بِكِ – صَبَاحٌ – نورٌ – صَبَاحَ الْخَيْرِ – كَيْفَ حالُكَ – أَنَا – بِخَيْرٍ –
أَلْحَمْدُ – لِلَّهِ – سَامِي – خَيْرٌ – أَهْلًا – وَسَهْلًا

**Ü 3:**

مرحبا يا محمود – صباح الخير صباح النور – كيف حالك يا محمد؟ – الحمد لله. أنا بخير.

**Ü 4:**

مرحبا يا محمد. كيف حالك يا محمود. صباح الخير يا أحمد. أنا بخير الحمد لله.

**Ü 5:**

(مرحبًا يا محمّد) – مرحبًا بك –– (صباح الخير) – صباح النور –– (كيف حالك) –– الحمد لله بخير

**Ü 6:**

دار – روح – بخور – خبر – صبح – أحمر – دخول – باص – هام – فصل – لخص – درس – مكان –
– واحد – أكبر – صاحب – باب – سرور – بلد – بلاد – نصوص – ليس – وفد – باكر

## Lektion 3

**T 1 ⊙ 4.:** Guten Morgen! – Einen schönen guten Morgen! – Willkommen! Wie geht es dir? – Gott sei Dank, es geht mir gut. – Mein Name ist (Ich heiße) Mohammad und wie ist dein Name (heißt du)? – Mein Name ist Samirah. – Willkommen, Samirah! (Und) wer ist dort? – Dort ist Ahmad. Und was ist hier? – Hier ist ein Buch und eine Zeitschrift. – Und wessen Buch und wessen Zeitschrift sind hier? – Hier ist Ahmads Buch und dort ist Samirahs Zeitschrift. – Hier ist ein neues Buch und dort eine neue Zeitschrift. – Und dort sind neue Bücher und neue Zeitschriften. – Hier sind meine Bücher und dort sind deine Zeitschriften. – Nicht schlecht.

**Ü 1:**

صباح – النور – حالك – إسمي – ما – من – سميرة – هناك – أحمد – محمد – محمود – كتاب – كتب –
– مجلة – مجلات – كتبي – بأس – مجلاتي

**Ü 2:**

سَمِيرَةُ – مَحْمُودُ – إِسْمِي – إِسْمُكِ – كَيْفَ حَالُكَ – هُناكَ – هُنا – صَبَاحٌ – كِتَابٌ – أَلْمَجَلَّةَ – أَلْكِتَابُ –
أَلجَدِيدُ – بِمَجَلَّاتِكَ

**Ü 3:**

إسمي محمود واسمك سميرة. من هنا وما هناك؟ هنا كتاب أحمد وهناك مجلة سميرة. كتاب محمد جديد
ومجلات سميرة جديدة. بكتابي ومجلاتي

**Ü 4:**

مرحبا! (مرحبا بك؟) – كيف حالك؟ (الحمد لله. أنا بخير.) – وما اسمك؟ (إسمي سميرة. وما اسمك؟) –
اسمي محمد. (وما هناك؟) - هناك كتاب ومجلة. (ومجلات من هناك؟) هناك مجلاتك / مجلاتي.

**Ü 5:**

كتاب سميرة – مجلة محمّد – كتب أحمد – مجلات محمود – اسمي – مجلّتك –

**Ü 6 ⊙ 6.:**

أهلا وسهلا يا محمود. مرحبا بك يا سامية. هناك كتب. كيف حالك؟

**Ü 7:**

الحمد لله، أنا بخير – إسمي محمد / ... – هنا كتاب محمد / أحمد / سامية /... – هناك مجلة أحمد /
محمود / حامد / ... .

**Ü 8:**

جميل – تبولة – فلافل – حاج – حمد – درجة – أكل – حفلة – بريد – دفتر – إرادة – واجب – مدخل –
– درس – فاكس – سفير – فكرة – سفارة – رسالة – مكتب – مكاتب – كأس – جمرك – تاج – مبروك

## Lektion 4

**T 1 ☉ 7.:** Guten Abend! – Einen schönen Abend! – Willkommen! Sei gegrüßt! – Sei gegrüßt! Wie geht es dir, Samiyah? – Es geht mir gut. Und wie geht es dir? – Gott sei Dank! Und wer ist dies? – Das ist mein Kommilitone aus Syrien. Und wer ist sie? – Sie ist meine Kommilitonin aus Deutschland. Sie ist eine neue Studentin. Ihr Name ist Marjam. – Angenehm. (Wir sind geehrt.) – Ebenfalls angenehm. (Wir fühlen uns durch dich geehrt.) – Woher bist du? – Ich bin aus der Stadt Marrakesch. Und was ist der Name deines Kommilitonen? – Sein Name ist Husain. – (Und) Ist er ein Student? – Ja, er ist ein neuer Kommilitone. Er ist ein arabischer Student aus Tunis. – Und dies ist Asisah. Sie ist eine Lehrerin. Diese Lehrerin ist sehr nett. – Ist sie eine Deutsche? – Nein, Sie ist eine arabische Lehrerin aus Algier. – Gut … Und auf Wiedersehen.

**Ü 1:** مساء — سامية — أنت — هذا — هذه — زميل — طالب — طالبة — لطيفة — مدينة — مراكش — عربي —
تونس — عزيزة — مدرسة — مريم — سؤال — الجزائر — السلامة — تشرفنا — ألمانيا — زميلتي

**Ü 2:** masā°-un / Sāmiya-t-u / °anā / °ant-a / °ant-i / hāḏā / hāḏihī / zamīl-un / zamīl-ī / zamīl-at-un / zamīl-at-ī / min oder man / Sūriyā / °Almāniyā / hiya / huwa / ṭālib-un / ṭālib-at-un / °ismu-hu / °ismu-hā / laṭīf-un / laṭīfa-t-un / tašarrafnā / min °ayn-a / madīna-t-un / Marrākuš-u / madīnat-u Marrākuš-a / Ḥusayn-un / Tūnis-u / hal …? / na°am / lā / °arabiyy-un / °arabiyya-t-un / °Azāza-t-u / mudarrisa-t-un / mudarris-at-u-nā / ǧiddan / °almāniyy-un / °almāniyyat-un / ṭayyib-un / ma°a s-salāma-t-i.

**Ü 3:** مَساءٌ — عَرَبِيَّةٌ — سامِيَةُ — لَطِيفٌ — هذا — طالِبَةٌ — هذِهِ — تَشَرَّفْنا — زَميلي — أَيْنَ — ألْمانيا — تونِسُ —
نَعَمْ — عَزيزَة — مُدَرِّسَةٌ — اَلسَّلامَةُ — مَدينَةُ مَرّاكُشَ

**Ü 4:** هذا الزميل من سوريا وهذه زميلتي من ألمانيا. تشرفنا. تشرفنا بك. أنا من مدينة مراكش ومدرستنا من الجزائر. حسين طالب من تونس. مدرسنا لطيف جدا. طيب … مع السلامة.

**Ü 5 ☉ 9.:** سامي — أنتِ — زميلي — طالب — لطيفة — مدينة مراكش — إسمك محمد — محمود — طالبة عربية — مدرستنا ألمانية. — مع السلامة

**Ü 6:** نعم، أنا طالبة / طالب. نعم، أنا طالب جديد / طالبة جديدة. أنا من برلين / ….

**Ü 7:** هذه زميلتي اسمها سامية. هذه مدرسته اسمها عزيزة. هذا مدرسك اسمه حسين. هذا زميله اسمه أحمد. هذه مدينة اسمها تونس. هذه زميلتي اسمها مريم.

**Ü 8:** هذا المدرس زميل / زميلي / …. — هذه المدرسة زميلة / زميلتي / … — هو مدرس جديد / هي مدرسة جديدة — اسمها مريم / اسمه أحمد — حسن طالب لطيف — عزيزة مدرسة — هذا سؤال جديد / سؤالي الجديد — مدرستي لطيفة — هذه مدينة مراكش

**Ü 9:** جواز — طاولة — شارع — شوارع — لازم — زجاجة — شخص — عين — بطاطة — عيون — صيف — ساعة — مطار — تأشيرة — مطعم — الجمعة — طعام — أسبوع — شيشة — نهاية — كم — لذيذ — بكم — عطلة — فنجان — طاجن — سيارة — شنطة

## Lektion 5

**T 1 ☉ 10.:** Der Friede sei mit euch! – Und auch mit euch sei der Friede! – Unser Unterricht ist jetzt in einem großen Haus. In ihm gibt es ein kleines Zimmer. Und dort ist unser Lehrer. Es ist Herr Ahmad Fadil. – Und was ist Ihr Name? (= Wie heißen Sie?) – Mein Name ist Hasan Ibrahim Al-Abyad. Ich bin aus der Stadt Bagdad. – Das ist Frau Samiyah Ramadan. Sie ist auch aus dem Irak. – Bitte, (kommen Sie) mit uns in unsere Unterrichtsstunde! – Liebe Leute, schaut mit mir zur Tafel! Darauf sind (= stehen) viele Wörter. Und dieser arabische Text ist neu. – Mohammed, lies / lesen Sie diese Wörter und übersetze / übersetzen Sie dann den Satz! – Großartig! Das ist richtig. – Samirah, hast du / haben Sie einen Schreibstift und Papier? – Ja, habe ich. – Nimm / nehmen Sie dein / Ihr Buch oder das Papier und deinen / Ihren Schreibstift und schreib / schreiben Sie dann diesen Text! – Hasan, sag mir, was auf der Tafel ist (= steht). – Darauf steht ein arabisches Wort. – Liebe Leute, sagt mir ob ihr eine Frage habt? – Nein. – Dann lest die arabischen Wörter noch einmal! – Erlauben Sie, Asis, geben Sie mir das Papier und meinen Schreibstift! Danke Asis! – Bitte sehr, Professor.

**Ü 1:** سلام / ألواح / عليكم / في / درسنا / بيت / أقلام / نصوص / كبير / صغير / أنظري / كلمات / مدرّس /
ورق / عزيز / سمحت / رمضان / ترجم / فاضل / حسن / الأبيض

**Ü 2:** Der Friede sei mit euch! Und auch mit euch sei Friede! Unsere Unterrichtsstunde ist jetzt in einem kleinen Zimmer. Euer Lehrer ist in Bagdad und unsere Lehrerin ist in Berlin. Herr Hasan Ibrahim Fadil ist aus dem Irak, und Frau Asisah Ramadan aus Tunis. Wie heißen Sie? Wie geht es Ihnen? Mein Name ist Mohammed Mahmud Ahmad.
Liebe / Ihr Leute, schaut zur Tafel! Darauf sind viele neue Wörter.
Samirah, nimm das Papier und den Schreibstift! Dann schreib darauf die neuen arabischen Wörter!
Ahmad, sieh auf den Text, dann lies die arabischen Sätze!
Asisah, sag mir / uns / ihnen, wo der Student aus Tunis ist?
Mohammad, sag ihnen, was die neuen Wörter sind, und übersetze sie!
Ihr Leute, wir sind jetzt im neuen Haus in einem großen Zimmer.
Mahmud, gib dein Papier und deinen Schreibstift! Bitte, (da haben Sie es), Professor. Danke, Mahmud. Gern geschehen, Professor.

**Ü 3:** ʾiqraʾ hāḏihi l-kalimāt-i. ʾAs-sayyid-u Maḥmūd huwa l-mudarris-u l-ʿarabiyy-u l-ǧadīd-u. hal maʿa-ka qalam-un? naʿam, maʿ-ī qalam-un. hal ʿinda-kunna kutub-un? naʿam, ʿinda-nā kutub-un kaṯīra-t-un.

**Ü 4:** كَلِمَةٌ / سَلام / كَلِماتٌ / إِبْراهيمُ / أَقْلامٌ / بَغْدادُ / عَظيمٌ / رَمَضانُ / عَزيزٌ / حَضْرَتُكُمْ / صَغيرَةٌ / تَفَضَّلي / حَسَنٌ / الأَبْيَضُ

**Ü 5:** السلام عليكم. وعليكم السلام. الدرس الآن في بيت كبير بغرفة صغيرة. هذا هو السيد أحمد فاضل وهذه هي السيدة سامية إبراهيم. أنظروا إلى اللوح. عليه كلمات عربية كثيرة. أكتبوا هذه الكلمات. نحن من مدينة بغداد ومدرسنا من دمشق. يا حسن. إقرأ وترجم هذه الجمل. يا عزيزة. ترجمي هذه الجملة مرة أخرى.

**Ü 6:** كلمات ألمانية / هذه الأسئلة / هذه الأقلام الجديدة / كتب عربية / دروس جديدة / النصوص الألمانية / هذه هي الجمل

**Ü 7:** كيف حالك؟ ما اسم حضرتك؟ أين درسنا الآن؟ من أين أنت؟ من هذه السيدة؟

**Ü 8:** السلام عليكم. أنا بخير. درسنا في غرفة جديدة. في هذه الغرفة كتب كثيرة. السيد محمود من مدينة مراكش. أنظر إلى اللوح! عليه كلمات جديدة. تفضل معنا إلى درسنا! يا سميرة قولي لي هل معك قلم وورق؟

**Ü 9:** نعم عند سميرة / عندها ورق.– نعم عندنا مجلات جديدة.– نعم عند المدرس / عنده كتاب. – نعم عندنا أقلام.

**Ü 10:** عند سميرة كتاب. – هذا هو الطالب. – عند المدرس مجلات جديدة. – أحمد هو الطالب الجديد. – هذه عربية. / هذه هي العربية. – كتاب المدرس جديد. – المدرس في غرفة البيت الكبير. – المدرس مدرس ألماني. – هذه الزميلة هي المدرسة الجديدة. كتاب الزميل في غرفة الدرس.

**Ü 11:** يا سميرة قولي لي أين هو محمد. يا لطيفة انظري إلى الكلمات الجديدة. يا عزيز اقرأ النص الألماني. يا أحمد خذ القلم والورق. يا جماعة ترجموا هذه الكلمة. يا طالبات اكتبن الجملة العربية. يا محمد هات الكتب.

**Ü 12 ⊙ 12.:** تونس – الجزائر – مراكش – بغداد – دمشق – برلين

**Ü 13:** رغم / محفظة / ضعيف / ضيف / ضوء / ظهر / ضائع / حاضر / مضبوط / ضروري / طاولة / صنعاء / انتفاضة / أخضر / حضرموت / حافظ / نظيف / ضابط / إسلام / مسلم / ثقيل / مظهر / قصير / قرآن / ثقافة / جميع / لقاء / جامعة / صديق / بطاقة / موقف / قاعة

## Vertiefungslektion A

**A 1:** ج / ك / ق / ص / ر / ا / ط / ح / م / ه

**A 2:** أسوان – الخرطوم – الرباط – بصرة / بصرة – بغداد – بيروت – تونس – جدة – جيزة – حلب – حمص – دمشق – صنعاء – صيداء – عدن – عمان – طرابلس – فاس – قرطاج – كربلاء – كركوك – مراكش – مسقط – مكة – موصل – نابلس – وهران – يافا
إبراهيم – أستاذ – ألمانيا – أنت – أهلا – تشرفنا – جماعة – حسن – حضرة – خير – رمضان – زميل – سلام – سوريا – صحيح – صغير – طيب – عزيزة – عفوا – غرفة – قلم – كثير – لوح – مرحبا – مريم – مساء – نعم – هنا

**A 3:** أهلًا – أَحْمَدُ – إِبْراهيمُ – ألْمانيُّ – الآنَ – الجَزائِرُ – أُنْظُري – سؤالٌ – مَساءٌ – إقْرَئي – إقْرَؤوا

**A 4 ⊙ 13.:** كثير – قولي – السلام – السيدة – هل – سوريا – ألمانيا – محمد – كتاب – سميرة – عزيزة – العراق – هناك

**A 5:** مجلة سميرة – أقلام أحمد – كتابك الجديد – الغرفة الصغيرة – البيت الجديد كبير. – محمد من سوريا. – لطيفة من الجزائر. – زميلتنا من تونس. – مدرس من في الغرفة؟ – هذا بيتنا. – هذه المدرسة لطيفة. – هذه الكتب في غرفتي.

**A 6 ⊙ 14.:** صباح الخير – صباح النور     مساء الخير – مساء النور     السلام عليكم – وعليكم السلام. مع السلامة – مع السلامة     كيف حالك؟ – أنا بخير. الحمد لله.     تشرفنا – تشرفنا بك.

**A 7:** السلام عليكم. – أهلا وسهلا ومرحبا. – أنا بخير الحمد لله, – ومن هذا الزميل؟ – تشرفنا. – من أين أنت؟ – هل أنت طالب؟ – ومن هذه المدرسة؟

**A 8:** *ad-darsu - al-mudarrisatu / al-madrasatu - az-zamīlu - aṭ-ṭālibu - al-bābu - al-qalamu - al-ᵓaqlāmu - al-ġurfatu - as-salāmu - al-maǧallatu - al-waraqu - aṣ-ṣabāḥu - al-lawḥu - al-ᶜarabīyu - al-ᵓustāḏu - al-ᶜIrāqu*

**A 9 ⊙ 15.:** ١) على اللوح نصوص عربية كثيرة.    ٢) هذه هي سميرة.    ٣) الدروس الألمانية في غرفة صغيرة.    ٤) خذ مجلاتك الجديدة.    ٥) في البيت كتب عربية.    ٦) لزميلتي أخ كبير.    ٧) أقلام زميلك الجديدة.    ٨) عندها ورق كثير.

**A 10:** يا محمد انظر إلى اللوح. يا جماعة اكتبوا الكلمات الجديدة. يا أحمد تفضل معنا إلى الدرس. يا سميرة إقرئي هذا النص. يا محمود خذ قلمك والورق. يا عزيزة قولي (لي) أين درسنا الآن؟ يا سامية خذي / هاتي لي المجلة الجديدة.

**A 11:** السلام عليكم ومرحبا بكم. تفضلوا معنا إلى درسنا. – هو في بيت كبير ومدرسنا من مدينة بغداد. – أنظروا إلى اللوح. – عليه كلمات عربية كثيرة. – يا جماعة هل عندكم سؤال؟ خذوا الأقلام واكتبوا على الورق النص العربي الجديد.

**A 12:** أهلا وسهلا يا سميرة. كيف حالك؟ هل أنت بخير؟ أين درسنا اليوم؟ من / ما في الغرفة الصغيرة؟ يا سميرة كتاب من هذا؟

**A 13:** zur selbstständigen Bearbeitung mit freier Wahl der Antworten.

**A 14:** ١) هنا بيوت جديدة. ٢) المجلات في غرفتي جديدة. ٣) إسم هذه المدينة هو القاهرة. ٤) كيف حال المدرس؟ ٥) سميرة طالبة في ألمانيا. ٦) ترجمي الكلمات العربية يا طالبة. ٧) هل المدرس في غرفته؟ ٨) هل عندكم قلم وورق؟ ٩) كتب من في غرفتك؟ ١٠) أين بيت سمير؟

1. *hunā buyūt-un ǧadīda-t-un.* 2. *ᵓal-maǧall-āt-u fī ġurfa-t-ī ǧadīda-t-un.* 3. *ᵓism-u hāḏihi l-madīna-t-i huwa l-Qāhira-t-u.* 4. *kayfa ḥāl-u l-mudarris-i?* 5. *Samīra-t-u ṭāliba-t-un fī ᵓAlmāniyā.* 6. *tarǧimī l-kalim-āt-i l-ᶜarabiyya-t-a.* 7. *ḥal-i l-mudarris-u fī ġurfa-t-i-hi?* 8. *hal ᶜinda-kum qalam-un wa-waraq-un?* 9. *kutub-u man fī ġurfa-t-i-ka?* 10. *ᵓayna bayt-u Samīr-in?*

**A 15:** جامعة الأزهر في القاهرة.

# Lektion 6

**T 1 ⊙ 16.:**            Die Familie Samiyah Saʿids

Samiyah Saʿid ist eine Studentin an der Kairo-Universität. Sie studiert dort Politikwissenschaft. Ihre Familie wohnt in az-Zamalek in der al-Gezirah-Straße. Ihr Vater Said Mahmud arbeitet als Beamter im Erziehungsministerium und ihre Mutter Fatima, Saids Ehefrau, arbeitet als Lehrerin für die deutsche Sprache an der Sprachenfakultät der Ain-Shams-Universität.

Samiyah hat eine Schwester und einen Bruder. Ihre Schwester Asisah studiert an der Philosophischen Fakultät der Kairo-Universität und ihr Bruder Mohammed arbeitet als Beamter im Wirtschaftsministerium.

Samiyah fährt mit dem Bus zur Universität und liest ein Buch. Dann betritt sie zusammen mit ihrer Kommilitonin Samirah das Gebäude der Fakultät für Wirtschaft und Politikwissenschaft. Dort sitzen die Studenten im Vorlesungssaal (Hörsaal) und hören die Ansprache des Dekans der Fakultät, Professor Dr. Mahmud Ibrahim. Am Abend kehrt Samiyah nach Hause zurück.

**T 2 ⊙ 17.:** *Samiyah:* Willkommen!

*Latifah:* Sei gegrüßt, Samiyah. Wie geht es dir?

*Samiyah:* Mir geht es gut, Gott sei Dank. Und wie geht es dir?

*Latifah:*   Auch mir geht es gut, Gott sei Dank.

*Samiyah:* Und wie geht es der Familie und wie ist ihre Gesundheit?

*Latifah:* Meiner Familie geht es gut und ihre Gesundheit ist gut (= sie ist bei guter Gesundheit).

*Samiyah:* Weißt du, wo unsere Vorlesung heute ist?

*Latifah:* Selbstverständlich, ich weiß das. Sie ist im Gebäude der Fakultät für Wirtschaft und Politikwissenschaft im großen Hörsaal.

*Samiyah:* Schau zum Eingang des Gebäudes der Fakultät. Dort sind viele Studenten und Studentinnen. Sie gehen in das Gebäude hinein.

**Ü 1:**

| أَسْكُنُ | أَعْمَلُ | أَدْرُسُ | أَقْرَأُ | أَعْرِفُ | أَسْمَعُ |
|---|---|---|---|---|---|
| تَسْكُنُ | تَعْمَلُ | تَدْرُسُ | تَقْرَأُ | تَعْرِفُ | تَسْمَعُ |
| تَسْكُنِينَ | تَعْمَلِينَ | تَدْرُسِينَ | تَقْرَئِينَ | تَعْرِفِينَ | تَسْمَعِينَ |
| يَسْكُنُ | يَعْمَلُ | يَدْرُسُ | يَقْرَأُ | يَعْرِفُ | يَسْمَعُ |
| تَسْكُنُ | تَعْمَلُ | تَدْرُسُ | تَقْرَأُ | تَعْرِفُ | تَسْمَعُ |
| نَسْكُنُ | نَعْمَلُ | نَدْرُسُ | نَقْرَأُ | نَعْرِفُ | نَسْمَعُ |
| تَسْكُنُونَ | تَعْمَلُونَ | تَدْرُسُونَ | تَقْرَؤُونَ | تَعْرِفُونَ | تَسْمَعُونَ |
| تَسْكُنَّ | تَعْمَلْنَ | تَدْرُسْنَ | تَقْرَأْنَ | تَعْرِفْنَ | تَسْمَعْنَ |
| يَسْكُنُونَ | يَعْمَلُونَ | يَدْرُسُونَ | يقْرَؤُونَ | يَعْرِفُونَ | يَسْمَعُونَ |
| يَسْكُنَّ | يَعْمَلْنَ | يَدْرُسْنَ | يَقْرَأْنَ | يَعْرِفْنَ | يَسْمَعْنَ |

**Ü 2:** أدرس العلوم السياسية. – نسكن في الزمالك. – يعمل في وزارة التربية. – تعمل مدرسة للغة الألمانية. – نذهب إلى الجامعة بالأوتوبيس. – أعمل / تعمل في وزارة الاقتصاد. – أقرأ النص العربي الجديد. – يجلسون في قاعة المحاضرات. – نسمع الآن كلمة عميد الكلية. – ينظرون إلى مدخل الجامعة.

**Ü 3:** لا، يدخل عمارة كلية الألسن. – لا، ننظر إلى مدخل الجامعة. – لا، يدرسن في كلية الآداب. – لا، يعملون في جامعة القاهرة. – لا، يقرؤون المجلات العربية. – لا، يذهبون إلى الجامعة بالأوتوبيس. – لا، ينظرن إلى الطلاب. – لا، يسكنون في سوريا. – لا، يجلسن في وزارة التربية. – لا، يسمعون محاضرة الأستاذ الألماني.

**Ü 4:** أهلا وسهلا يا سامية. كيف حالك؟ من أين أنت؟ وماذا تدرسين؟ وما اسم زميلك؟ وهل تسكنون في القاهرة؟

**Ü 5:** هي طالبة. – هي زوجة السيد سعيد. – هو والد سامية. – هي طالبة.

**Ü 6:** Samiyah sagt: Mein Name ist Samiyah. Ich wohne in Kairo. Ich bin Studentin der Politikwissenschaft. Ich studiere an der Kairo-Universität. Ich fahre am Morgen mit dem Bus zur Universität und kehre damit am Abend nach Hause zurück.

Ihr Vater sagt: Mein Name ist Said. Ich bin verheiratet mit Frau Fatimah. Wir haben einen Sohn und zwei Töchter. Sie heißen Mohammed, Fatimah und Asisah. Wir wohnen in der Al-Gezira-Straße in Az-Zamalek in einem kleinen Haus. Am Morgen fahre ich mit dem Omnibus ins Ministerium und am Abend kehre ich nach Hause zurück.

Ihre Mutter sagt: Mein Name ist Fatimah. Mein Gatte ist Herr Said Mahmud. Unsere Familie wohnt in Kairo in Az-Zamalek. Wir haben einen Sohn und zwei Töchter. Ich arbeite als Lehrerin an der Sprachenfakultät der Ain-Shams-Universität. Wir sind eine ägyptische Familie.

Ihr Bruder sagt: Mein Name ist Mohammed. Wir wohnen in der al-Gezirah-Straße in az-Zamalek. Ich arbeite als Beamter im ägyptischen Wirtschaftsministerium. Ich habe eine Schwester, ihr Name ist Samiyah, und ich habe eine Schwester, ihr Name ist Asisah.

**Ü 7**

**⊙ 19.:** تقول أختها: اسمي عزيزة. أدرس اللغة الألمانية في كلية الآداب بجامعة القاهرة. وهناك دروس كثيرة باللغة الألمانية. وأذهب إلى الجامعة بالأوتوبيس في الصباح وأرجع إلى البيت في المساء.

تقول زميلتها سميرة: اسمي سميرة. أنا طالبة من سوريا وأدرس في القاهرة. وعزيزة زميلتي. وندرس اللغة الألمانية. وأسكن عند عائلة زميلة. وأذهب إلى الجامعة بالباص. لي أخ وأخت في دمشق. اسم أخي أحمد واسم أختي لطيفة. وعائلة زميلتي لطيفة جدا. وسأرجع في هذه السنة إلى سوريا وسأعمل في جامعة دمشق.

Ihre Schwester sagt: Mein Name ist Asisah. Ich studiere die deutsche Sprache an der Philosophischen Fakultät der Kairo-Universität. Es gibt dort viele Unterrichtsstunden in deutscher Sprache. Ich fahre mit dem Omnibus zur Universität am Morgen und kehre am Abend nach Hause zurück.

Ihre Kommilitonin Samirah sagt: Mein Name ist Samirah. Ich bin Studentin aus Syrien und studiere in Kairo. Asisah ist meine Kommilitonin. Wir studieren die deutsche Sprache. Ich wohne bei der Familie einer Kommilitonin. Ich fahre zur Universität mit dem Bus. Ich habe einen Bruder und eine Schwester in Damaskus. Der Name meines Bruders ist Ahmad und der Name meiner Schwester ist Latifa. Die Familie meiner Kommilitonin ist sehr nett. In diesem Jahr werde ich nach Syrien zurückkehren und an der Universität von Damaskus arbeiten.

**Ü 8:** سعيد محمود والد محمد سعيد. – سامية سعيد ابنة فاطمة.

**Ü 9:**     Vorstellung entsprechend den eigenen Angaben.

**Ü 10:** إسمي مونيكا ليمان. أنا طالبة اللغة العربية في كلية الآداب بجامعة إرلانغن / إرلانغن. وأنا من برلين. وأسكن في غرفة صغيرة في بيت عائلة ألمانية لطيفة. يعمل والدي موظفا في وزارة الاقتصاد. وتعمل والدتي مدرسة للغة الألمانية. ولي أخ وأخت. وأخي متزوج من مدرسة.

أذهب في الصباح بالباص إلى الجامعة، ثم أدخل عمارة الكلية وأجلس في قاعة المحاضرات أو غرفة الدرس. وأساتذتنا لطاف جدا. ونقرأ معهم الكلمات الجديدة والنصوص العربية. وفي المساء أرجع إلى البيت وأقرأ مجلة أو كتابا.

وأعرف أيضا زميلات من مصر وسوريا والجزائر والعراق.

# Lektion 7

**T 1 ⊙ 20.:**                         Ein neues Appartement

Unsere kleine Wohnung ist in Az-Zamalek. Wir wohnen in ihr zusammen mit meinem Vater, meiner Mutter, meinem großen Bruder und meiner kleinen Schwester. Mein Bruder war Student und arbeitet jetzt als Beamter im Wirtschaftsministerium, wie ihr wisst. Er ist seit einem Monat verheiratet mit Laila und wohnt mit seiner Frau auch in unserer Wohnung. Laila ist noch Studentin an der Kairo-Universität. Sie studiert an der Medizinischen Fakultät.

Wir brauchen eine große Wohnung. In unserer Wohnung sind jetzt vier Zimmer und deshalb suchen wir ein Appartement mit 6 oder 7 Zimmern. Wir haben in den Anzeigen der Zeitungen und im Internet nach einem schönen und geeigneten Appartement gesucht.

Gestern las meine Mutter in der Zeitung al-Ahram geeignete Annoncen. Sie ging mit meinem Vater und meinem Bruder Mohammed zu diesen Appartements in einem neuen Gebäude in Giseh. Es ist nahe bei den Pyramiden. Dieses Gebäude hat zehn Etagen und drei Aufzüge. Meine Mutter, mein Vater und mein Bruder betraten eines dieser Appartements und fanden ein schönes geräumiges Appartement. Der Zustand des Appartements war annehmbar. Unsere neue Wohnung hat einen auf einen kleinen Garten hinter dem Haus hinausschauenden Balkon. Sie ist mit modernen Möbeln möbliert und hat acht Zimmer, eine Küche, drei Badezimmer mit WC.

**T 2 ⊙ 21.:**                         Der Dialog

*Samiyah*: Mohammed, sag mir wie viele Zimmer in dem neuen Appartement sind.

*Mohammed*:  In ihm sind acht Zimmer. Zu ihnen gehören ein Empfangssalon, ein Esszimmer, und natürlich ist in ihm auch ein Schlafzimmer für dich.

*Samiyah*: Großartig. Ist es möbliert?

*Mohammed*:  Ja, wir werden im Empfangssalon eine Sitzbank, einen Tisch und einen schönen Teppich finden. Im Esszimmer gibt es einen einen großen Schrank und einen Tisch mit sechs Stühlen.

*Samiyah*: Und wie ist die Küche? Ist sie mit Komfort?

*Mohammed*:  Wie ich von unserer Mutter gehört habe, ist sie mit einem Gasherd und einem Kühlschrank ausgestattet.

*Samiyah*:  Und mein Zimmer? Bist du hineingegangen und hast du nach seiner Möblierung geschaut oder nicht?

*Mohammed*:  Ja, ich war darin. Dein Zimmer ist nicht klein, und es ist sehr schön. In ihm sind ein Bett, ein Kleiderschrank, auch ein Schreibtisch und Bücherregale.

*Samiyah*:  Gehen wir nochmals zu diesem Appartement?

*Mohammed*:  Ja ja, wir werden morgen zu ihm gehen und in einem Monat werden wir dort wohnen, hoffentlich.

Ü 1: درسنا اللغة العربية. – تسكن العائلة في مصر الجديدة. – عمل والدي في وزارة التربية. – يذهبون بالأوتوبيس إلى الجامعة. – قرأتُ كتابا جديدا. – يدخلن قاعة المحاضرات. – جلستُ إلى الطاولة. – تسمعون كلمة عميد الكلية – نظرت إلى اللوح. – يجد الطالب قلمه. – كان محمد بحاجة إلى ثلاجة. – عرفت سامية زميلتها الجديدة.

Ü 2: تسكن عائلتي / لذلك نبحث ~ تبحث / قرأت والدتي / وجدت والدتي / ذهب والدي / دخلوها / جلس أخي / ذهبت والدتي / ونظرت منها
كما تعرفون / تدرس أختي / وتذهب إلى / وتسمع

Ü 3: سمعتموها / رجعن إليه / لا يجدنه / جلستم إليها / كنت فيها / تدخلنها / تذهبين إليهن / سكنتن فيها / يقرؤونها

Ü 4: ليس / كان / ما زال الكتاب جديدا. – لسنا / كنا / ما زلنا طلابا. – ليست / كانت / ما زالت أختي موظفة. – ليسوا / كانوا / ما زالوا مصريين. – لسن / كن / ما زلن زميلات مصريات. – ليسوا / كانوا / ما زالوا عربا. – لسنا / كنا / ما زلنا ألمانيات. – ليس / كان / ما زال موظفا في الوزارة.

Ü 5 ⊙ 23.: ثلاثة – ستة – تسعة – اثنان – سبعة – واحد – أربعة – ثمانية – عشرة – خمسة

Ü 6: ست أخوات – خمس غرف – سبعة مدرسين – ثمانية كراسي – عشر أرائك – تسعة مكاتب – ثلاث ثلاجات – أربعة مصاعد

Ü 7: ثلاثة زملاء – ثلاث زميلات – ثلاثة كتب – أربع جرائد – خمسة ثياب – خمس كلمات – ست مدرسات – ستة أشهر – ستة كراسي – سبعة طلاب – سبع طالبات – سبعة بيوت – ثماني عمارات– ثمانية أسئلة – تسعة مكاتب – تسع خزائن – تسع طاولات – عشرة مدرسين – عشر كليات

Ü 8: أنا بحاجة إلى مكتب وكرسي وسرير وجريدة وسجادة وخزانة وموقد غاز وثلاجة وطاولة ورف كتب وكتب وقلم وأثاث. لست بحاجة إلى لوح وشرفة وجماعة وعميد وألسن ودرس.

Ü 9: كانت هذه الشقة صغيرة. – هذه الزميلة لطيفة. – ليست هذه الغرفة واسعة. – ما زال هذا الأثاث جميلا. – هؤلاء المدرسون مصريون. – ليست هذه الخزانة كبيرة. – هذا المكتب حديث. – هؤلاء المدرسات ألمانيات. – كان هذا اللوح في غرفة الدرس.

Ü 10: تسكن في الزمالك. / شقة عائلة سعيد في الزمالك. – تدرس ليلى الطب بجامعة القاهرة. – في شقة عائلة سعيد الصغير أربع غرف. – بحثت العائلة عن شقة كبيرة في إعلانات الجرائد وفي إنترنت. ووجدوا شقة مناسبة لهم في إعلانات جريدة الأهرام. – في هذه العمارة عشرة طوابق وثلاثة مصاعد. – في هذه الشقة ثماني غرف وهي مؤثثة.

Ü 11: Zur Improvisation des/r Lernenden.

Ü 12: Anzeige. Ein Appartement in einem Neubau nah bei den Pyramiden: ein Empfangssalon + drei Schlafzimmer + eine Küche + ein Bad und ein Balkon. Telefon 71663285

Ü 13:

| | |
|---|---|
| أنا بخير. الحمد لله. مرحبا بك. | أهلا وسهلا. كيف حالك؟ |
| عائلتنا بخير أيضا. | وكيف العائلة؟ |
| نعم، نسكن في منزل جديد. كان المنزل القديم صغيرا. | هل تسكنون في منزل جديد؟ |
| في المنزل ثلاث غرف ومطبخ وحمام وشرفة. | كم غرفة في منزلكم الجديد؟ |
| لا، هذه الشقة ليست مؤثثة. | هل هذه الشقة مؤثثة؟ |

Ü 14: أعمل في برلين ودرست اللغة الألمانية في معهد غوته. وبحثت عن شقة مناسبة ثلاثة أشهر. وأمس قرأت إعلانات كثيرة في أربع جرائد. وذهبت بالباص / الأوتوبيس إلى شقة قريبة من هنا. ووجدتها في عمارة حديثة ودخلتها. لها / فيها ستة طوابق وثلاثة مصاعد. في هذه الشقة أربع غرف ومطبخ وحمام وشرفة. والغرف مؤثثة بخزائن وطاولات وكراسي ورفوف كتب. أما المطبخ فهو مجهز بثلاجة وموقد غاز. هذه الشقة مقبولة وسأسكن فيها بعد شهر إن شاء الله.

## Lektion 8

**T 1 ⊙ 24.:**                                       Ein Tag in der Universität

Ich bin am Morgen um Zwanzig vor 7 Uhr aufgestanden. Nachdem ich mich geduscht und mich angezogen hatte, setzte ich mich mit meinem Freund und seiner Freundin in die Küche unserer Wohnung, um das Frühstück zusammen einzunehmen. Ich musste heute vor 10 Uhr morgens in die Universität kommen. Ich hatte die für unsere heutige arabische Unterrichtsstunde notwendigen Texte nicht gelesen und deshalb las ich sie am frühen Morgen, ehe ich zur Universität ging. Gestern hatte unsere Lehrerin von uns verlangt, dass wir zur heutigen Unterrichtsstunde fünf Minuten vor Beginn anwesend seien, um einen kurzen Test zu schreiben.

Um Viertel nach 9 Uhr (Viertel 10) nahm ich Schreibstift und Papier und ging aus dem Haus, um mit dem Omnibus und dann der U-Bahn zur Universität zu fahren und rechtzeitig zum Institut zu gelangen.

Um 10 Minuten vor 10 Uhr (10 vor 10) kam ich an. Ich setzte mich zusammen mit meinen Kommilitonen und Kommilitoninnen in die erste Unterrichtsstunde. Am Anfang schrieben wir den kurzen Test. Danach bat uns die Lehrerin, einen Artikel aus den arabischen Zeitungen zu lesen und eine Zusammenfassung hierfür zu schreiben.

Nach der Unterrichtsstunde verließen wir um 1 Uhr mittags das Institut, um in ein nahe gelegenes Restaurant zu gehen. Dort tranken wir Tee oder Kaffee und nahmen das Mittagessen ein. Dann (und) setzten wir uns, bevor wir zum Gebäude der Fakultät zurückkehrten, am Nachmittag in die Universitätsbibliothek, um drei Stunden (lang) in ihrem großen Saal zu lernen.

Am heutigen Abend haben wir keine Unterrichtsstunde oder Vorlesung. Daher ist es möglich, dass ich nach Hause zurückkehre, um das Abendessen vor der Nacht einzunehmen und um eine neuen Zeitschrift oder ein Buch zu lesen.

**T 2 ⊙ 25:**                                            Der Dialog

*Ahmad*: Mahmud, gehst du mit uns am Abend in die nahe gelegene Gaststätte „Beirut", damit wir Kaffee trinken oder zu Abend essen?

*Mahmud*: Nein, leider ist es nicht möglich, mit euch zu gehen. Ich soll mit Samirah und Ibrahim zu einem Treffen mit den algerischen Kommilitonen kommen. Es ist besser, ich bin dort zugegen. Gehst du nicht auch zu diesem Treffen?

*Ahmad*: Toll. Ich weiß nichts von jenem Treffen und habe heute eine Verabredung mit Hasan und Laila.

*Mahmud*: Ich habe vor einer Viertel Stunde ein Taxi bestellt. Samiyah, sag mir, ob du auch mit uns gehst?

*Samiyah*: Ja, ja. Lasst uns also zusammen ins Restaurant gehen und lasst uns dort das Abendessen einnehmen.

*Mahmud*: Samiyah, schau auf die Straße, das Taxi ist angekommen. Bitte komm mit mir ins Taxi.

*Samiyah*: Na gut.

**Ü 1:** لن أكتب مقالة جديدة.  لم تسألوه عن الدرس.  لن ترجع سامية إلى البيت ظهراً.  لم تلبسي ثيابك الجميلة. لم يسمع محاضرة الأستاذ.  لن نجلس في قاعة المحاضرات.  لا تخرجون من عمارة المعهد.  لم يعمل سامي موظفا في القاهرة.  لم أقرأ النص بالوقت.  لم نشرب الشاي ولم نأكل الغداء. ستفتحين الكتاب.  لبست هذه الثياب.  سألتم عن الدرس.  سيجلسن على الكراسي.  ذهبتِ إلى البيت. سندرس اللغة العربية.  سأشرب القهوة.  أكلوا إلى مدخل العمارة.  وصلوا إلى مدخل العمارة.  ستدخلون قاعة المحاضرات. سأقرأ النص الجديد.

**Ü 2:**

| لا تشربوا الشاي. | افتحوا المدخل. | لا تذهب إلى البيت. |
|---|---|---|
| لا تفعلن ذلك. | لا تدرسي اللغة الألمانية. | لا تدخل الغرفة. |
| لا تخرجوا من القاعة. | اكتب الاختبار. | لا تلبسي هذه الملابس. |
| اسأل المدرس. | خذ الدوش. | اقرأ النصوص. |

**Ü 3:**

| البسوا يا إخوة. | ادخلي يا طالبة. | اجلسي يا أختي. |
|---|---|---|
| اعملوا أيها السادة. | ارجعوا أيها الطلاب. | اكتبن يا زميلات. |
| افتح يا سعيد. | ادرس يا طالب. | اسألن أيتها السيدات. |

**Ü 4:**

| جلستم في المطبخ قبل أن تأكلوا الفطور. | ١) أخذت الدوش قبل أن ألبس الملابس. |
|---|---|
| خرجنا من غرفة الدرس قبل أن نذهب إلى المطعم. | دخلتن القاعة قبل أن تجلسن فيها. |
| قرأتُ النصوص قبل أن أرجع إلى البيت. | أكلوا الغداء قبل أن يدرسوا في قاعة المكتبة. |

نظرتِ إلى اللوح قبل أن تقرئي النص.     جلستُ إلى الطاولة قبل أن تشرب الشاي.

قامت في الصباح قبل أن تذهب إلى الحمام.

٢) حضرنا بالوقت لنكتب اختبارا قصيرا.     جلسوا في قاعة المحاضرات ليسمعوا كلمة العميد.

دخلتِ الغرفة لتجلسي / لأجلس على كرسي.     خرجن من المعهد ليذهبن إلى مطعم قريب.

وصل التاكسي لكي نأخذه إلى كلية الألسن.     ذهبوا إلى مطعم بيروت ليأكلوا العشاء.

٣) طلبت المدرسة من الطلاب أن يحضروا في الساعة العاشرة / يكتبوا اختبارا قصيرا.

سأل الأستاذ الطالبات أن يحضرن في الساعة الواحدة والنصف / يقرأن نصا من الإنترنت.

هل من الممكن أن يقرأ محمد الآن النص العربي / يذهب الزملاء إلى المطعم.

من اللازم أن يحضر الأصدقاء في الساعة الواحدة ظهرا / تأكل الزميلات شيئا.

من الأفضل أن تشرب الصديقات الشاي / نذهب إلى اللقاء.

Ü 5: كان من اللازم أن يحضر الطلاب اليوم في الساعة الثامنة والنصف، ليكتبوا اختبارا قصيرا. وسألتهم المدرسة أن يجلسوا في غرفة للمعهد ويسمعوا النصوص العربية الجديدة. ولم يحضر الطلاب محاضرات بعد الظهر. لذلك كان من الممكن أن يرجعوا إلى البيت باكرا. وقال محمد: من الأفضل أن أجلس في قاعة المكتبة وأقرأ مقالة في جريدة "الأهرام".

Ü 6: Nachdem ich mich geduscht hatte, zog ich mich an und ging in die Küche. Und nachdem ich das Frühstück eingenommen hatte, ging ich aus dem Haus, um mit dem Omnibus zur Universität zu fahren. Ich werde mich in den großen Hörsaal setzen, nachdem ich das Gebäude der Sprachenfakultät betreten habe. Ich werde die Vorlesung des Professors über die deutsche Sprache hören, bevor ich in das Restaurant der Universität gehe. Ich soll zu einem Treffen mit den libyschen Kommilitonen im Restaurant Beirut kommen, nachdem ich von den Vorlesungen und Unterrichtsstunden zurückgekehrt bin. Nach dem Treffen werden wir zusammen in diesem Lokal das Abendessen einnehmen. Danach werden wir nach Hause gehen.

Ü 7: شقة – محطة – قصير – الأثاث – الدرس – خمس دقائق – النصوص – جماعة – سأل – الشاي – عمارة – بيت – قريب – كلمة

Ü 8: في الساعة السابعة إلا الثلث / مع صديقي وصديقته / كان من اللازم / العربي / قبل أن أذهب / خمس دقائق / لكي أذهب بالأوتوبيس إلى الجامعة / كتبنا اختبارا قصيرا / الغداء / لندرس ثلاث ساعات / في المساء

Ü 9: Zur Improvisation der Studierenden.

Ü 10: آكل الفطور في الساعة السابعة وخمس دقائق صباحا. – أذهب إلى الجامعة بالمترو في الساعة الثامنة إلا خمس دقائق صباحا. – أحضر إلى الجامعة في الساعة الثامنة صباحا وأصل إليها بالوقت. – أصل إلى عمارة المعهد في الساعة التاسعة إلا خمس وعشرين دقيقة صباحا. – أجلس في غرفة الدرس في الساعة التاسعة صباحا. – أخرج من غرفة الدرس في الساعة العاشرة والنصف قبل الظهر. – أجلس في مطعم الجامعة وأشرب القهوة في الساعة الحادية عشرة إلا الربع قبل الظهر. – أجلس في قاعة المحاضرات في الساعة الحادية عشرة والربع قبل الظهر. – نذهب إلى مطعم الجامعة ونأكل الغداء في الساعة الواحدة ظهرا. – نجلس في قاعة المكتبة وندرس في الساعة الثانية إلا عشر دقائق بعد الظهر. – نخرج من قاعة المكتبة ونشرب الشاي في الساعة الرابعة والنصف بعد الظهر. – نرجع إلى البيت بالأوتوبيس في الساعة الخامسة وعشر دقائق بعد الظهر. – نصل إلى البيت وندخل الشقة في الساعة السادسة إلا خمس دقائق في المساء. – نأكل العشاء في الساعة السابعة مساءً. – نجلس في غرفة الاستقبال ونقرأ الجرائد في الساعة السابعة والثلث.

Ü 11 ⊙ 27.: يبدأ الدرس في الساعة الثامنة إلا الربع. – أخرج من البيت في الساعة الثامنة. – سأرجع إلى البيت في الساعة السابعة. – وصل أحمد إلى الجامعة في الساعة العاشرة قبل الظهر.

Ü 12: مريم طالبة وهي ليست متزوجة. وستدرس في كلية الآداب بجامعة ميونيخ في بافاريا. من اللازم أن تقوم في الصباح الباكر كي تحضر الدروس في الوقت.

بعد أن قامت مريم ولبست ملابسها ذهبت إلى المطبخ لتأكل الفطور. وخرجت من البيت في الساعة الثامنة إلا الثلث صباحا لتصل إلى (محطة) المترو بالوقت. ودخلت المترو في الساعة الثامنة وخمس دقائق وذهبت إلى معهد غوته كي تحضر الدرس الألماني. قبل بداية الدرس طلب المدرس من الطلاب أن يسمعوا نصا جديدا. ثم قال: إقرؤوا هذا النص في جريدة "تاتس" واسألوا عن الكلمات الجديدة.

وفي الساعة الواحدة والربع ظهرا ذهب الطلاب إلى مطعم ليأكلوا الغداء ويشربوا الشاي أو القهوة. ثم ذهبوا إلى مكتبة
المعهد ليدرسوا ساعة واحدة. وقال حسن: لنذهب إلى البستان القريب من عمارة المعهد ولنجلس هناك. وبعد العشاء
ذهبت مريم وزميلاتها إلى الجامعة ليحضرن لقاء مع طالبات مصريات.

## Lektion 9

**T 1 ☉ 28.:**                                              Der Besuch von Kairo

Samir studiert seit einem Jahr an der Universität Alexandria und lernt Französisch. Heute wachte er am
frühen Morgen auf und beschloss, Alexandria zu verlassen, um mit dem Schnellzug nach Kairo zu reisen.
Der Zug fuhr pünktlich ab und verspätete sich nicht. Deshalb kam er 5 Minuten nach 10 Uhr am Haupt-
bahnhof der ägyptischen Eisenbahn in der Hauptstadt an. Ahmad begrüßte seinen Freund am Bahnhof
und begleitete ihn während seines Kairo-Besuchs. Zuerst fuhren die beiden Freunde zur Azhar-Moschee
und zur Zitadelle, dann begaben sie sich zum Viertel Khan al-Khalili.
Danach schlug Ahmad seinem Freund vor, dass sie sich in ein nahe gelegenes Restaurant setzen. Sie
tranken dort etwas Kühles und nahmen das Mittagessen ein. Darauf tranken sie einen arabischen Kaffee
und unterhielten sich über die Probleme des Studiums.
Am Nachmittag begaben sie sich in das Ägyptische Museum. Hier erwarteten sie zwei Kommilitonen, um
den beiden Freunden die Bedeutung der alten Ägyptischen Altertümer für die Geschichte der Menschheit zu
erklären. Dann fuhren Ahmad und Samir zu den Pyramiden in Giseh. Nachdem sie mit dem Omnibus nach
Kairo zurückgekehrt waren, setzten sie sich in einen Park am Ufer des Nils und schauten auf die schönen
Parkanlagen und die modernen Stadtviertel.
Am Abend nahmen sie das Abendessen in einem guten Restaurant mit Blick auf den Nil ein. Dann fuhren
sie mit dem Taxi zum Bahnhof der Eisenbahn und Ahmad verabschiedete sich dort von seinem Freund.
Samir bestieg den Zug, um nach Alexandria zurückzukehren.

**T 2 ☉ 29.:**                                                          Dialog

*Buthainah*:  Guten Morgen.
*Samiyah*:  Einen schönen Morgen. Wie geht's?
*Buthainah*:  Gott sei Dank, es geht mit gut. Und wie geht es dir?
*Samiyah*:  Mir geht es auch gut und ich bin bei guter Gesundheit.
*Buthainah*:  Die Ain-Shams-Universität hat den Beginn der deutschen Unterrichtsstunden bekannt gege-
ben. Könntest du uns beiden helfen? Wir, ich und meine Freundin Asisah, wissen nicht, wie wir zur Spra-
chenfakultät an der Ain-Shams-Universität gelangen.
*Samiyah*:  Das tue ich sehr gern. Ihr könnt in den Schnellbus zum Abbasiyah-Viertel einsteigen. Oder ihr
könnt zur U-Bahnstation gehen und in den Zug nach Misr al-dschadidah einsteigen und ihn an der Station
al-Abbasiyah verlassen.
*Buthainah*:  Und wie gelangen wir von hier zur U-Bahnstation?
*Samiyah*:  Geht von hier nach rechts und nehmt die erste Straße nach links, und danach die Hauptstraße
entlang. Nach 5 Minuten erreicht ihr die U-Bahnstation. Nehmt die U-Bahn nach Misr al-dschadidah und
begebt euch nicht südwärts.
*Buthainah*:  Vielen Dank hierfür. Am besten ist es, wir fahren mit dem Schnellbus.
*Samiyah*:  Ade, Buthainah und Asisah.
*Buthainah*:  Ade.

**T 3:**  Wie gelange ich zum Restaurant „al-Bustan"?
– Entschuldigen Sie, mein Herr!
– Ja.
– Ich habe eine Frage. Können Sie mir sagen, wie ich von hier zum Restaurant „al-Bustan" gelange?
– Natürlich. Wir sind jetzt in der Saad-Zaghlul-Straße, der Hauptstraße in diesem Stadtviertel. Gehen Sie
diese Straße entlang und nehmen Sie die erste Straße nach links, dann die zweite Straße nach rechts. Und
nach 5 Minuten finden Sie das Restaurant „al-Bustan".
– Ist dieses Restaurant noch immer gut?
– Natürlich. Ich habe dort vor vier Tagen gegessen und das Essen war sehr gut.
– Besten Dank.
– Keine Ursache.

**Ü 1:**

| آكُلُ | أَسْتَيْقِظُ | أَقْتَرِحُ | أَنْطَلِقُ | أَتَبادَلُ | أَتَأَخَّرُ | أُعْلِنُ | أُسافِرُ | أُقَرِّرُ |
|---|---|---|---|---|---|---|---|---|
| تَأْكُلُ | تَسْتَيْقِظُ | تَقْتَرِحُ | تَنْطَلِقُ | تَتَبادَلُ | تَتَأَخَّرُ | تُعْلِنُ | تُسافِرُ | تُقَرِّرُ |
| تَأْكُلِينَ | تَسْتَيْقِظِينَ | تَقْتَرِحِينَ | تَنْطَلِقِينَ | تَتَبادَلِينَ | تَتَأَخَّرِينَ | تُعْلِنِينَ | تُسافِرِينَ | تُقَرِّرِينَ |
| يَأْكُلُ | يَسْتَيْقِظُ | يَقْتَرِحُ | يَنْطَلِقُ | يَتَبادَلُ | يَتَأَخَّرُ | يُعْلِنُ | يُسافِرُ | يُقَرِّرُ |
| تَأْكُلُ | تَسْتَيْقِظُ | تَقْتَرِحُ | تَنْطَلِقُ | تَتَبادَلُ | تَتَأَخَّرُ | تُعْلِنُ | تُسافِرُ | تُقَرِّرُ |
| نَأْكُلُ | نَسْتَيْقِظُ | نَقْتَرِحُ | نَنْطَلِقُ | نَتَبادَلُ | نَتَأَخَّرُ | نُعْلِنُ | نُسافِرُ | نُقَرِّرُ |
| تَأْكُلانِ | تَسْتَيْقِظانِ | تَقْتَرِحانِ | تَنْطَلِقانِ | تَتَبادَلانِ | تَتَأَخَّرانِ | تُعْلِنانِ | تُسافِرانِ | تُقَرِّرانِ |
| يَأْكُلانِ | يَسْتَيْقِظانِ | يَقْتَرِحانِ | يَنْطَلِقانِ | يَتَبادَلانِ | يَتَأَخَّرانِ | يُعْلِنانِ | يُسافِرانِ | يُقَرِّرانِ |
| تَأْكُلانِ | تَسْتَيْقِظانِ | تَقْتَرِحانِ | تَنْطَلِقانِ | تَتَبادَلانِ | تَتَأَخَّرانِ | تُعْلِنانِ | تُسافِرانِ | تُقَرِّرانِ |
| تَأْكُلُونَ | تَسْتَيْقِظُونَ | تَقْتَرِحُونَ | تَنْطَلِقُونَ | تَتَبادَلُونَ | تَتَأَخَّرُونَ | تُعْلِنُونَ | تُسافِرُونَ | تُقَرِّرُونَ |
| تَأْكُلْنَ | تَسْتَيْقِظْنَ | تَقْتَرِحْنَ | تَنْطَلِقْنَ | تَتَبادَلْنَ | تَتَأَخَّرْنَ | تُعْلِنَّ | تُسافِرْنَ | تُقَرِّرْنَ |
| يَأْكُلُونَ | يَسْتَيْقِظُونَ | يَقْتَرِحُونَ | يَنْطَلِقُونَ | يَتَبادَلُونَ | يَتَأَخَّرُونَ | يُعْلِنُونَ | يُسافِرُونَ | يُقَرِّرُونَ |
| يَأْكُلْنَ | يَسْتَيْقِظْنَ | يَقْتَرِحْنَ | يَنْطَلِقْنَ | يَتَبادَلْنَ | يَتَأَخَّرْنَ | يُعْلِنَّ | يُسافِرْنَ | يُقَرِّرْنَ |

**Ü 2:**

١) يأكل الطعام. — يسافرون من برلين إلى دمشق. — تقرئين الكتاب الألماني. — نرافق الأساتذة العرب. / يرافقنا الأساتذة العرب. — تكتبون الجملة الجديدة. — ينتظر زملاءه المصريين. — يضع الكتب على المكتب. — تنظرين إلى المدرس الفرنسي. — أسمع كلمات عربية جديدة. — ترحب بالأصدقاء العرب.

٢) لن يشربه/ لم يشربْه. — لن نتحدث/لم نتحدثْ عنه. — لن ينتظروهم/لم ينتظروهم. — لن تفتحيه/ لم تفتحيه. — لن آكلَ / لم آكلْ فيه. — لن تعلنَها / لم تعلنْها. — لن ينطلقَ / لم ينطلقْ فيه. — لن تقررا / لم تقررا ذلك. — لن يسافرا / لم يسافرا إليها. — لن أغادرَها / لم أغادرْها.

٣) لا تأكلي هذا الطعام. — لا تضعوا الكتب على الطاولة. — لا تأخذ المجلة الجديدة. — لا تركبا الأوتوبيس. — لا تذهبي بالكتاب إلى مدرسك. — لا تعلنَ بداية الزيارة. — لا تتبادلوا النصوص. — لا تخرج من الغرفة.

٤) تأخر القطار. — نظرنا إلى المدخل. — قرأتُ هذين الكتابين. — تعلمتم اللغة العربية. — وصلتُ إلى دمشق قبل الظهر. — انطلق الأوتوبيس بالوقت. — اقترحت سؤالا. — قررتُ أن أسافر إلى العاصمة. — تناولتِ هذا الطعام. — ساعدتموني قبل ثلاثة أشهر. — أعلنوا بداية الدروس. — رحبا بالأساتذة العرب.

**Ü 3:**

قامت سميرة في الساعة السابعة ولبست ملابسها، ثم تناولت الفطور، وأكلت شيئا وشربت القهوة. وقررت أن تسافر إلى دمشق. كان من اللازم أن تذهب إلى الجامعة لتتحدث هناك مع أستاذ اللغة الفرنسية. غادرت البيت في الساعة الثامنة والنصف ووصلت إلى محطة الباصات. وانطلق الباص بالوقت ولم يتأخر. وحضرت سميرة إلى دمشق في الساعة العاشرة وخمس دقائق. خرجت من محطة الباصات وطلبت/ أخذت التاكسي لتذهب إلى الجامعة. وسألت زميلتين عن معهد اللغة الفرنسية وغرفة الأستاذ. ورحب الأستاذ بها وتحدث معها عن مشاكل دراسة اللغة الفرنسية وآدابها، وقال: من الأفضل أن تتعلمي هذه اللغة في فرنسا. وقالت سميرة: ليس من الممكن أن أدرس في فرنسا، عليّ أن أسكن عند عائلتي. ثم ودعها الأستاذ وخرجت من غرفة الأستاذ والمعهد وذهبت إلى مطعم الجامعة لتتناول الغداء. ثم رجعت إلى البيت.

**Ü 4:**

تلك العمارتان لجامعة القاهرة. — ما زالت صديقتاي تتحدثان معي عن رحلتهما. — أتزوران أباكما اليوم؟ / أتزورين أبويك اليوم؟ — ليست ابنتا أحمد مدرستين. — كتبوا / كتبا اختبارا / اختبارين في يوم واحد. — انتظرنا زميلانا في المحطة / المحطتين. لم يوضح الطالب / الطالبان سؤال / سؤالي المدرس / المدرسين. — يعمل والدا سمير في الجامعة / الجامعتين.

**Ü 5:** Dies sind Eltern. Dort sind Ahmads Eltern. Wo sind meine Eltern? Ich / Sie fragte / Du fragtest unsere Eltern. Wir begrüßten ihre Eltern. Diese Sache ist bei meinen beiden Brüdern.

**Ü 6:**

اذهبا إلى درسين — أهداه لهما ابنهما — أخذ بيديه — لكما يا أخويّ — ابنتهما — سأل ... تحدثت ... عن مشاكلهما — من مدرسكما / مدرسهما — رحب بصديقيهما ورافقهما.

**Ü 7**

الساعة السادسة والثلث — ... الثامنة وعشر دقائق — ... العاشرة والربع — ... الحادية عشرة وسبع دقائق — ... الثانية إلا الثلث ظهرا — ... الثالثة وخمس دقائق بعد الظهر — ... الرابعة والنصف — ... السادسة :31. ◉

إلا عشر دقائق بعد الظهر — ... السابعة والربع <u>مساء</u> — التاسعة إلا الربع — ... التاسعة وثماني دقائق —
... الحادية عشرة إلا سبع دقائق مساء / ليلا

6.20  8.10  10.15  11.07  13.40  15.05  16.30  17.50  19.15  20.45  21.08  22.53

**Ü 8:** سافر أحمد أمس من القاهرة إلى الإسكندرية بالقطار السريع، ووصل القطار إلى الإسكندرية في الساعة التاسعة والنصف. ورحب سمير بصديقه أحمد ورافقه في زيارة الإسكندرية. وفي الظهر اقترح سمير على صديقه أن يذهبا إلى مطعم مطل على البحر ليتناولا معا الغداء ويتحدثا عن الدراسة في جامعة الإسكندرية. وبعد ذلك توجه الصديقان إلى مكتبة الإسكندرية وقَصْر المُنْتَزَه. وكانا بحاجة إلى قهوة أو شاي، لذلك ذهبا إلى المطعم هناك. وفي المساء ودع سمير صديقه في محطة السكك الحديدية في الإسكندرية قبل أن يدخل أحمد القطار السريع إلى العاصمة. ثم غادر القطار المحطة بالوقت ووصل إلى القاهرة في الساعة الحادية عشرة ليلا.

**Ü 9:** استيقظ سمير في الصباح الباكر وغادر الإسكندرية. — سافر إلى القاهرة بالقطار السريع. — وصل إلى القاهرة في الساعة العاشرة وخمس دقائق. — ذهب سمير مع صديقه قبل الظهر إلى الجامع الأزهر والقلعة وخان الخليلي. — تناول سمير وصديقه الغداء في مطعم. — لا، يدرس سمير في الإسكندرية. — لا، يدرس اللغة الفرنسية هناك. — انتظرهما زميلان في هذا المتحف. — ذهبا إلى المحطة الرئيسية للسكك الحديدية ليودع أحمد صديقه هناك.

**Ü 10:** Freie Improvisationsübung

**Ü 11:**
أهلا وسهلا ومرحبا.
كيف حالك؟
وكيف حال عائلتك؟
ومتى استيقظت اليوم؟
ومتى غادرت البيت؟
هل وصلت إلى محطة السكك الحديدية بالوقت؟
هل انطلق القطار بالوقت ؟
مع السلامة.

**Ü 12:** Waren Sie in der ägyptischen Hauptstadt oder der syrischen Hauptstadt oder der tunesischen Hauptstadt?
Wohin gingen Sie während Ihres Besuchs von ihr?
Wie gelangen Sie von ihrem Haus zur Universität?
Fahren Sie zur Universität mit dem Zug / dem Omnibus / der U-Bahn?
Wie gelangen Sie von Ihrem Haus / der Universität zu einem nahe gelegenen Restaurant / der Omnibushaltestelle / der U-bzw. S-Bahnstation?

**Ü 13:** قرر طلاب معهد غوته العرب أن يسافروا اليوم إلى برلين ليتوجهوا إلى المتاحف هناك. وانتظرهم اثنان من زملائهم / زميلان من برلين في المحطة الرئيسية للسكك الحديدية ورافقاهم في زيارتهم ليوضحا لهم أهمية عمارات المدينة. وركبوا معا مترو الأنفاق وذهبوا إلى جزيرة المتاحف ودخلوا المتحف الإسلامي. ثم توجهوا إلى المتحف المصري وبعد الظهر كانوا في معهد الدراسات الإسلامية واستمعوا إلى محاضرتين. وتناولوا العشاء في مطعم لبناني، وفي الليل رجعوا إلى مدينتهم.

# Lektion 10

**T 1 ⊙ 32.:**                                                     Auf dem Markt

Meine Freundin Latifah bat mich, sie auf den Markt zu begleiten, wo sie die für die Zubereitung von libanesischem Essen für eine Abendeinladung notwendigen Dinge kaufen will. Meine Freundin wird diese veranstalten, nachdem sie vor drei Tagen das Bachelor-Zeugnis von der Philosophischen Fakultät erlangt hat. Sie erwartet, dass zehn Gäste bei der Einladung anwesend sein werden.
Wir nahmen mein Auto und nach 15 Minuten befanden wir uns auf dem Markt zwischen den Gemüsehändlern. Dort wählten wir von einem der Gemüsehändler das Gemüse und das Obst aus und dann wählten wir von einem der Fleischer große Stücke von guten Fleischsorten aus. Ebenso nahmen wir drei Beutel Reis, vier Schachteln Makkaroni und 20 Flaschen Bier, Wasser und Saft mit. Latifah will den Gästen Erfrischungen anbieten, nachdem sie eintreffen, und zum Abendessen Salatteller und Suppe, Fisch und Fleisch mit Reis oder Kartoffeln und Süßigkeiten, darunter (auch) Baqlawa. Zuletzt wird sie Tee reichen.

Nach dem Einkauf jener Dinge beschlossen wir, uns in einem Restaurant auszuruhen, ehe wir nach Hause zurückkehrten. Wir tranken Orangensaft und aßen etwas Eiskrem. Schließlich stiegen wir in mein Auto und brachten jene Dinge in die Wohnung meiner Freundin Latifah.

**T 2 ⊙ 33.:**                                   Dialog

*Kellner:* Guten Abend.

*Herr Ramadan:* Einen schönen guten Abend.

*Kellner:* Womit kann ich dienen, mein Herr?

*Herr Ramadan:* Ich habe einen Tisch reserviert, damit wir das Abendessen einnehmen.

*Kellner:* Ihr Name bitte?

*Herr Ramadan:* Mein Name ist Ahmad Ramadan.

*Kellner:* Zu Diensten, mein Herr. Machen Sie es sich bequem hier!

*Herr Ramadan:* Was bieten Sie heute an Speisen? Geben Sie mir bitte die Speisekarte!

*Kellner:* Jawohl, bitte schön! Heute bieten wir auch gegrillten Fisch mit Reis.

*Herr Ramadan:* Ich weiß nicht, was ich von diesen Gerichten wählen soll. Können Sie mir zu etwas davon raten?

*Kellner:* Sehr gern, mein Herr. Nehmen Sie den gegrillten Fisch mit Gemüse der Saison.

*Herr Ramadan:* Gut. Ich trinke ein Glas Orangensaft und eine Flasche Wasser.

*Kellner:* Und was bestellen Sie, Madam?

*Madam:* Ich wähle den Kebab mit Reis.

*Herr Ramadan:* Und zum Schluss nehmen wir Crème Caramel.

*Kellner:* Zu Diensten. Und die Rechnung (geht) auf die Zimmernummer?

*Herr Ramadan:* Jawohl.

| Speisekarte | | |
|---|---|---|
| Vorspeise | | |
| Tomatensalat mit Ei | | 15 Riyal |
| Geflügelsalat mit Mayonnaise | | 30 Riyal |
| Tagessuppe | | 20 Riyal |
| Hauptgericht | | |
| Gebratener Fisch mit Reis | | 35 Riyal |
| Kebab mit Reis | | 30 Riyal |
| Makkaroni mit Tomaten und Käse | | 35 Riyal |
| Süßspeisen | | |
| Eiskrem | | 15 Riyal |
| Baqlawa | | 18 Riyal |
| Crème caramel | | 20 Riyal |
| Getränke | | |
| Kaffee | 8 Riyal | Orangensaft 10 Riyal |
| Tee | 8 Riyal | Apfelsaft 14 Riyal |
| Tee mit Milch | 10 Riyal | Coca-Cola 10 Riyal |

**Ü 1:**

| وَصَلْتُ | اِسْتَرَحْتُ | اِخْتَرْتُ | اِنْهَرْتُ | أَرَدْتُ | نِمْتُ | بِعْتُ | قُمْتُ |
|---|---|---|---|---|---|---|---|
| وَصَلْتَ | اِسْتَرَحْتَ | اِخْتَرْتَ | اِنْهَرْتَ | أَرَدْتَ | نِمْتَ | بِعْتَ | قُمْتَ |
| وَصَلْتِ | اِسْتَرَحْتِ | اِخْتَرْتِ | اِنْهَرْتِ | أَرَدْتِ | نِمْتِ | بِعْتِ | قُمْتِ |
| وَصَلَ | اِسْتَرَاحَ | اِخْتَارَ | اِنْهَارَ | أَرَادَ | نَامَ | بَاعَ | قَامَ |
| وَصَلَتْ | اِسْتَرَاحَتْ | اِخْتَارَتْ | اِنْهَارَتْ | أَرَادَتْ | نَامَتْ | بَاعَتْ | قَامَتْ |
| وَصَلْنا | اِسْتَرَحْنا | اِخْتَرْنا | اِنْهَرْنا | أَرَدْنا | نِمْنا | بِعْنا | قُمْنا |
| وَصَلْتُمَا | اِسْتَرَحْتُمَا | اِخْتَرْتُمَا | اِنْهَرْتُمَا | أَرَدْتُمَا | نِمْتُمَا | بِعْتُمَا | قُمْتُمَا |
| وَصَلا | اِسْتَرَاحَا | اِخْتَارَا | اِنْهَارَا | أَرَادَا | نَامَا | بَاعَا | قَامَا |
| وَصَلَتَا | اِسْتَرَاحَتَا | اِخْتَارَتَا | اِنْهَارَتَا | أَرَادَتَا | نَامَتَا | بَاعَتَا | قَامَتَا |
| وَصَلْتُمْ | اِسْتَرَحْتُمْ | اِخْتَرْتُمْ | اِنْهَرْتُمْ | أَرَدْتُمْ | نِمْتُمْ | بِعْتُمْ | قُمْتُمْ |
| وَصَلْتُنَّ | اِسْتَرَحْتُنَّ | اِخْتَرْتُنَّ | اِنْهَرْتُنَّ | أَرَدْتُنَّ | نِمْتُنَّ | بِعْتُنَّ | قُمْتُنَّ |
| وَصَلُوا | اِسْتَرَاحُوا | اِخْتَارُوا | اِنْهَارُوا | أَرَادُوا | نَامُوا | بَاعُوا | قَامُوا |
| وَصَلْنَ | اِسْتَرَحْنَ | اِخْتَرْنَ | اِنْهَرْنَ | أَرَدْنَ | نِمْنَ | بِعْنَ | قُمْنَ |

| أَصِلُ | أَسْتَرِيحُ | أَخْتَارُ | أَنْهَارُ | أُرِيدُ | أَنَامُ | أَبِيعُ | أَقُومُ |
|---|---|---|---|---|---|---|---|
| تَصِلُ | تَسْتَرِيحُ | تَخْتَارُ | تَنْهَارُ | تُرِيدُ | تَنَامُ | تَبِيعُ | تَقُومُ |
| تَصِلِينَ | تَسْتَرِيحِينَ | تَخْتَارِينَ | تَنْهَارِينَ | تُرِيدِينَ | تَنَامِينَ | تَبِيعِينَ | تَقُومِينَ |
| يَصِلُ | يَسْتَرِيحُ | يَخْتَارُ | يَنْهَارُ | يُرِيدُ | يَنَامُ | يَبِيعُ | يَقُومُ |
| تَصِلُ | تَسْتَرِيحُ | تَخْتَارُ | تَنْهَارُ | تُرِيدُ | تَنَامُ | تَبِيعُ | تَقُومُ |
| نَصِلُ | نَسْتَرِيحُ | نَخْتَارُ | نَنْهَارُ | نُرِيدُ | نَنَامُ | نَبِيعُ | نَقُومُ |
| تَصِلَانِ | تَسْتَرِيحَانِ | تَخْتَارَانِ | تَنْهَارَانِ | تُرِيدَانِ | تَنَامَانِ | تَبِيعَانِ | تَقُومَانِ |
| يَصِلَانِ | يَسْتَرِيحَانِ | يَخْتَارَانِ | يَنْهَارَانِ | يُرِيدَانِ | يَنَامَانِ | يَبِيعَانِ | يَقُومَانِ |
| تَصِلَانِ | تَسْتَرِيحَانِ | تَخْتَارَانِ | تَنْهَارَانِ | تُرِيدَانِ | تَنَامَانِ | تَبِيعَانِ | تَقُومَانِ |
| تَصِلُونَ | تَسْتَرِيحُونَ | تَخْتَارُونَ | تَنْهَارُونَ | تُرِيدُونَ | تَنَامُونَ | تَبِيعُونَ | تَقُومُونَ |
| تَصِلْنَ | تَسْتَرِحْنَ | تَخْتَرْنَ | تَنْهَرْنَ | تُرِدْنَ | تَنَمْنَ | تَبِعْنَ | تَقُمْنَ |
| يَصِلُونَ | يَسْتَرِيحُونَ | يَخْتَارُونَ | يَنْهَارُونَ | يُرِيدُونَ | يَنَامُونَ | يَبِيعُونَ | يَقُومُونَ |
| يَصِلْنَ | يَسْتَرِحْنَ | يَخْتَرْنَ | يَنْهَرْنَ | يُرِدْنَ | يَنَمْنَ | يَبِعْنَ | يَقُمْنَ |

**Ü 2:** نجيء إلى شقة لطيفة. ― تقول المدرسة كلمة. ― يبيعون لنا خضروات وفواكه. ― يخفن من الاختبار. ― ينمن كثيرًا في هذه الأيام. ― تقيمون حفلة عشاء. ― يختار الضيوف السمك بالأرز. ― تستريحان من الدراسة.

**Ü 3:** لم يرد أبنائي أن يرجعوا من القاهرة. ― لم تقم لطيفة في الساعة السادسة. ― لن أجيئك غدا. ― لم يبع الجزار البرتقال والتفاح. ― أيها الطالبان لا تناما في الدروس. ― لم ترد لطيفة شراء الخضروات. ― لم تكن عند البقال لحوم. ― لم يسترح والدي قليلا من العمل.

**Ü 4:** نريد أن نرافق صديقتنا إلى السوق. ― يريدون / يستطيعون أن يحصلوا على شهادة البكالوريوس. ― أراد / استطاع تسعة ضيوف أن يجيئونا. ― تريدون / تستطيعون أن تقيموا حفلة عشاء في هذا المساء. ― أردتما / استطعتما أن تختارا سلطة طماطم بالبيض. ― أرادت / استطاعت عزيزة أن تقدم للضيوف مرطبات. ― أريد / أستطيع أن آكل سلطة دجاج بالمايونيز. ― أرادا / استطاعا أن يشربا البيرة والعصير. ― أريد / أستطيع أن أدرس الطب في ألمانيا. ― أراد الأستاذ أن يعرف كيف صحة زوجته. ― تريدين / تستطيعين أن تسكني في حي حديث. ― لم يرد / يستطع الطلاب أن يكتبوا الاختبار.

**Ü 5:** أقيموا / أقمن حفلة غداء. ― قولوا / قلن لهم شيئا. ― استرح / استريحي في البيت. ― نم / نامي في الليل. ― اختاروا / اخترن / اختارا الآيسكريم والبقلاوة. ― كن / كوني في المعهد بالوقت. ― كلوا / كلن / كلا السلطة بالدجاج. ― خذ / خذي السمك بالأرز.

**Ü 6:** ثلاثة عشر ريالا ― تسعة عشر مدرسا ― ست عشرة مدرسة ― واحد وعشرون قطارا ― اثنان وثلاثون شخصا ― ثلاث وأربعون سيدة ― أربع وخمسون عمارة ― خمس وستون سوقا ― ستة وسبعون سريرا ― سبعة وثمانون أوتوبيسا ― ثمان وتسعون مكتبة ― اثنتا عشرة مدرسة ― اثنا عشر أخا

**Ü 7:** الساعة الثالثة ― الشارع الثاني عشر ― القلم العاشر ― الباص التاسع عشر ― الجملة السابعة ― الحساب الحادي عشر ― الشهر السادس ― الموعد الثالث عشر ― المجلة الأولى ― الرقم الثامن عشر ― الثوب الثامن ― الكلمة الرابعة والعشرون ― المشكلة التاسعة ― السنة الخامسة عشرة ― الجريدة الحادية والثلاثون ― المحاضرة الثانية ― الشقة السادسة عشرة ― الدقيقة العشرون ― الطعام الثالث ― الغرفة الثالثة عشرة ― البيت السابع والتسعون ― الزجاجة الخامسة والثلاثون ― النص السابع عشر ― المعهد الرابع ― الطاولة الثانية عشرة ― الكرسي التاسع والخمسون ― الشخص الأول

**Ü 8**
**⊙ 35.:** ٣٢ ― ٢٣ ― ٤٥ ― ٥٤ ― ١٣ ― ١٨ ― ٦٧ ― ٧٦ ― ٩٨ ― ٨٩ ― ١٧ ― ١٩ ― ٦٣ ― ٣٦ ― ٤٩ ― ٩٤ ― ٨٢ ― ٢٨

ثلاثة وعشرون ― خمسة وأربعون ― ثلاثة عشر ― سبعة وستون ― تسعة وثمانون ― تسعة عشر ― ستة وثلاثون ― أربعة وتسعون ― اثنان وثمانون

**Ü 9:** جلس السيد محمد أحمد وزوجته إلى الطاولة في المطعم. وحضر إليهما الجرسون وقال لهما: أهلا وسهلا مرحبا بحضوركم. أية خدمة؟ وطلب السيد محمد أحمد منه أن يجيء بقائمة الطعام. ثم سأله أن ينصحهما بطعام شهي. واقترح الجرسون على السيد محمد أن يأكل السمك بالأرز وعلى زوجته أن تأخذ الكباب. وقال السيد محمد أحمد للجرسون: شكرا جزيلا. ثم تناول طعام الغداء.

**Ü 10, 11** und **12:** nach freier Wahl des Lernenden.

**Ü 13:** السيدة: البقال :

أهلا وسهلا مرحبا يا سيدتي.      مرحبا بك يا محمد. أريد شراء فواكه، وخاصة البرتقال والتفاح.

كم من البرتقالات والتفاحات تريدين؟      أريد خمس برتقالات وسبع تفاحات.

أتريدين أيضا خضراوات أو مشروبات؟      أريد زجاجات عصير وماء.

أتريدين عصير برتقال أو عصير تفاح؟      أعطني ثلاث زجاجات منه عصير برتقال.

تفضلي يا سيدتي .. هنا الحساب.      أنا متأسف، ولكن عندي ٥٠ ريالا فقط.

لا بأس، عندي فكة.      طيب. خذ الخمسين ريالا وهات الفكة.

شكرا على شراء الفواكه والعصير، ومع السلامة.

**Ü 14:** أريد أن أقيم حفلة عشاء لأصدقائي بعد أن حصلت على شهادة معهد غوته. وأتوقع أن يجيئني ثلاثون ضيفا عربيا وألمانيا. وأتوقع أيضا / كما أتوقع أن تحضر (الحفلة) واحدة من مدرساتي، السيدة شميت. ذهبنا أنا ووالدي في صباح اليوم إلى السوق، حيث أردنا شراء الأشياء اللازمة لـ(تحضير)الطعام. وأخذنا هناك من البقالين البطاطا والطماطم والأرز والتفاح والبرتقال، وكذلك اخترنا المعكرونة ومشروبات، وهي العصير والماء وأيضا البيرة للضيوف. واستطعنا شراء قطع كبيرة من لحم البقر ولحم الخروف من الجزار. والآن / أما الآن ف نعمل / نتعاون مع والدتي في المطبخ لتحضير العشاء. وبعد أن يجيء الضيوف (س)نسألهم أن يستريحوا ونقدم لهم أولا مرطبات. وفي العشاء نقدم أطباقا من السلطات وشوربة، وبعد ذلك السمك المقلي وقطع اللحوم المقلية ولحم الدجاج بالأرز (مع الأرز) أو البطاطا أو المعكرونة. وأخيرا سيأكل الضيوف حلويات وهي البقلاوة أو الآيس كريم. وسيشربون القهوة العربية أو الشاي. وبعد ذلك سيودعوننا ويرجعون إلى البيت بالباص أو التاكسي أو المترو.

## Vertiefungslektion B

**A 1:** Perfekt

| | قرّر | نظر | قام | تناول | أراد | انطلق | تعلم | سافر |
|---|---|---|---|---|---|---|---|---|
| أنا | قَرَّرْتُ | نَظَرْتُ | قُمْتُ | تَنَاوَلْتُ | أَرَدْتُ | اِنْطَلَقْتُ | تَعَلَّمْتُ | سَافَرْتُ |
| أنتَ | قَرَّرْتَ | نَظَرْتَ | قُمْتَ | تَنَاوَلْتَ | أَرَدْتَ | اِنْطَلَقْتَ | تَعَلَّمْتَ | سَافَرْتَ |
| أنتِ | قَرَّرْتِ | نَظَرْتِ | قُمْتِ | تَنَاوَلْتِ | أَرَدْتِ | اِنْطَلَقْتِ | تَعَلَّمْتِ | سَافَرْتِ |
| هو | قَرَّرَ | نَظَرَ | قَامَ | تَنَاوَلَ | أَرَادَ | اِنْطَلَقَ | تَعَلَّمَ | سَافَرَ |
| هي | قَرَّرَتْ | نَظَرَتْ | قَامَتْ | تَنَاوَلَتْ | أَرَادَتْ | اِنْطَلَقَتْ | تَعَلَّمَتْ | سَافَرَتْ |
| نحن | قَرَّرْنَا | نَظَرْنَا | قُمْنَا | تَنَاوَلْنَا | أَرَدْنَا | اِنْطَلَقْنَا | تَعَلَّمْنَا | سَافَرْنَا |
| أنتما | قَرَّرْتُمَا | نَظَرْتُمَا | قُمْتُمَا | تَنَاوَلْتُمَا | أَرَدْتُمَا | اِنْطَلَقْتُمَا | تَعَلَّمْتُمَا | سَافَرْتُمَا |
| هما (رجلان) | قَرَّرَا | نَظَرَا | قَامَا | تَنَاوَلَا | أَرَادَا | اِنْطَلَقَا | تَعَلَّمَا | سَافَرَا |
| هما (امرأتان) | قَرَّرَتَا | نَظَرَتَا | قَامَتَا | تَنَاوَلَتَا | أَرَادَتَا | اِنْطَلَقَتَا | تَعَلَّمَتَا | سَافَرَتَا |
| أنتم | قَرَّرْتُمْ | نَظَرْتُمْ | قُمْتُمْ | تَنَاوَلْتُمْ | أَرَدْتُمْ | اِنْطَلَقْتُمْ | تَعَلَّمْتُمْ | سَافَرْتُمْ |
| أنتنّ | قَرَّرْتُنَّ | نَظَرْتُنَّ | قُمْتُنَّ | تَنَاوَلْتُنَّ | أَرَدْتُنَّ | اِنْطَلَقْتُنَّ | تَعَلَّمْتُنَّ | سَافَرْتُنَّ |
| هم | قَرَّرُوا | نَظَرُوا | قَامُوا | تَنَاوَلُوا | أَرَادُوا | اِنْطَلَقُوا | تَعَلَّمُوا | سَافَرُوا |
| هنّ | قَرَّرْنَ | نَظَرْنَ | قُمْنَ | تَنَاوَلْنَ | أَرَدْنَ | اِنْطَلَقْنَ | تَعَلَّمْنَ | سَافَرْنَ |

Imperfekt

| | قرّر | نظر | قام | استراح | أكل | انطلق | وجد | اختار |
|---|---|---|---|---|---|---|---|---|
| أنا | أُقَرِّرُ | أَنْظُرُ | أَقُومُ | أَسْتَرِيحُ | آكُلُ | أَنْطَلِقُ | أَجِدُ | أَخْتَارُ |
| أنتَ | تُقَرِّرُ | تَنْظُرُ | تَقُومُ | تَسْتَرِيحُ | تَأْكُلُ | تَنْطَلِقُ | تَجِدُ | تَخْتَارُ |
| أنتِ | تُقَرِّرِينَ | تَنْظُرِينَ | تَقُومِينَ | تَسْتَرِيحِينَ | تَأْكُلِينَ | تَنْطَلِقِينَ | تَجِدِينَ | تَخْتَارِينَ |

| هو | يُقَرِّرُ | يَنْظُرُ | يَقُومُ | يَسْتَرِيحُ | يَأْكُلُ | يَنْطَلِقُ | يَجِدُ | يَخْتَارُ |
|---|---|---|---|---|---|---|---|---|
| هي | تُقَرِّرُ | تَنْظُرُ | تَقُومُ | تَسْتَرِيحُ | تَأْكُلُ | تَنْطَلِقُ | تَجِدُ | تَخْتَارُ |
| نحن | نُقَرِّرُ | نَنْظُرُ | نَقُومُ | نَسْتَرِيحُ | نَأْكُلُ | نَنْطَلِقُ | نَجِدُ | نَخْتَارُ |
| أنتما | تُقَرِّرَانِ | تَنْظُرَانِ | تَقُومَانِ | تَسْتَرِيحَانِ | تَأْكُلَانِ | تَنْطَلِقَانِ | تَجِدَانِ | تَخْتَارَانِ |
| هما (رجلان) | يُقَرِّرَانِ | يَنْظُرَانِ | يَقُومَانِ | يَسْتَرِيحَانِ | يَأْكُلَانِ | يَنْطَلِقَانِ | يَجِدَانِ | يَخْتَارَانِ |
| هما (امرأتان) | تُقَرِّرَانِ | تَنْظُرَانِ | تَقُومَانِ | تَسْتَرِيحَانِ | تَأْكُلَانِ | تَنْطَلِقَانِ | تَجِدَانِ | تَخْتَارَانِ |
| أنتم | تُقَرِّرُونَ | تَنْظُرُونَ | تَقُومُونَ | تَسْتَرِيحُونَ | تَأْكُلُونَ | تَنْطَلِقُونَ | تَجِدُونَ | تَخْتَارُونَ |
| أنتنّ | تُقَرِّرْنَ | تَنْظُرْنَ | تَقُمْنَ | تَسْتَرِحْنَ | تَأْكُلْنَ | تَنْطَلِقْنَ | تَجِدْنَ | تَخْتَرْنَ |
| هم | يُقَرِّرُونَ | يَنْظُرُونَ | يَقُومُونَ | يَسْتَرِيحُونَ | يَأْكُلُونَ | يَنْطَلِقُونَ | يَجِدُونَ | يَخْتَارُونَ |
| هنّ | يُقَرِّرْنَ | يَنْظُرْنَ | يَقُمْنَ | يَسْتَرِحْنَ | يَأْكُلْنَ | يَنْطَلِقْنَ | يَجِدْنَ | يَخْتَرْنَ |

### Imperativ

| | توجه | غادر | شرب | أعلن | استقبل | رحب | قام | أشار |
|---|---|---|---|---|---|---|---|---|
| (أنتَ) | تَوَجَّهْ | غَادِرْ | اِشْرَبْ | أَعْلِنْ | اِسْتَقْبِلْ | رَحِّبْ | قُمْ | أَشِرْ |
| (أنتِ) | تَوَجَّهِي | غَادِرِي | اِشْرَبِي | أَعْلِنِي | اِسْتَقْبِلِي | رَحِّبِي | قُومِي | أَشِيرِي |
| (أنتما) | تَوَجَّهَا | غَادِرَا | اِشْرَبَا | أَعْلِنَا | اِسْتَقْبِلَا | رَحِّبَا | قُومَا | أَشِيرَا |
| (أنتم) | تَوَجَّهُوا | غَادِرُوا | اِشْرَبُوا | أَعْلِنُوا | اِسْتَقْبِلُوا | رَحِّبُوا | قُومُوا | أَشِيرُوا |
| (أنتن) | تَوَجَّهْنَ | غَادِرْنَ | اِشْرَبْنَ | أَعْلِنَّ | اِسْتَقْبِلْنَ | رَحِّبْنَ | قُمْنَ | أَشِرْنَ |

**A 2:**

١) أدرس في الجامعة اللغة الفرنسية. ــ نسكن في حي مصر الجديدة. ــ يعمل والدي في برلين. ــ تعمل والدتنا مدرسة للغة العربية. ــ نذهب بالمترو إلى كلية الألسن. ــ تعمل أختاي في الجامعة. ــ أكتب الجملة الجديدة. ــ يجلس الطلاب في قاعة المكتبة. ــ نسمع الآن كلمة العميد. ــ تصل الطالبات إلى عمارة الكلية. ــ تقرأ ابنة الأستاذ كتابا جميلا. ــ أغادر البيت في الساعة التاسعة.

٢) لا، يحضرون إلى البيت. ــ لا، ينظرن إلى عمارة الكلية. ــ لا، يدرسن في كلية الطب. ــ لا، يقرؤون المجلات العربية. ــ لا، يذهبون إلى الجامعة بالأوتوبيس. ــ لا، يعملون في سوريا. ــ لا، يجلسان في وزارة التربية. ــ لا، يبيعان خزانة قديمة.

٣) درسنا اللغة الفرنسية. ــ سكنت العائلة في دمشق. ــ سافرتما / سافرتا إلى الإسكندرية. ــ تناول أخوها الطعام. ــ عمل والدي مدرسا. ــ ذهبا بالمترو إلى الجامعة. ــ قرأتِ مجلات كثيرة. ــ دخلن قاعة المحاضرات. ــ جلستُ على الكرسي. ــ سمعتم كلمة الأستاذ. ــ انتظرتما / انتظرتا في المحطة. ــ جاء الطلاب إلى المعهد. ــ حجزوا طاولة في المطعم. ــ تحدثت باللغة العربية.

٤) يأكل أحمد طعام الغداء. ــ يغادرون القاهرة إلى دمشق. ــ تضعين المجلة على الرف. ــ ننتظر المدرسين الألمان. ــ نكتب النص الجديد. ــ ينظر أحمد إلى أصدقائه المصريين. ــ يجدن الجرائد على المكاتب. ــ تستريحون ساعتين. ــ أسمع الكلمات الجديدة. ــ ترحّب بالزملاء الليبيين.

**A 3:**

١) لا تأكلي هذا الطعام. ــ لا تضعوا المجلات على المكاتب. ــ لا تأخذ المجلة الجديدة. ــ لا تحضروا إلى المعهد. ــ لا تختر تلك الثياب. ــ لا ترافقوا زملاءنا العرب. ــ لا تتوجّها إلى المحطة. ــ لا تركي القطار. ــ لا ترحّبوا بالطالبات. ــ لا تتعلّموا اللغة الألمانية. ــ لا تذهب إلى البيت. ــ لا تدرسي اللغة الفرنسية. ــ لا تجلسا على الكرسي. ــ لا تأخذوا القلم.

٢) تأخر الأوتوبيس. ــ خرجتم في الساعة السابعة من البيت. ــ وصلت إلى مراكش بعد الظهر. ــ انطلق المترو بالوقت. ــ فتحوا المدخل أمس. ــ قررت أن أسافر إلى مصر. ــ بعتِ الخضروات قبل ثلاثة أشهر. ــ أعلنّ الدروس.

٣) لم تلبسي / ألبس ثيابك الجميلة. ــ لم يسمعن محاضرة الأستاذ. ــ لم يعمل سمير موظفا في القاهرة. ــ لم أقرأ / تقرأ / تقرئي النصوص بالوقت. ــ لم نشرب الشاي ولم نأكل الغداء. ــ لم تسألوه عن الدرس. ــ لم

يحصلا على شهادة جيدة. ‒ لم تحجزا غرفتين واسعتين.

٤) لن ترجع سامية إلى البيت. ‒ لن نجلس في قاعة المحاضرات. ‒ لن تقيموا حفلة عشاء. ‒ لن تحصلي على شهادة الجامعة. ‒ لم نجئن إلى الدروس. ‒ لن يسافروا إلى العاصمة. ‒ لن نعمل في الجزائر. ‒ لن ينطلق القطار بعد ساعة.

**A 4:** يا سامية أهلا وسهلا، كيف حالك؟ من أين أنت؟ وماذا / أين تدرسين؟ ومن مدرسك؟ وما اسم زميلك؟ وأين / هل تسكنون في القاهرة؟ ومتى تقومين صباحا؟ ومتى ترجعين إلى البيت؟ وماذا تقرئين مساءً؟ وماذا / أين يعمل والدك؟ وهل تعمل والدتك أيضا؟ وما اسم أخيك؟ وهل عندك ابن أو ابنة؟

**A 5:** ليس / كان / ما زال الكتاب جديدا. ‒ لسنا / كنّا / ما زلنا مدرسين. ‒ ليست / كانت / ما زالت شقتنا قريبة من محطة المترو. ‒ لسن / كنّ / ما زلن طالبات. ‒ لسنا / كنا / ما زلنا مدرستين. ‒ ليس / كان / ما زال هؤلاء الطلاب هنا. ‒ لسنا / كنّا / ما زلنا موظفات. ‒ ليس / كان / ما زال أستاذا في الجامعة.

**A 6:** ستة أبناء ‒ خمس غرف ‒ سبعة مدرسين ‒ ثلاثة أصدقاء ‒ ثلاث مدرسات ‒ عشر أرائك ‒ ثمانية مكاتب ‒ أربع صديقات ‒ أربعة مصاعد ‒ خمسة بساتين ‒ ثماني خزائن ‒ تسع سيارات ‒ اثنا عشر شهرا ‒ اثنتا عشرة ابنة ‒ ثلاثة عشر ريالا ‒ تسعة عشر مدرسا ‒ ست عشرة مدرسة ‒ واحد وعشرون قطارا ‒ ثلاث وأربعون سيدة ‒ خمسة وستون بيتا ‒ سبعة وثمانون باصا ‒ ثمانية وتسعون شخصا ‒ ثلاثة وثلاثون زميلا ‒ أربعة وسبعون موظفا

**A 7** الجزائر ٢٧ ، ١٨ ‒ بغداد ٤٠ ، ٢٣ ‒ الكويت ٤٦ ، ٢٠ ‒ بيروت ٢٩ ، ٢٢ ‒ دمشق ٣٨ ، ١٩ ‒
⊙ 36.: تونس ٣٠ ، ٢٠ ‒ الرياض ٤٢ ، ٢١

**A 8:** تحدثنا مع موظفي هذه المدينة. ‒ ابنتا هذه العائلة ليستا في غرفتهما. ‒ سيصل الطلاب الجزائريون إلى الجامعة. ‒ لم تكن هناك طالبات جميلات. ‒ جلس في المطعم ضيوف جدد. ‒ كانت في قاعة مكتبة الجامعة كتب كثيرة. ‒ يدرس هؤلاء الطلاب اللغة العربية. ‒ دخل المدرسون العرب عمارة كلية الآداب. ‒ جاءنا أمس زملاؤنا الفرنسيون. ‒ تناولت الزميلات السوريات الفطور. ‒ جاء موظفو الوزارة بالورق.

**A 9:** ١) لبست الملابس قبل أن تجلسي في المطعم. ‒ أكلتم الفطور قبل أن تذهبوا إلى محطة المترو. ‒ ذهب إلى قاعة المحاضرات قبل أن يجلس فيها. ‒ دخلوا المطعم قبل أن يأكلوا الغداء. ‒ جاءت بأشياء كثيرة قبل أن تقيم حفلة العشاء. ‒ سمع الأخوان محاضرة قبل أن يرجعا إلى البيت.

٢) سنكتب الاختبار بعد أن ندخل المدرسة. ‒ قرأنا في قاعة المكتبة بعد أن شربن الشاي. ‒ أكلتا الفطور بعد أن قامتا في الصباح. ‒ ذهبتم إلى السوق بعد أن أكلتم الفطور. ‒ سيحصلون على شهادة كلية الألسن بعد أن يدرسوا اللغة الألمانية.

٣) حضرنا بالوقت لنكتب اختبارا قصيرا. ‒ خرجوا من البيت ليصلوا إلى محطة الباص. ‒ دخلت المعهد لتجلسي في غرفة الدرس. ‒ جلسنا في غرفة الدرس لنسمع نصا من الإنترنت. ‒ وصل التاكسي ليأخذنا إلى المتحف. ‒ ذهبوا إلى مطعم بيروت ليأكلوا العشاء.

٤) طلبت المدرسة من الطلاب أن يحضروا في الساعة العاشرة / أن يكتبوا اختبارا. ‒ سأل الأستاذ الطالبات أن يحضرن في الساعة الواحدة / أن يقرأن نصا عربيا / أن يسمعن النص الجديد. ‒ من الممكن أن يسافر محمد الآن / أن يجيء الزملاء إلى بيتي / أن يتناولوا الطعام. ‒ من اللازم أن يحضر الزميلان في الساعة الثانية / أن تأكل الصديقات شيئا / أن يطلب أحمد التاكسي. ‒ عليك أن تدرسي الطب / ترجعي إلى البيت / توضحي الآثار لصديقاتك. ‒ تريد البنتان أن تغادرا المعهد / أن تتحدثا مع الأستاذ / أن تبيعا سيارتهما. ‒ قررتُ أن أركب القطار السريع / أرجع إلى شقتي القديمة.

**A 10:** جامعة ‒ ست ساعات ‒ آثار ‒ الدرس ‒ دقائق ‒ جملة ‒ مطبخ ‒ نام ‒ قهوة ‒ شرفة ‒ قريب ‒ أخوات ‒ سمك ‒ كرسي ‒ طاولة ‒ معكرونة ‒ خضر الموسم ‒ غادر

**A 11:** تأكل فاطمة الفطور في الساعة السابعة صباحا. ـ وفي الساعة الثامنة إلا عشر دقائق صباحا تخرج من البيت وتصل إلى محطة المترو بالوقت. ـ وفي الساعة الثامنة والنصف صباحا تدخل عمارة المعهد. ـ وتجلس في غرفة الدرس في الساعة التاسعة إلا خمس دقائق صباحا. ـ وفي الساعة الحادية عشرة إلا الربع قبل الظهر تذهب إلى مطعم الجامعة وتشرب القهوة. ـ وتدخل قاعة المحاضرات في الساعة الحادية عشرة وعشر دقائق قبل الظهر. ـ وفي

الساعة الواحدة ظهرا تذهب إلى مطعم الجامعة وتأكل الغداء. ـ وفي الساعة الثانية إلا الثلث بعد الظهر تجلس في
قاعة المكتبة وتقرأ كتابا. ـ وترجع بالأوتوبيس إلى البيت في الساعة الخامسة والربع بعد الظهر. ـ وفي الساعة
السادسة إلا خمس دقائق في المساء تصل إلى البيت وتدخل الشقة. ـ وفي الساعة السابعة مساء تأكل العشاء.

**A 12:** نعم وجدناهم في المطار. — سأحضر لقاءهن. — غادرناها في الصباح. — نمنا في هذه الليلة. — سيذهبون إليه
غدا — أسافر إليها معكم. — أدرسها منذ سنتين / ثلاث سنوات. — أريد زيارتها. — انتظرناهما. — أكلتها.

**A 13:** سافر أحمد أمس من دمشق إلى حلب بالباص، ووصل الباص إلى حلب في الساعة الحادية عشرة والنصف.
ورحب سمير بأحمد ورافقه خلال زيارته في هذه المدينة السورية. واقترح سمير على صديقه أن يذهبا قبل
الظهر إلى قلعة حلب، ثم دخل معه إلى مطعم ليتناولا هناك الغداء. وبعد الظهر توجه سمير وأحمد إلى
الأسواق القديمة. وبعد العشاء رافق سمير صديقه إلى محطة الباصات ليرجع إلى دمشق.

**A 14:**      Mögliche Ergänzungen:

مرحبا بك.

الحمد لله أنا بخير.

عائلتي أيضا بخير، الحمد لله. وهم بصحة جيدة.

قمت اليوم في الساعة السادسة صباحا.

وغادرت البيت في الساعة السابعة والثلث.

نعم وصلت إلى محطة السكك الحديدية بالوقت.

نعم، انطلق القطار في الوقت.

طيب، لنذهبْ.

**A 15, 16 und 18:** Zur freien Verfügung des Lernenden.

**A 17:** قمت في الساعة السابعة إلا الثلث صباحا، وسافرت إلى العاصمة القاهرة، وذهبت قبل الظهر إلى الجامع الأزهر
وحي خان الخليلي. وبعد الظهر زرت المتحف المصري. وتناولت طعام العشاء في مطعم مطل على نهر النيل.

# Lektion 11

**T 1 ☉ 37.:**                      Der Markt der Kesselschmiede

Samir lud seinen ägyptischen Freund Ahmad zum Besuch des Kesselschmiedemarkts in Bagdad ein. Das ist ein großer Markt mit sehr alten Läden, bekannt durch seine Kupferwaren mit ihren vielen Formen. Die Einwohner Bagdads und die ausländischen Touristen besuchen ihn.

Die beiden Freunde gingen im Markt von einem Laden zum andern und Samir erzählte seinem Freund von den Traditionen der Einwohner Bagdads, er sagte: Die Leute begaben sich auf den Markt der Kesselschmie-de, um die notwendigen Haushaltsgeräte wie Tabletts, Kannen, kleine und große Töpfe zu kaufen. Heutzuta-ge möchten sehr viele von ihnen Kupfertabletts zum Schmuck an die Wände ihrer Wohnungen hängen.

Die Kesselschmiede erben ihre Kunst von ihren Vätern und Großvätern. Sie richten ihr Interesse auf die Herstellung schöner Wertgegenstände von großem künstlerischem Wert. Die ausländischen Touristen wünschen sie zu kaufen und nach Hause mitzunehmen oder sie ihren Freunden zu bringen. Die Kessel-schmiede führen viele Arbeiten aus wie die Herstellung der Halbmondsicheln der Moscheen, die Dekora-tion der großen Türen und die Herstellung von Haushaltsgeräten, und sie verkaufen Kaffeekannen und alte Tabletts.

Seit wenigen Jahren breiten sich die Tuchläden im Markt der Kesselschmiede aus, und es ist möglich, dass in zehn Jahren nur noch ein oder zwei Läden für Kupferwaren übrig geblieben sind. Was heutzutage betrifft, so erscheint der Markt als eine Mischung von Läden für Kupferwaren und Läden für moderne Waren.

**T 2 ☉ 38.**                      Im Markt der Kesselschmiede

*Samir:* Der Friede sei mit euch!

*Verkäufer:* Und über euch sei Friede! Was kann ich für Sie tun?

*Samir:* Ich suche ein schönes Geschenk zu einem angemessenen Preis, denn ich will es meinem Freund schenken.

*Verkäufer:* Hier ist eine Auswahl von kupfernen Geschenkartikeln.

*Samir:* Bitte geben Sie mir diese Dallah.

*Verkäufer:* Bei Gott! Diese Dallah ist ein künstlerischer Wertgegenstand. Sie hat nichts ihresgleichen.

*Samir:* Kann ich sie nehmen, um in ihr den Kaffee zu reichen, oder ist sie nur zum Schmuck?

*Verkäufer:* Klar, Sie können mit ihr den Kaffee anbieten. Ich nehme zu Hause (auch) eine wie sie.

*Samir:* Eine wie sie? Wieso sagten Sie mir, sie habe nicht ihresgleichen.

*Verkäufer:* Das ist richtig. Aber meine Dallah hat nicht diese gute Form.

*Samir:* Und der Preis? Hat er auch nicht seinesgleichen?

*Verkäufer:* Nein, der Preis ist sehr angemessen.

*Samir:* Sagen Sie mir, für wieviel (verkaufen Sie) die Dallah?

*Verkäufer:* Ihr Preis ist 30 Dinar. Ich verkaufe sie Ihnen zu einem speziellen Preis, nämlich 25 Dinar.

*Samir:* Nein mein Bruder / Freund. Ich werde sie nur für 15 Dinar kaufen.

*Verkäufer:* Nur mit der Ruhe! Bitte, trinken Sie ein Glas Tee! Vergessen Sie nicht ihre ausgezeichnete Form! Gut, 20 Dinar.

*Samir:* 18 Dinar, und das ist mein letztes Wort.

*Verkäufer:* Bitteschön, Gratulation!

**T 3:**                                    Der Freitagsmarkt in Maskat

Der Freitagsmarkt der Hauptstadt Omans Maskat ist das ideale Schaufenster für jemanden, der nach guten Geschäften für den Kauf oder Verkauf der verschiedenen Waren sucht. Freitag früh jeder Woche findet man an diesem Ort ein großes Gedränge von Menschen, wobei die Händler versuchen, den Kunden gebrauchte Waren zu billigen Preisen zu verkaufen.

Die Verkäufer bieten auf dem Freitagsmarkt viele Dinge zu einem vernünftigen Preis feil: Einer der Käufer sagt: „Bei Gott, ich komme um einfache Dinge zu kaufen. Dort sind die Preise für Kleidung und die anderen Sachen, besonders für diejenigen mit einem begrenzten Einkommen, angemessen. Die Käufer nehmen die Sache für einen halben Riyal oder noch weniger mit. Anderswo müssen sie einen Riyal bezahlen."

Das Angebot an gebrauchten Autos ist auf dem Freitagsmarkt groß und ihre Preise sind dort angemessen. Dieser Markt ist der beste Platz, um gebrauchte Autos zu verkaufen und zu kaufen. Der Betrieb auf dem Markt beginnt ab 7.00 Uhr morgens und dauert bis 21.00 Uhr.

**Ü 1:**

| | | | | | | | |
|---|---|---|---|---|---|---|---|
| أَشْتَرِي | أَتَمَنَّى | أُعْطِي | أُؤَدِّي | أَنْسَى | أَحْكِي | أَدْعُو | أنا |
| تَشْتَرِي | تَتَمَنَّى | تُعْطِي | تُؤَدِّي | تَنْسَى | تَحْكِي | تَدْعُو | أنتَ |
| تَشْتَرِينَ | تَتَمَنَّيْنَ | تُعْطِينَ | تُؤَدِّينَ | تَنْسَيْنَ | تَحْكِينَ | تَدْعِينَ | أنتِ |
| يَشْتَرِي | يَتَمَنَّى | يُعْطِي | يُؤَدِّي | يَنْسَى | يَحْكِي | يَدْعُو | هو |
| تَشْتَرِي | تَتَمَنَّى | تُعْطِي | تُؤَدِّي | تَنْسَى | تَحْكِي | تَدْعُو | هي |
| نَشْتَرِي | نَتَمَنَّى | نُعْطِي | نُؤَدِّي | نَنْسَى | نَحْكِي | نَدْعُو | نحن |
| تَشْتَرِيَانِ | تَتَمَنَّيَانِ | تُعْطِيَانِ | تُؤَدِّيَانِ | تَنْسَيَانِ | تَحْكِيَانِ | تَدْعُوَانِ | أنتما |
| يَشْتَرِيَانِ | يَتَمَنَّيَانِ | يُعْطِيَانِ | يُؤَدِّيَانِ | يَنْسَيَانِ | يَحْكِيَانِ | يَدْعُوَانِ | هما (رجلان) |
| تَشْتَرِيَانِ | تَتَمَنَّيَانِ | تُعْطِيَانِ | تُؤَدِّيَانِ | تَنْسَيَانِ | تَحْكِيَانِ | تَدْعُوَانِ | هما (امرأتان) |
| تَشْتَرُونَ | تَتَمَنَّوْنَ | تُعْطُونَ | تُؤَدُّونَ | تَنْسَوْنَ | تَحْكُونَ | تَدْعُونَ | أنتم |
| تَشْتَرِينَ | تَتَمَنَّيْنَ | تُعْطِينَ | تُؤَدِّينَ | تَنْسَيْنَ | تَحْكِينَ | تَدْعُونَ | أنتن |
| يَشْتَرُونَ | يَتَمَنَّوْنَ | يُعْطُونَ | يُؤَدُّونَ | يَنْسَوْنَ | يَحْكُونَ | يَدْعُونَ | هم |
| يَشْتَرِينَ | يَتَمَنَّيْنَ | يُعْطِينَ | يُؤَدِّينَ | يَنْسَيْنَ | يَحْكِينَ | يَدْعُونَ | هن |

| | | | | | | | |
|---|---|---|---|---|---|---|---|
| إِشْتَرَيْتُ | تَبَقَّيْتُ | أَهْدَيْتُ | أَدَّيْتُ | بَقِيتُ | حَكَيْتُ | دَعَوْتُ | أنا |
| إِشْتَرَيْتَ | تَبَقَّيْتَ | أَهْدَيْتَ | أَدَّيْتَ | بَقِيتَ | حَكَيْتَ | دَعَوْتَ | أنتَ |
| إِشْتَرَيْتِ | تَبَقَّيْتِ | أَهْدَيْتِ | أَدَّيْتِ | بَقِيتِ | حَكَيْتِ | دَعَوْتِ | أنتِ |
| إِشْتَرَى | تَبَقَّى | أَهْدَى | أَدَّى | بَقِيَ | حَكَى | دَعَا | هو |
| إِشْتَرَتْ | تَبَقَّتْ | أَهْدَتْ | أَدَّتْ | بَقِيَتْ | حَكَتْ | دَعَتْ | هي |
| إِشْتَرَيْتُمَا | تَبَقَّيْتُمَا | أَهْدَيْتُمَا | أَدَّيْتُمَا | بَقِيتُمَا | حَكَيْتُمَا | دَعَوْتُمَا | أنتما |
| إِشْتَرَيَا | تَبَقَّيَا | أَهْدَيَا | أَدَّيَا | بَقِيَا | حَكَيَا | دَعَوَا | هما (رجلان) |

| | | | | | | | |
|---|---|---|---|---|---|---|---|
| هما (امرأتان) | دَعَتَا | حَكَتَا | بَقِيَتَا | أَدَّتَا | أَهْدَتَا | تَبَقَّتَا | اِشْتَرَتَا |
| نحن | دَعَوْنَا | حَكَيْنَا | بَقِينَا | أَدَّيْنَا | أَهْدَيْنَا | تَبَقَّيْنَا | اِشْتَرَيْنَا |
| أنتم | دَعَوْتُمْ | حَكَيْتُمْ | بَقِيتُمْ | أَدَّيْتُمْ | أَهْدَيْتُمْ | تَبَقَّيْتُمْ | اِشْتَرَيْتُمْ |
| أنتن | دَعَوْتُنَّ | حَكَيْتُنَّ | بَقِيتُنَّ | أَدَّيْتُنَّ | أَهْدَيْتُنَّ | تَبَقَّيْتُنَّ | اِشْتَرَيْتُنَّ |
| هم | دَعَوْا | حَكَوْا | بَقُوا | أَدَّوْا | أَهْدَوْا | تَبَقَّوْا | اِشْتَرَوْا |
| هن | دَعَوْنَ | حَكَيْنَ | بَقِينَ | أَدَّيْنَ | أَهْدَيْنَ | تَبَقَّيْنَ | اِشْتَرَيْنَ |

Ü 2: أدتَ / أديتُ عملا جيدا. — اشتريتُ إبريقا نحاسيا. — أعطيناكم الأطباق والصحون. — أهدوهم كتبا جديدة. — حكيتِ / حكيتن له عن الجامعة. — بقين في الشارع. — اشتريتِ / اشتريت موقدا. — دعوتكم إلى طعام العشاء. — تبقت ثلاثة دكاكين للصفارين. — تمنوا لنا أن نرجع بسلامة. — نسيت أن تزورنا. — أهديتننا / أهديتنا الصواني الجميلة.

Ü 3: أعطني / أعطيني دلة القهوة. — اشتروا إبريقا جديدا. — ادعوا أخاكم إلى الغداء. — انسين ذلك. — ابق في البيت. — أهدي ابنتك هدية. — أدوا عملكم. — اشترين هذه الكراسي. — تمنّ شيئا جميلا. — امشي قليلا في الحديقة.

Ü 4: ١) لم يهدوا زميلهم هدية. — اشتروا إبريقا جديدا. — لم يبد المنزل جميلا. — لم تعطياني صحونا. — لم يتمنوا أن لا أزورهم. — لم يريا السواح في السوق.

٢) لا يحكي عن تقاليد سكان بغداد. — لا أنسى زيارة السوق.. — لا نمشي في شوارع المدينة. — لا تبدو لنا هذه الشقة مناسبة.

٣) لن تتبقى ثلاثة دكاكين للهدايا. — لن يمشوا ساعة في السوق. — لن ندعو أناسا كثيرين إلى الحفلة. — لن تشتري / تشتروا ثيابا جميلة حديثة.

٤) لا تشتر من السوق أربعة قدور. — لا تشتري ثوبا جديدا. — لا تدعون الطالبات إلى زيارة المدينة. — لا تنس هذه الكلمة. — لا تمشوا في أحياء القاهرة القديمة. — لا تعطني الجريدة العربية.

Ü 5: دعوت صديقي إلى زيارة أسواق بغداد القديمة. وذهبنا أولا إلى سوق الصفارين، ومشينا فيها ساعتين وحكيت له عن تقاليد سكان بغداد، حيث زاروها ليشتروا منها الأدوات المنزلية مثل الأباريق والقدور والصحون والدلال والدلال النحاسية. وأراد صديقي أن يشتري صحونا ودلة قهوة ليجيء بها على عائلته. وسيعلقها والده على جدران منزلهم، ولن يعملوا بها في المطبخ. واشترى من الصفار دلة قهوة بـ ١٨ دينارا.

Ü 6: ماذا اشتريتَ من السوق؟ إلى أين ستسافرين بعد يومين؟ أية لغة تتعلم؟ متى / أين سمعتَ هذه الكلمة؟ كيف / إلى أين تحملين هذه الأشياء؟ متى ستكون زيارتك للبنان؟ كم شهرا كنت في لندن؟ كيف نمتَ في هذه الليلة؟ من أية دكاكين اشتريتن هذه الثياب؟ من هو عميد كلية التربية؟ ماذا يفعل الناس في سوق الصفارين؟ أية تحف يبيع الصفارون في السوق؟ من أي مكان يشتري السواح هداياهم؟ كيف حال عائلتكم؟

Ü 7: هذه السوق سوق صغيرة وجديدة. يبيع الجزار بضائع قليلة. من اللازم أن تذهب إلى اليسار. ودّع زميله في المحطة. أخذت صديقتي مني دلة قهوة. هذه كلمتي الأولى. خرجنا من الشقة. غادر القطار المحطة بعد ساعة.

Ü 8: على كل حال لا أختار البرتقال والتفاح والقدور والأبواب والأثاث والبطاطا والسمك المشوي واللحوم والثلاجة والورق (على كُلِّ حال = auf jeden Fall)

Ü 9: ١) المكاتب، لحم الخُروف — ٢) الفواكه، الخبز والخضروات — ٣) الكتب، السمك المقلي، المجلات — ٤) الصفارين — الباب الكبير، سوق الصفارين

Ü 10:

مدرسة — شاطئ — رخيص — جميل — زملاء — انبغى

Ü 11: زارا سوق الصفارين في بغداد. — هذه السوق معروفة بالبضائع النحاسية. — يذهبون إليه لشراء الأدوات المنزلية — يشترون دلالا وصواني وصحونا ويحملونها إلى البيت ويجيئون بها إلى أصدقائهم. — يشتري سمير الهدية لصديقه. — اليوم تنتشر دكاكين القماش في هذه السوق. — يشتري سمير الدلة بـ١٨ دينارا. — مدينة مسقط عاصمة سلطنة عمان على الجزيرة العربية. — يبيع التجار في سوق الجمعة بضائع مستعملة، وخاصة السيارات المستعملة. — نشاط يوم الجمعة في مسقط يبدأ في الساعة السابعة صباحا.

**Ü 12:**                                                                                          زيارة كولون

نريد أن ندعوكم إلى زيارة كولون، (ف)من الممكن أن تروا وتشهدوا كثيرا في هذه المدينة، وبين ذلك آثار قديمة / عتيقة،
وكنائس، ومطاعم، ودكاكين ومحلات جميلة. وتجدون في كولون مطاعم عربية وتركية، وهي تدعوكم بأطعمتها الجيدة.
وننصحكم بزيارة متاحف المدينة. ولا تنسوا أيضا أن تزوروا مسارح كولون. ومن واجبات السائح كذلك زيارة كتدرائية
كولون.

عليكم / ننصحكم أن تمشوا في شوارع وسط المدينة للشراء. فينتظركم كثير من الدكاكين الكبيرة والصغيرة. وتجذبكم
مدينة محلات كولون وممر السوق الجديد  والأروقة بمحطة كولون الرئيسية للسكك الحديدية.

ومن اللازم أيضا أن ننصحكم بألا تنسوا أن تهدوا إلى بناتكم أو صديقاتكم إحدى دمى كولون المعروفة عندما ترجعون من
زيارة هذه المدينة.

ونتمنى لكم أياما جميلة / طيبة في كولون.

# Lektion 12

**T 1 ☉ 40.:**                                   Besuch bei der Familie eines Freundes

Zu Beginn dieser Woche erhielt ich eine Einladung zur Teilnahme an einer Party, die die Familie meines
Freundes Ahmad am Wochenende veranstaltete, mit dem ich seit den ersten Wochen des Studienjahres
studiere. Ahmads Familie wohnt in einem kleinen Dorf, das 90 Kilometer entfernt von der Stadt liegt, in
deren Universität wir studieren. Ich nahm diese Einladung sehr gern an. Was meinen Freund betrifft, so hat
er seine große Familie seit der Zeit nicht gesehen, in der er das Studium in der Hauptstadt begann, wo er eine
Reihe von neuen Freunden kennen lernte. Deshalb ergriff er diese Gelegenheit, seiner Familie seine neuen
Freunde bekannt zu machen.

Vorgestern fuhren wir mit dem Auto eines anderen Freundes, dessen Name Gamal ist, zu dem Dorf unseres Freundes Ahmad. Wir fuhren am Mittag ab und verspäteten uns während der Fahrt wegen des dichten
Verkehrs unterwegs. Deshalb benachrichtigte Ahmad seinen Vater mit dem Handy hierüber und ent-
schuldigte sich für die Verspätung.

Als wir abends ankamen, erwarteten uns sein Vater, der Einladende, selbst und sein jüngerer Bruder vor
dem Haus. Wir stiegen aus dem Auto, Ahmads Vater hieß uns willkommen und wir tauschten Segenswünsche und Grüße aus. Nach diesem herzlichen Empfang geleitete er uns ins Innere des Hauses, wo uns
mein Freund mit seiner Familie bekannt machte und uns den anwesenden Familienmitgliedern vorstellte.
Zu ihnen gehörten seine Mutter, seine jüngeren Brüder und seine Schwestern, die noch bei der Familie in
ihrem großen Haus wohnten. Nachdem wir uns eine Stunde (d. h. einige Zeit) ausgeruht hatten, begann
diese Party uns zu Ehren und zu Ehren einer Reihe anderer Gäste, nämlich Verwandten Ahmads und
Nachbarn der Familie.

**T 2 ☉ 41.:**                                   Mahmud zu Gast bei Ahmads Familie

*Ahmads Vater*: Wer ist es, der an die Tür klopft?

*Muhammad*: Das ist mein Bruder Ahmad und bei ihm eine Gruppe junger Leute.

*Der Vater:* Ah, dies sind bestimmt Mahmud und die anderen Freunde Ahmads. Geh und mach ihnen die
Tür auf!

*Muhammad*: Willkommen, Ahmad, herzlich willkommen die Herrn …!

*Ahmad*: Ahmad, ich stelle dir meine Kommilitonen Mahmud, Asis und Samir vor. Ihr Leute, das ist mein
Bruder Muhammad.

*Mahmud*: Wir sind geehrt (= Sehr angenehm).

*Muhammad*: Die Ehre ist ganz bei uns.

*Ahmad*: (Begleitet seinen Gast in das Empfangszimmer und stellt ihm die Familienmitglieder vor.)
Mahmud, dies ist mein Vater, dies meine Mutter, das meine ältere Schwester Samiyah, die dieses Jahr die
Kairo-Universität absolviert hat, und dies sind meine jüngeren Schwestern Asisah und Fatimah.

*Der Vater*: Herzlich willkommen, verehrte Gäste. Wie geht es Ihnen? Geht es Ihnen gut? Bitte machen
Sie es sich hier bequem. Was trinken Sie? Tee, Kaffee oder Saft? Rauchen Sie?

*Mahmud*: Vielen Dank, wir rauchen nicht. Wir trinken Tee, wenn Sie erlauben.

*Der Vater*: Ich bin sehr glücklich über Ihre Anwesenheit / Ihr Kommen.

*Mahmud:* Ihre Einladung an uns in Ihr Haus ist für uns eine große Ehre.

*Der Vater*: Ahmad, es ist möglich, dass unsere Gäste unser Haus anschauen wollen.

*Ahmad*:  Ich werde ihnen unser Haus vom Keller bis zum Dach zeigen, nachdem wir das Essen eingenommen haben, wenn du gestattest.

*Mahmud*: (Spricht Ahmads Vater um 23.00 an.) Und jetzt möchte ich in Ihrem und im Namen aller nicht versäumen, Ihnen herzlich zu danken für das, was wir an guter Gastfreundschaft heute Abend genossen haben.

*Der Vater*: Sie sind unsere Gäste und Sie werden heute Nacht bei uns bleiben. Es erwartet Sie das Lager auf dem Dach, auf dem wir selbst im Sommer schlafen.

*Mahmud*: Bei Gott, wir wollen keine Ihnen lästige Gäste sein.

*Der Vater*: Keinesfalls, keinesfalls. Ich garantiere Ihnen einen tiefen Schlaf, nachdem Sie selbst die Sterne Ägyptens gesehen und seine bezaubernde Nacht erleben. Ich wünsche Ihnen eine gute Nacht.

**T 3:**                                               Nachrichten

1) Der betrogene Bräutigam

Ein Mann sprang aus seiner Wohnung im vierten Stock und fand den Tod. Das geschah in seiner Hochzeitsnacht. Seine Schwiegermutter hatte ihn betrogen, und siehe da, plötzlich fand er sich verheiratet mit ihrer hässlichen älteren Tochter anstatt mit ihrer schönen jüngeren Tochter, die er liebte. Der betrogene Bräutigam ist Ägypter, sein Name ist Muhammad Ahmad und sein Alter ist 29 Jahre.

2) Ein Vorkommnis auf dem Beiruter Flughafen

Der internationale Flughafen von Beirut bildete den Schauplatz für einen Vorfall, desgleichen der Libanon noch nicht erlebt hat. Die Leute waren mit dem Empfang ihrer Gäste und Freunde beschäftigt, da fiel plötzlich ein Mann zu Boden und schrie: „Ich will nicht sterben, bringt mich ins Krankenhaus, ich will nicht sterben." Die Sicherheitspolizei kam und transportierte ihn ins Krankenhaus, wo die Ärzte etwas in seinem Magen fanden. Wie groß war die Überraschung, als sie in seinem Magen 14 Beutel mit Heroin erblickten. Nach dem Platzen eines Beutels davon zog der Schmuggler das Gefängnis dem Tod vor.

**Ü 1:** السائحان اللذان جاءا من ألمانيا – البنات اللواتي يتحدثن مع أخواتهن – الصديق الذي يدرس في جامعة القاهرة – الأصدقاء الذين يدرسون اللغة العربية – الحفلات التي تقيمها عائلة صديقي – الزميلتان اللتان بحثتا عن غرف مناسبة – الصديقتان اللتان تعرفت عليهما في القاهرة – السلامات والتحيات التي تبادلناها – الطالبان اللذان تخرجا من الجامعة – الرحل الذي تخدعه حماته

**Ü 2:** حفلة يقيمها عزيز على شرف أصدقائه – أسرة صديقي التي تسكن في قرية صغيرة / قرية صغيرة تسكن فيها أسرة صديقي – صديقتان جديدتان عرفتكم عليهما – سيارة أبي التي سافرنا بها إلى العاصمة / العاصمة التي سافرنا إليها بسيارة أبي – أخي أحمد الذي أخبر أبانا عن مشاكلنا / مشاكلنا التي أخبر عنها أخي أحمد أبانا / أبونا الذي أخبره أخي أحمد عن مشاكلنا – الناس الذين نظروا إلى الحادثة / الحادثة التي نظر إليها الناس – هذا العمل الذي سنؤديه بسرور – أفراد الأسرة الذين قدموا لنا أحمد – الحفلة التي ستبدأ بعد وقت قصير / وقت قصير ستبدأ بعده الحفلة – الدعوة التي لبيتموها بكل سرور – الزميلات اللاتي شكرن على هذه الدعوة / هذه الدعوة التي شكرت عليها الزميلات – السطح الذي ننام فوقه في الصيف – الصيف الذي ننام فيه فوق السطح

**Ü 3:** لبيت دعوة أرسلها إلي صديقي قبل أسبوع. وسافرت بالقطار إلى مدينة تقع على بعد ٨٠ كيلومترا (كلم) عن ميونيخ وقرأت خلال السفر إحدى الجرائد العربية.

ورحب بي صديق يدرس في هذه المدينة في المحطة الرئيسية للسكك الحديدية. وزرنا / ثم زرنا قبل الظهر المتاحف وتوجهنا بعد الغداء الذي تناولناه في أحد المطاعم إلى بيت الطلبة الذي يسكن فيه صديقي مع طلبة ألمان وأجانب آخرين. وذهبنا في المساء إلى مطعم حيث وجدنا ثلاثة من مدرسيه حضروا إلى هناك من قبل.

**Ü 4:** أخبرت والدي بما حدث. – لا أعرف الذين حضروا حفلة العشاء. – شكرني الضيف على ما تمتع به من حسن الضيافة. – لم أسمع ما قاله الأستاذ. – لم تخبرني صديقتي عمّن / عن التي رأتها أمس. – حكت لي أمي ما سمعته من أخبار. – رحبت الزوجة باللواتي يذهبن معها إلى السوق. – تبادلوا ما عندهم من هدايا – أتعرف الذي لقي حتفه في ليلة الزفاف؟ – هذا ما حمله أخي إلى المحطة. – هذا هو الذي خدعته حماته.

**Ü 5:** صباحا – قبل الظهر – ظهرا – بعد الظهر – مساءً – ليلاً     ثانية – دقيقة – ساعة – يوم – أسبوع – شهر – سنة / عام     قبل ثلاثة أيام – أول أمس – أمس – اليوم – الليلة – غدًا.

**Ü 6:**   Die Antworten können beispielsweise lauten:

قمت صباح اليوم في الساعة السابعة. – وذهبت قبل الظهر إلى السوق لأشتري الأشياء اللازمة. – وتوجهت ظهرا إلى مطعم لأتناول الغداء. – وبعد الظهر جلست في حديقة المدينة لأستريح هناك وقتا قصيرا. – وفي المساء ذهبت إلى السينما وشاهدت فيلما، قبل أن أعود ليلا إلى البيت.

**Ü 7:**   غرفة الاستقبال – المطبخ – السرداب – غرفة النوم – سطح البيت – حمام – بستان – الطابق الرابع

**Ü 8:** Ausführung der Übung mit Ihren persönlichen Angaben

**Ü 9:** / أشكركم جزيلا على دعوتكم. ─ تتأخر الطائرة بنصف ساعة. ─ سأصل إلى دمشق بعد ساعة. أنا متأسف /
متأسفة للتأخر وأعتذر عنه.

**Ü 10:** قلتُ لنفسي: ذلك صحيح. ─ وصلنا إلى الجامعة في الساعة التاسعة، ووصلت عزيزة إليها في الوقت نفسه.
قلت لزوجتي: آكل في مطعم "بيروت" وكلي في نفس المطعم. ─ أدينا هذه الأعمال بأنفسنا. ─ كتب الطلاب
الاختبار القصير وكتبت الطالبات الاختبار نفسه . نظرنا إلى اللوح، ونظرت إلى نفس اللوح.

**Ü 11:** تلقينا دعوة لزيارة صديقنا. ولبينا الدعوة حيث أردنا أن ننتهز الفرصة لنتعرف على أسرة صديقنا. وانطلقنا من
القاهرة في الصباح الباكر وذهبنا بالسيارة إلى قرية تقع على بعد ٩٠ كيلومترا عن العاصمة. ورحب بنا أبو
صديقنا. وقدمَنا صديقنا إلى أسرته / لأسرته، ثم قدم إلينا أفراد أسرته. وشكرْنا أباه على الدعوة ودعوناه
وعائلته إلى زيارتنا في القاهرة. وقال لنا الوالد:─ مرحبا بكم مرة أخرى، وتمتعوا بهذه حفلة.

**Ü 12**
**◉ 43.:** أطلب منكِ أن تكتبي مقالة اليوم أو غدا للجريدة. ─ قرأت عددا من هذه الكتب. ─ وجدت البنت باب
السرداب ثم دخلت. ─ حجز أخوك غرفة ونام فيها ليلة واحدة. ─ تلقيت دعوة أرسلها صديقي قبل
شهر. ─ فتح المدرس فمه ولم تخرج منه كلمة واحدة. ─ لبست أختي الثوب الجديد. ─ بحث أبي عن
المجلات الجديدة. ─ تحدثن عن أثاث منازلهن. ─ كانت حالة البيت مناسبة. ─ كتبت أختي تلخيصا
لأخبار اليوم. ─ أعطى الجرسون والدي الحساب.

**Ü 13:**

| | |
|---|---|
| أهلا وسهلا. | أهلا أهلا ومرحبا بك. |
| كيف حالك وحال العائلة؟ | أنا بخير الحمد لله والعائلة أيضا بخير. |
| وكيف الصحة؟ | نحن بصحة جيدة. وكيف صحتكم؟ |
| نحن أيضا بصحة جيدة. | أشكركم جزيلا على دعوتكم الكريمة. |
| شكرا على هديتكم الجميلة. | عفوا. شرفتموني بدعوتكم. |
| الشرف لنا. استرح، ماذا تريد أن تشرب؟ | أشرب الشاي لو سمحت. |
| أتشرب النرجيلة؟ | لا، لا أدخن منذ نصف سنة. |
| وتعيش الآن بصحة جيدة. تفضل إلى طاولة العشاء. | مرة أخرى شكرا على دعوتكم. لبيتها بكل سرور. |
| (بعد أن تناولوا العشاء) شرفتنا بحضورك. | الشرف لي. شكرا جزيلا على حسن الضيافة. |
| مع السلامة. | الله يسلمك. |

**Ü 14:** تلقى أحمد دعوة إلى حضور حفلة تقيمها عائلة صديقه سمير الذي يدرس في جامعة دمشق العلوم السياسية.
وفي يوم الجمعة زرنا القرية التي تسكن فيه عائلته وتقع على بعد ٦٠ كيلومترا عن العاصمة السورية. ووصلنا
إلى هناك بعد الظهر وغادرنا القرية ليلا لنرجع إلى دمشق.

ورحب بنا أبو سمير وتبادلنا التحيات والسلامات. ثم دخل أبو سمير معنا البيت وقدم لنا أفراد عائلته. وبعد
ذلك بدأت الحفلة على شرف أحمد وشرف الضيوف الآخرين.

شهد ناس كثيرون كيف قفز شاب عمره ٢٥ سنة من منزله في الطابق الثاني على الشارع عندما طرق رجال
الأمن باب شقته. وكان رجال الأمن في انتظاره أمام مدخل العمارة ثم نقلوه إلى السجن. طلب الشاب منهم أن
يوضحوا له ما فعلوا. فقالوا له: رآك أحدنا عندما دخلت بيتا يسكن فيه واحد من مهربي الهيرويين ثم
خرجت منه بعد ساعة ومعك علبة وكيسا ونعرف ما حدث في هذا البيت: أخذت العلبة والكيس اللذين
أعطاهما لك ذلك المهرب وفيهما الهيرويين.

**Ü 15:**
دعوة
أيها طلاب وأعضاء قسم الدراسات العربية والإسلامية

نريد أن ندعوكم إلى حفلة تقيمها جماعة طلابنا بمناسبة نهاية السنة الدراسية. وستقام الحفلة في الجمعة المقبلة / القادمة في
مطعم "بيروت" وتبدأ الساعة السابعة مساءً. ويقع هذا المطعم في شارع غوته بالقرب من المحطة الرئيسية للسكك الحديدية.
نتمنى أن نرحب بكم في هذه الحفلة ونأمل أن يحضر الكثير منكم.
نرجوكم أن تخبرونا بحضوركم حتى الأربعاء. ونأمل أن تحضروا مسرورين ومرحين. ونترقب بسرور ما تسهمون به
بأنفسكم في نجاح الحفلة.
مع أطيب التحيات        طلبة معهد الدراسات العربية والإسلامية.

# Lektion 13

**T 1 ☉ 44.:** Die ledigen saudischen jungen Männer brauchen ein „Familienvisum" zum Einkaufen.
Die meisten saudischen Regionen untersagen jungen Männern den Zutritt zu den Einkaufszentren. Jeder ledige junge Mann ist dort mit einem Schild konfrontiert: „Nur für Familien", um ihm den Eintritt zu verwehren und um Familien die Freiheit zum Einkaufen ohne Belästigung durch die jungen Männer zu geben. Es gibt viele andere Läden zum Einkaufen außerhalb dieser Einkaufszentren,  jedoch erfüllen sie nicht die Bedürfnisse ihrer jungen männlichen Kunden, die Kleidung nach der neusten Mode zu wählen wünschen, und die internationalen Marken sind in diesen Einkaufszentren vorhanden. Auf diese Weise bildet dem Sicherheitspersonal das Vorhandensein einer Frau bei jedem jungen Mann die Garantie, dass die jungen Leute nicht die Familien innerhalb der Märkte belästigen.
Abdallah (23 Jahre alt), der Medizin an der Universität studiert, versucht einen Termin von einer seiner Schwestern am Wochenende zu bekommen, damit sie ihn zu den Einkaufszentren begleiten und er sie betreten kann, um dort das zu kaufen, was er braucht. Der einzige Fall, in dem das Sicherheitspersonal diesen jungen Männern den Zutritt erlaubt, ist, dass sie in Begleitung ihrer Familien oder einer ihrer älteren oder jüngeren Schwestern sind. Abdallah sagt: „Jungen Frauen ist es an jedem Tag der Woche möglich einzukaufen, während ich meine Woche mit dem Studium der Fächer der Medizin verbringe. Und am Ende der Woche hoffe ich, dass eine meiner Schwestern mit mir ausgeht und mich in die Einkaufszentren begleitet."
Samir (25 Jahre alt), der in einem der Krankenhäuser arbeitet, sagt: „Legere Kleidung in den Farben blau, gelb oder rot sind eines der Hindernisse, sie zu betreten. Deshalb muss ich den weißen Überwurf anziehen, um den Eindruck eines verantwortungsbewussten jungen Manns zu vermitteln."

**T 2 ☉ 45.:**                                                Auf der Feier
*Ahmad*:  Sei gegrüßt, willkommen! Wir sind durch deine Anwesenheit geehrt. Lasst uns auf unsere Freundschaft und die Gesundheit Aller trinken!
*Samir*:  Auf deine Gesundheit und die Gesundheit der Familie! … Die Feier ist ganz großartig. Es sind viele Leute dabei, die ich nicht kenne. Gehören sie alle zu euren Verwandten?
*Ahmad*:  Nein, es sind hier auch Gäste anwesend. Sie gehören zu unseren Nachbarn oder den Dorfbewohnern.
*Samir*:  Dort ist jemand neben dem Fenster, der einen schwarzen Anzug trägt. Wer ist das?
*Ahmad*:  Das ist der Schwiegervater meines Vaters. Er ist ein Beamter, der in Kairo auf hoher Ebene arbeitet.
*Samir*:  Und dieser dicke Mann, der mit dem Bauch?
*Ahmad*:  Das ist mein Onkel (von väterlicher Seite) Asis, er ist nett.
*Samir*:  Dort neben der Tür ist eine Schlanke.
*Ahmad*:  Meinst du die große Blonde oder die kleine Braunhaarige mit dem grünen Kleid.
*Samir*:  Nein, die große Blonde, die die blaue Bluse trägt.
*Ahmad*:  Das ist die Tochter meines Onkels (von väterlicher Seite), sie heißt Samiyah, (und ist) Studentin der Politikwissenschaft.
*Samir*:  Ist sie verheiratet?
*Ahmad*:  Nein, sie ist nicht verheiratet. Sie ist die Verlobte des Sohnes meiner Tante (von mütterlicher Seite).
*Samir*:  Und jener junge Mann, der ein weißes Hemd und blaue Jeans trägt?
*Ahmad*:  Das ist ihr Verlobter.
*Samir*:  Und neben deinem Vater, dieser blasse alte Mann? Ich meine den, der die braune Jacke und die schwarze Hose trägt.
*Ahmad*:  Das ist mein Großvater Mahmud.
*Samir*:  Und dein zweiter Großvater, ist er auch anwesend?
*Ahmad*:  Das ist nicht möglich. Er ist verstorben, Allah möge sich seiner erbarmen.

**T 3:**             Lieber Bruder und geehrter Freund,
                Beste Grüße (und dann ist zu sagen:)
Ich ergreife die Gelegenheit des gesegneten Weihnachtsfestes und das Kommen / des Kommens des Neujahrs, um Dir und D(ein)er vortrefflichen Frau, Madame Julia, die schönsten Glückwünsche und besten Grüße in meinem Namen und im Namen meiner Frau und meiner Kinder zu senden, zugleich mit unseren Wünschen von immerwährender Gesundheit und dauerndem Glück für Euch beide und die lieben geehrten Töchter. Jedes Jahr möge es Euch gut gehen! Wir hoffen, dass das nächste Zusammentreffen in Ägypten oder in Deutschland bald sein wird und dass die Nachrichten von Dir ständig bei mir eintreffen.
Fernerhin (ist zu sagen:) Wir vergessen nicht die wenigen Tage, in denen Du uns mit Deinem Besuch in Kairo beglückt und viel Freude in unsere Herzen gebracht hast.
Mit großer Sehnsucht, Dich zu sehen, und mit schönen Grüßen, Dein ergebener Sami Abdallah und seine Gattin

**Ü 1:** مستويات عالية – أشخاص متوفون – المستشفيات الحديثة – قرى خضر / خضراء – أسعار غالية – الأندية
القريبة – العجائز الصفر – الرجال السود – البنطلونات السمر / السمراء – البدلات السود / السوداء –
لافتات زرق / زرقاء – الجاكتات الحمر / الحمراء

**Ü 2:** ما مستوى المعاهد في هذه الجامعة؟ – لن ينسى الأولاد مدرستهم المتوفاة. – ليس سعر هذا القميص عاليًا. –
ما عدد المستشفيات والأطباء في العاصمة؟ – هل تعرف معنى / معاني هذه الكلمات العربية؟ – ستكون في
نادينا هذه الليلة. – نام المهرب في تلك الغرفة سبع ليال. – في الشهر الماضي بدأت دروس الجامعة. – ألا
تشترين الثوب الغالي؟ – من يسكن في هذه الوديان؟

**Ü 3:** كل التحيات التي أرسلتها أختي إليّ – كل رسالة نتبادلها في المستقبل – كل القطارات التي سافرت بها –
كل شخص يلبي الدعوة – كل الزيارات التي قمت بها في الأيام الماضية – كل شاب يتوجه إلى المجمع
التجاري – كل البنطلونات التي اشتريتها في هذه الستة – كل أخت رافقتني في الشراء في السوق

**Ü 4:** تسمح – قليلة – داخلَ – نبيع – تدخل – بداية – بيضاء – بيضاء / رسمية – نحيل – متزوجة

**Ü 5:** طويل – مقبول – بدين – مطل – سريع – مقلي – بارد – عميق

**Ü 6:** Es können mehrere Farbbezeichnungen eingesetzt werden, z. B.:

يلبس بنطلونا أسود/أزرق/أسمر/بنيا وقميصا أبيض/أصفر/أزرق. usw.

**Ü 7:** Versuchen Sie, den Sinn der arabischen Wörter auf Arabisch zu erklären! Z. B.:

المطعم مكان يذهب الناس إليه ليتناولوا طعام الغداء أو العشاء. – يمكنك أن تشتري في السوق كل الأشياء وتجد
فيها محلات الملابس والأقمشة والأدوات المنزلية. usw.

**Ü 8:** Welche Farbe haben diese Dinge? الليل لها اللون الأسود. – والحديقة خضراء. والبيض أبيض. usw.

**Ü 9:** Beschreiben Sie die Kleidung und / oder Körpermerkmale Ihres Kommilitonen / Ihrer Kommilitonin!

Z. B.: يلبس زميلي كنزة زرقاء وبنطلونا رماديا وشعره أشقر. usw.

**Ü 10:** Was meint der Verfasser des Artikels mit den Wörtern „Belästigung der jungen Männer"?
Gibt es Einkaufszentren in der Stadt, in der Sie studieren?
Brauchen Sie ein „Familienvisum", um diese Einkaufszentren zu betreten?
Was meint der Verfasser des Artikels mit „legerer Kleidung"?
Mit welcher Kleidung scheint der junge Mann eine verantwortungsbewusste Person zu sein?
Welche Farben bevorzugen Sie bei Ihrer Kleidung?
Welche Weltmarken bevorzugen Sie und warum?

**Ü 11:**

مريم العزيزة

تحية طيبة وبعد

أريد أن أخبرك بحفلة ودعنا فيها أحد أساتذتنا الذي يتقاعد للمعاش. وجرت الحفلة في ناد للجامعة. ولبس الأستاذ
بدلات سود / سوداء أو زرق / زرقاء ولبس كثير منهم قمصانا بيضاء وكرافتات حمراء وزرقاء أو صفراء. أما الأستاذات
والمدرسات فقد لبسن بدلات داكنة اللون وبلوزات بيضاء. وحاولت كل الطالبات والطلاب أن يلبسوا أيضا ملابس مناسبة
للحفلة ولا ملابس مبهدلة.

وبهذه المناسبة تعرفنا أيضا على زوجته وأولاده وأحفاده. ولبست زوجته بدلة سمراء غالية وبلوزة صفراء.

كان أستاذنا لطيفا ومستعدا لمساعدتنا دائما. وكثيرا ما جلس في الماضي معنا في مقهى يقع في واد أخضر بالقرب من مدينتنا
وتحدث معنا عن دراساتنا. وهو رجل رياضي وحتى الآن بقي نحيلا ولم يصبح بدينا. وكذلك تبدو زوجته شابة، وعمرها
ستون سنة ولكنها تبدو مثل واحدة عمرها خمسون سنة.

آمل أن تصل إلينا أخباره في المستقبل كذلك، إذ إنّنا نتعلم عنه كثيرا وسنتذكره بخير.

مع تحيات كثيرة من برلين.       المخلصة فاطمة

# Lektion 14

**T 1 ⊙ 47.:**                                    Ein Gast aus Berlin

Herr Hans Becker reiste von Berlin nach Kairo zu einem Arbeitsbesuch, den er dem ägyptischen Erziehungsministerium abstattete. Dort werden Gespräche über die Zusammenarbeit zwischen Deutschland
und Ägypten auf dem Gebiet des Schulwesens stattfinden. Zwei Wochen vor seiner Abreise unterrichtete

er das ägyptische Ministerium, dass er am Montagnachmittag um 17.20 Uhr mit dem Flugzeug der deutschen Gesellschaft Lufthansa ankommen und fünf Tage in der ägyptischen Hauptstadt bleiben werde. Zu seinem Empfang am Flughafen war Herr Said Mahmud gekommen, der dort hörte, dass sich das deutsche Flugzeug um eine halbe Stunde verspäten wird.

Nachdem das Flugzeug auf dem Flughafen gelandet war, erledigte Herr Becker die notwendigen Formalitäten bei der Passkontrolle und den Zollbehörden. Herr Said hieß ihn im Namen des Erziehungsministeriums willkommen, und dann begaben sie sich zum Hotel Kleopatra, wo das Ministerium ein Ein-Bett-Zimmer mit Bad und Air condition reserviert hatte. Der Angestellte am Empfang im Hotel begrüßte den deutschen Gast und versicherte, dass das Zimmer, welches das Ministerium reserviert hatte, ein schönes Zimmer sei. Er bat ihn, das Formular mit persönlichen Daten auszufüllen.

| Hotel Kleopatra | |
|---|---|
| Familienname: | Vorname: |
| Nummer des Reisepasses: | Datum der Passausstellung: |
| Geburtsdatum und -ort | Familienstand: |
| Datum der Ankunft: | Datum der Abreise: |
| Adresse des ständigen Wohnsitzes: | |

Herr Said sah, dass sein Gast von der Reise müde war und sich ein wenig ausruhen musste. Er erklärte ihm, dass die Gespräche im Erziehungsministerium am Dienstag um 10 Uhr morgens beginnen werden. Sie verabredeten, sich um 9.30 Uhr morgens vor dem Hotel zu treffen.

**T 2 ☉ 48.:**                                                Im Restaurant des Hotels

Herr Said Mahmud hat seinen deutschen Gast am Montagabend im Hotel „Kleopatra" eingeladen, damit sie das Abendessen gemeinsam einnehmen.

*Kellner*: Guten Abend, möchten Sie vor dem Essen etwas trinken?

*Mahmud*: Bitte, bringen Sie zweimal Orangensaft!

*Kellner*: Gerne, verehrter Herr (Pascha).

*Becker* (sieht auf die Speisekarte): Die Arten von Speisen sind vielerlei, aber ich ziehe es vor, wenn Sie erlauben, eine Mahlzeit mit einem einheimischen Gericht zu mir zu nehmen.

*Kellner*: (reicht den Orangensaft): Bitte sehr. Haben Sie das passende Abendessen gewählt?

*Mahmud*: Mein Gast zieht es vor, eine Mahlzeit mit einem einheimischen Gericht einzunehmen. Ist das möglich?

*Kellner*: Natürlich, mein Herr. Ich bringe Ihnen zweimal Muluchiah mit Hühnerfleisch und auch einige Vorspeisen und Zwiebelsuppe. Nach der Hauptmahlzeit empfehle ich, dass Sie Kunafah mit Käse nehmen und Ihr Gast Eiscreme nimmt. (Während des Gesprächs stellt der Kellner die Vorspeisen auf den Esstisch, darunter sind ein Salat von verschiedenen Gemüsesorten mit Oliven und Zitronensaft und kleine Teller mit gefüllten Tomaten, Hummus mit Tachinah, Weinblättern, gefüllten Zucchini und Teller mit eingelegtem Gemüse.)

*Kellner*: Ich bin in Erwartung (= warte auf) Ihre(r) Bestellung, um die Suppe und das Hauptgericht zu servieren. Hoffentlich gefallen Ihnen die Vorspeisen.

*Becker*: Aber das ist sehr viel.

*Mahmud*: Essen Sie, was Ihnen gefällt, und vergessen Sie nicht, dass wir noch weitere Gerichte vor uns haben.

*Kellner*: Was wollen Sie jetzt trinken?

*Becker*: Ich schlage vor, dass wir mit Bier beginnen, dann können wir Weißwein oder Rotwein trinken.

*Kellner*: Gerne, verehrter Gast (Pascha).

*Kellner* (kommt mit den Suppentellern und der Muluchiah und stellt sie auf den Tisch.): Haben Sie noch einen Wunsch?

*Mahmud*: Bringen Sie uns nach dem Hauptgericht einige Früchte. Wir werden Orangen, Mandarinen, Weintrauben und natürlich auch Bananen nehmen.

*Kellner*: Wollen Sie Kaffee mit Zucker oder schwarzen Kaffee ohne Zucker?

*Becker*: Das ist eine gute Frage: schwarzen Kaffee ohne Zucker bitte.

*Mahmud* (nachdem sie das Abendessen eingenommen haben): Die Rechnung, bitte.

*Kellner*: Sofort, hier ist die Rechnung!

*Mahmud*: Bitte schön! Der Rest ist für Sie.

**T 3:** Aus der Zeitung Al-Ahram: das glückliche Heim (Heiratsannoncen)

Ich bin Ingenieurin, 38 Jahre alt, religiös, schön, friedfertig und frohen Gemüts. Ich möchte mich mit einem jungen Mann verbinden, (er soll sein) religiös, von moralischen Charakter, materiell in guten Umständen, gut aussehend, und Inhaber einer Hochschulqualifikation.

Ich bin ein Vater im Ruhestand und wohlhabend. Meine Tochter ist 26 Jahre alt und Absolventin einer Sprachenschule. Sie ist religiös, schön und wohlerzogen. Ich wünsche, sie mit einem jungen Mann zu verheiraten, dessen Alter nicht höher als 33 Jahre ist und der religiös und von gehobenem sozialen Stand ist.

Ich bin Professor an der Universität, mein Alter ist 67 Jahre, ich bin geschieden und materiell gut gestellt. Ich lebe allein und wünsche die Ehe mit einer Witwe oder einer Geschiedenen, die zu mir im Alter passend, friedfertig und religiös ist, die meine Einsamkeit aufheitert.

Ich bin ein junger Mann, unverheiratet, 39 Jahre alt und arbeite in einer guten Regierungsposition. Ich habe ein Appartement in einer der neuen Städte, bin strebsam, religiös, von moralischem Charakter und aus guter Familie. Ich wünsche, mich mit einer jungen Frau zu verbinden, deren Alter nicht über 32 sein soll und die ein gewisses Maß an Schönheit hat, die weiß, friedfertig und religiös ist.

Ich bin Witwe, 56 Jahre alt, habe keine Söhne und bin elegant, religiös und den Schleier tragend. Ich möchte mich mit einem Witwer oder Geschiedenen verbinden, der Nichtraucher und religiös ist, der ein Auto besitzt, nicht weniger als 58 Jahre und nicht mehr als 66 Jahre alt ist.

**Ü 1:** إن المحادثات تبدأ اليوم. — إنني كتبت رسالة إلى أبنائي. — إن السيد محمود يعمل في وزارة التربية. — إن الغرفة في الفندق ممتازة. — إن الطالبات يتعلمن اللغة العربية. — إن أباك سيشتري سيارة جديدة. — إن في هذه المدينة مسجدا كبيرا. — إن مدرسي هذه المدرسة مصريون. — إنك لمدرسة جيدة. — إن الوالدين حضرا إلى حفلة الاستقبال.

**Ü 2:** قال إن والديه سيسافران غدا بطائرة إلى مصر. — قال إنه أجرى محادثات حول التعاون بيننا. — قالت إنها أرملة وتريد الزواج مرة أخرى. — قال إنه نام في هذا الفندق ليلة واحدة فقط. — قالوا إنهم لم يحضروا / قالا إنهما لم يحضرا إلى لقاء موظفي شركة لوفتهانسا. — قلن إنهن أستاذات للعلوم السياسية.

**Ü 3:** أخبرنا بأن المحادثات تبدأ في الساعة العاشرة صباحا. — سمعنا أن القطار (س)يصل إلى محطة دمشق بعد ربع ساعة. — أعلن الوزير أن الحكومتين تتمنيان التعاون بينهما في مجال الاقتصاد. — أعتقد أن الجرسون سيجلب الطعام بعد خمس دقائق. — أكد الضيف أنه حضر إلى سوريا بكل سرور. — أوضحوا لنا أن السواح قليلون في هذه الأيام. — أعرف أن صديقتي تعيش في العاصمة الألمانية. — رأيتم أن الطلاب الطموحين أولوا اهتمامهم بدراستهم.

**Ü 4:** سمعوا كلمات السواح ولكنهم لم يعرفوا بأية لغة جرى الحديث. — حضر السيد بيكر إلى القاهرة لأنه سيجري محادثات حول التعاون في مجال التعليم العام. — زوروا صديقكم في مكتبه ولكنْ لا تجلسوا عنده وقتا طويلا. — لم يأكل الضيف الطعام "العالمي" في مطعم الفندق لأنه يحب الأطعمة العربية الشعبية. — أردت أن أسافر إلى دمشق ولكنني لم أجد طائرة في الوقت المناسب. — جاء الأستاذ إلى المطعم لأن السيد سعيد دعاه إليه لكي يتناولا طعام العشاء معا. — اذهبي إلى السوق ولكنْ لا تشتري أشياء غالية. — توجه الصديقان إلى الفندق لأن زميلهما المصري حجز لهما غرفتين جميلتين هناك.

**Ü 5:** بعض / كل سكان هذا الحي مهندسون. / أحد سكان هذا الحي مهندس. — بعض / كل سيارات العاصمة فرنسية. / إحدى سيارات العاصمة فرنسية. — مشينا في بعض / كل / أحد شوارع المدينة. — التقيت ببعض / كل / أحد الأصدقاء العرب. — تبيع هذه الدكاكين بعض / كل / إحدى الأدوات النحاسية. — سمعت بعض / كل ما قاله عميد الكلية.

**Ü 6:** مأكولات: برتقال – بقلاوة – تفاح – حمص – أرز – رمان – زيتون – سمك – طحينة – عنب – كنافة – لحم دجاج – ليمون – مخللات – مقبلات – ملوخية – موز – يوسفي – معكرونة – كباب – جبنة – ورق عنب

مشروبات: بيرة – عصير – ماء – ويسكي – نبيذ

**Ü 7:** Asis empfängt seinen deutschen Freund auf dem Flughafen von Damaskus.

*Asis:* Herzlich willkommen, Hans. Schön, dass du wieder wohlbehalten da bist.

*Hans:* Möge Gott dich wohl erhalten (= Danke für die Begrüßung), Asis. Wie geht es dir?

*Asis:* Mir geht es gut, Gott sei Dank. Und wie geht es der Familie?

*Hans:* Ihnen allen geht es gut. Wie steht es mit der Gesundheit deiner Familie?

*Asis:* Ihnen allen geht es ebenfalls gut, Gott sei Dank. War deine Reise ohne Probleme?

*Hans:* Ja, sie war ohne Probleme, Gott sei Dank.

*Asis:* Ich sehe, dass du von der Reise müde bist, und schlage vor, dass wir jetzt zum Hotel fahren. Ich habe dir dort ein Zimmer reserviert, von dem ich hoffe, dass es dir gefällt.

*Hans:* Gut, fahren wir! Vielen Dank für Deine Bemühungen.

*Asis:* Nichts zu danken. Hallo, Taxi! Ins Hotel Meridien.

**Ü 8:** أنجز . – تأخرت الطائرة الألمانية بنصف ساعة . – يقوم الضيف الألماني بزيارة عمل لوزارة التربية المصرية
الإجراءات اللازمة في تفتيش جواز سفره وفي الجمارك. – أجرى السيد بيكر محادثات حول التعاون في مجال
التعليم العام. – نعم، حجزت الوزارة غرفة في فندق كليوبترا. – لم يسأل بيكر عن سعر الغرفة في الفندق لأنه
ضيف على الحكومة المصرية. – ستأخذ زياته خمسة أيام. – تبدأ المحادثات يوم الثلاثاء يعني يوما واحدا
بعد وصول بيكر. – لا يتضح ذلك من النص، ولكنه من المؤكد (sicher) أنه فعل ذلك.

**Ü 9:** Eine mögliche Antwort ist: لا أفعل ذلك كله.

**Ü 10:** Zur freien Verfügung des Lernenden. Orientieren Sie sich auch an deutschen Heiratsannoncen.

**Ü11**
**☉ 50.:**
المقبلات: سلطة من الخضراوات المختلفة مع الزيتون وعصير الليمون، وأطباق صغيرة بالطماطم المحشي،
والحمص بالطحينة، وورق العنب،

الشوربات: اثنين شوربة خضروات – اثنين شوربة عدس

الطبق الرئيسي: أربعة رز مع لحم الخروف – ثلاثة كباب مع بطاطس مشوي اثنين ملوخية مع لحم الدجاج

الفواكه: اليوسفي والموز والرُمان (Granatäpfel) والبَطيخ (Melonen)

الحلويات: ثلاثة البقلاوى وأربعة جيلاتي (آيسكريم)

المشروبات: خمسة عصير برتقال – أربعة بيرة – اثنين إبريق ماء – ثمانية قهوة عربية

**Ü 12:**
السيد سعيد: السلام عليكم. حجزت وزارة التربية لضيف ألماني غرفة لخمس ليال، وها هو الآن هنا.

الموظف: أهلا وسهلا، اسمك لو سمحت؟ أعطني جواز سفر حضرتك من فضلك.

السيد بيكر: تفضل.

الموظف: حجزنا لك الغرفة رقم ٨٤ في الطابق الثامن.

السيد بيكر: آمل أن تكون الغرفة بتكييف هواء.

الموظف: طبعا، إن هذه الغرفة من الغرف الممتازة في فندقنا.

السيد بيكر: شكرا جزيلا.

الموظف: يا جرسون، احمل حقائب السيد إلى الطابق الثامن.

السيد سعيد: سأراقب الضيف إلى غرفه، هات مفتاح الغرفة من فضلك.

السيد بيكر: يبدو أن الغرفة ممتازة، إن تكييف الهواء يعمل جيدا.

السيد سعيد: الحمد لله، والآن أقترح أن تستريح قليلا، وإنك تعرف أن أمامنا عددا من المحادثات في وزارة
التربية.

**Ü 13:** زيارة عمل

(في) هذا الأسبوع قامت وزيرة التربية / المعارف لدولة الكويت بزيارة عمل لألمانيا. وعندما وصلت إلى مطار برلين –
تيغل أكَدت (على) أنها ستجري محادثات مع وزيرة التعليم والبحث العلمي الألمانية ومع وزراء التربية في بعض
الولايات الألمانية حول التعاون بين البلدين في مجال التعليم العام. وقالت أيضا / أضافت قائلة: إن دراسة اللغة
الألمانية في الكويت ودراسة اللغة العربية في ألمانيا مسألتان ذات أهمية كبيرة لأن كثيرا من الجامعيين الكويتيين
يرغبون في تأهيلهم في ألمانيا ولأن دول الخليج العربية شريكة مهمة للاقتصاد الألماني. وأوضحت أنها ستزور كذلك
جامعتي إرلانجن – نورنبرج وميونيخ والجامعة الحرة في برلين.

وأعلنت الوزيرتان في حفلة استقبال (أقيمَتْ) على شرف الضيفة الكويتية أن المحادثات بين الجانبين كانت ناجحة
ولكنهما ستنظران (مع ذلك) في إمكانيات أخرى للتعاون.

وقال ضيوف حفلة الاستقبال إن الأطعمة العربية مثل ورق العنب والطحينة والحمص والكنافة والبقلاوة كانت ممتازة.
وشكروا على الدعوة إلى حضور حفلة الاستقبال.

# Lektion 15

**T 1 ☉ 51.:** Fes und seine Sehenswürdigkeiten

Die Stadt Fes ist in der Tat die Stadt lebendiger Geschichte. Ihre Geschichte geht auf mehr als tausend Jahre zurück. Das Wadi Fes, das der Stadt ihren Namen gab, umrahmt sie. Was ihren Gründer anlangt, so ist er Mulay Idris II., gestorben 828 n. Chr., jener Herrscher aus der Dynastie der Idrisiden, die das Land vom 8. bis 10. Jahrhundert christlicher Zeitrechnung beherrschte, und dessen Gebiete unter ihrer Herrschaft vom Abbasidenkalifen in Bagdad unabhängig wurden. Mit den Jahren wurde die Stadt größer, wurde unter der Herrschaft der merinidischen Sultane Hauptstadt Marokkos und blieb bis in unsere Tage die Handels- und Kulturhauptstadt neben der Stadt Casablanca an der Küste des Atlantischen Ozeans und seiner politischen Hauptstadt Rabat.

Lasst uns die Stadt mit dem Auto besuchen, das uns ins Wadi Fes hinabbringt, wo die Stadt zwischen grünen Hügeln liegt. Von dort gehen wir in die Altstadt hinein, wo sich die Autos in den engen Gassen nicht bewegen können, die gedrängt voll von Menschen, Eseln und Kamelen sind. Jeder Bau hat (da) seine Geschichte, die von der Historie des Landes erzählt. Dann wollen wir am Grabmal von Mulay Idris, dem Gründer der Stadt vorbeigehen, in dem sich Besucher, (von) Frauen, Kinder und Männer, drängen. Es ist ein Wallfahrtsort für alle Marokkaner, die es zu den heiligen religiösen Stätten des Landes zählen. Wir setzen unseren Rundgang fort und betreten die Qarawiyin-Moschee. Ihr viereckiger Hof ist weit und hat zwei andalusische Kuppeln und eine Wasserquelle. In den Gebetsarkaden finden wir eine große Anzahl von Säulen. Alle Muslime, und nicht nur die Marokkaner, zählen diese Moschee zu den bedeutendsten islamischen Heiligtümern. (Abschluss des Rundgangs im Dialog)

**T 2 ☉ 52.:** Dialog: Besuch der Sehenswürdigkeiten von Fes

*Raschid:* Interessierst du dich für die Geschichte der Länder des Maghreb?

*Fatimah:* Ja, ich habe mich viel dafür interessiert, als ich die Geschichte der arabischen Länder Nordafrikas studiert habe.

*Raschid:* Und warst du dort?

*Fatimah:* Ja, wir hatten beschlossen, alle Städte Marokkos zu besuchen und kamen durch Rabat, und dann durch Marrakesch, und dann durch Casablanca und durch Meknes.

*Raschid:* Auch Fes?

*Fatimah:* Ja, dort verbrachten wir zwei oder drei Tage und besichtigten die Altstadt mit ihren Märkten, darunter den Gewürzmarkt, und dann die Karawiyin-Moschee.

*Raschid:* Habt ihr ebenso die Buinaniyah-Schule besichtigt?

*Fatimah:* Ja, ja gewiss, wir haben sie besichtigt.

*Raschid:* Und was habt ihr außer der Moschee und der Schule an Sehenswürdigkeiten gesehen?

*Fatimah:* An einem der Tage unseres Besuchs besichtigten wir das Waffenmuseum in einer alten Zitadelle. Hier endete unsere Rundreise und ich möchte gern, dass wir eine zweite Reise nach Marokko machen, die länger als die erste ist.

**T 3:** Das Festival der Sufi-Musik

Das Festival der Sufi-Musik gehört zu den besten Festivals der geistigen Musik in der ganzen Welt. Dieses Festival findet seit seiner Geburt im Jahr 1994 im Monat Juni jeden Jahres statt.

Es ist erwähnenswert, dass die Aktivitäten des Festivals im Jahr 2007 bis zum 9. Juni andauerten; sie sahen zahlreiche Abendveranstaltungen vor, die dem Andenken an die Geburt des mystischen Dichters Dschelaluddin Rumi vor 800 Jahren gewidmet waren, wobei Gedichte von ihm in türkischer, persischer und arabischer Sprache rezitiert wurden.

Das Festival zielt auf die Aufhellung des geistigen und künstlerischen Erbes und die Nutzbarmachung dieses Erbes für die heutige marokkanische Gesellschaft ab. Zudem hat es die Betonung der Rolle der islamischen Mystik bei der Kultivierung der menschlichen Seele über das kulturelle Wirken und die Entwicklung des Dialogs zwischen den Religionen und Kulturen zum Ziel.

Welches Festival der geistlichen Musik gehört zu den besten Festivals seiner Art in der Welt?

Wann fand dieses Festival zum ersten Mal statt?

In welchem Gedenken liefen die Abendveranstaltungen im Jahr 2007 ab?

In welchen Sprachen wurden die Gedichte des mystischen Dichters Dschelaluddin Rumi dargeboten?

Welche Rolle spielt die Mystik nach Meinung des Verfassers des Artikels?

Wo liegt die Stadt Konya?

**Ü 1:**

| أَسْتَمِرُّ | أَهْتَمُّ | أَنْضَمُّ | أُعِدُّ | أَوَدُّ | أَمُرُّ | أنا |
|---|---|---|---|---|---|---|
| تَسْتَمِرُّ | تَهْتَمُّ | تَنْضَمُّ | تُعِدُّ | تَوَدُّ | تَمُرُّ | أنتَ |
| تَسْتَمِرِّينَ | تَهْتَمِّينَ | تَنْضَمِّينَ | تُعِدِّينَ | تَوَدِّينَ | تَمُرِّينَ | أنتِ |
| يَسْتَمِرُّ | يَهْتَمُّ | يَنْضَمُّ | يُعِدُّ | يَوَدُّ | يَمُرُّ | هو |
| تَسْتَمِرُّ | تَهْتَمُّ | تَنْضَمُّ | تُعِدُّ | تَوَدُّ | تَمُرُّ | هي |
| نَسْتَمِرُّ | نَهْتَمُّ | نَنْضَمُّ | نُعِدُّ | نَوَدُّ | نَمُرُّ | نحن |
| تَسْتَمِرَّانِ | تَهْتَمَّانِ | تَنْضَمَّانِ | تُعِدَّانِ | تَوَدَّانِ | تَمُرَّانِ | أنتما |
| يَسْتَمِرَّانِ | يَهْتَمَّانِ | يَنْضَمَّانِ | يُعِدَّانِ | يَوَدَّانِ | يَمُرَّانِ | هما، رجلان |
| تَسْتَمِرَّانِ | تَهْتَمَّانِ | تَنْضَمَّانِ | تُعِدَّانِ | تَوَدَّانِ | تَمُرَّانِ | هما، امرأتان |
| تَسْتَمِرُّونَ | تَهْتَمُّونَ | تَنْضَمُّونَ | تُعِدُّونَ | تَوَدُّونَ | تَمُرُّونَ | أنتم |
| تَسْتَمِرْرْنَ | تَهْتَمِمْنَ | تَنْضَمِمْنَ | تُعِدِدْنَ | تَوَدِدْنَ | تَمُرْرْنَ | أنتن |
| يَسْتَمِرُّونَ | يَهْتَمُّونَ | يَنْضَمُّونَ | يُعِدُّونَ | يَوَدُّونَ | يَمُرُّونَ | هم |
| يَسْتَمِرْرْنَ | يَهْتَمِمْنَ | يَنْضَمِمْنَ | يُعِدِدْنَ | يَوَدِدْنَ | يَمُرْرْنَ | هن |

| إسْتَمَرَرْتُ | اهْتَمَمْتُ | إنْضَمَمْتُ | أَعْدَدْتُ | وَدِدْتُ | مَرَرْتُ | أنا |
| إسْتَمَرَرْتَ | اهْتَمَمْتَ | إنْضَمَمْتَ | أَعْدَدْتَ | وَدِدْتَ | مَرَرْتَ | أنتَ |
| إسْتَمَرَرْتِ | اهْتَمَمْتِ | إنْضَمَمْتِ | أَعْدَدْتِ | وَدِدْتِ | مَرَرْتِ | أنتِ |
| إسْتَمَرَّ | اهْتَمَّ | إنْضَمَّ | أَعَدَّ | وَدَّ | مَرَّ | هو |
| إسْتَمَرَّتْ | اهْتَمَّتْ | إنْضَمَّتْ | أَعَدَّتْ | وَدَّتْ | مَرَّتْ | هي |
| إسْتَمْرَرْنَا | اهْتَمَمْنَا | إنْضَمَمْنَا | أَعْدَدْنَا | وَدِدْنَا | مَرَرْنَا | نحن |
| إسْتَمْرَرْتُمَا | اهْتَمَمْتُمَا | إنْضَمَمْتُمَا | أَعْدَدْتُمَا | وَدِدْتُمَا | مَرَرْتُمَا | أنتما |
| إسْتَمَرَّا | اهْتَمَّا | إنْضَمَّا | أَعَدَّا | وَدَّا | مَرَّا | هما، رجلان |
| إسْتَمَرَّتَا | اهْتَمَّتَا | إنْضَمَّتَا | أَعَدَّتَا | وَدَّتَا | مَرَّتَا | هما، امرأتان |
| إسْتَمْرَرْتُمْ | اهْتَمَمْتُمْ | إنْضَمَمْتُمْ | أَعْدَدْتُمْ | وَدِدْتُمْ | مَرَرْتُمْ | أنتم |
| إسْتَمْرَرْتُنَّ | اهْتَمَمْتُنَّ | إنْضَمَمْتُنَّ | أَعْدَدْتُنَّ | وَدِدْتُنَّ | مَرَرْتُنَّ | أنتن |
| إسْتَمَرُّوا | اهْتَمُّوا | إنْضَمُّوا | أَعَدُّوا | وَدُّوا | مَرُّوا | هم |
| إسْتَمْرَرْنَ | اهْتَمَمْنَ | إنْضَمَمْنَ | أَعْدَدْنَ | وَدِدْنَ | مَرَرْنَ | هن |

**Ü 2:** أهتم بتاريخ المغرب العربي. ــ يودان أن يزورانا. ــ يمرون بالرباط فمراكش. ــ تحبان أن تذهبا إلى هناك. ــ تستقل المناطق من الخلافة العباسية. ــ تستمر الزيارة خمس ساعات. ــ يمر الزوار بالضريح. ــ تعدين الطلاب الموجودين هنا. ــ يحببن أن يشاهدن آثار البلاد. ــ لا أهتم بما قلته. ــ يستعدون للاختبار. ــ يعددن سفرهن. ــ يعد السيدة فاطمة من المدرسات الجيدة. ــ تودين أن تسافري إلى لبنان.

**Ü 3:** لم يعد المدير الإجراءات اللازمة. ــ لن نمر بضريح مولاي إدريس. ــ لم تود أن أطلعك على الطريق. ــ لم تحب هذه الفتاة أحمد. ــ لن تهتم الدول العربية بإسرائيل. ــ لن تستمر الحفلة ساعتين. ــ لم تسود القدور على الموقد. ــ لن تخضر الأوراق في الصيف. ــ لا تنضمي إلى هذه الجماعة. ــ لا تستمر في العمل. ــ لم يحمر أحمد عندما رأى صديقته. ــ لا تمروا على زميلكم.

**Ü 4:** أسس مولاي إدريس الثاني مدينة فاس، وهو من أسرة الأدارسة التي استقلت المنطقة تحت حكمها من الخلافة العباسية. زرنا المدينة عندما اخضر الوادي الذي تقع المدينة فيه. وبعد أن دخلنا المدينة القديمة مررنا على ضريح إدريس الذي يحب الناس أن يزوروه. وتزدحم أزقتها الضيقة بالناس والحمير والجمال. ووددنا أن نزور جامع القرويين حيث نجد في أروقة الصلاة عددا كبيرا من الأعمدة. ويعد المسلمون هذا الجامع من المقدسات

الإسلامية. ثم توجهنا لزيارة متحف الأسلحة والمدرسة البوعنانية. ووددنا أن تستمر زيارتنا في المغرب ثلاثة أسابيع لكي نزور معالم أخرى بها ولكني لا أعتقد أن عندنا وقتا لذلك.

**Ü 5:** إن مدينة فاس من المدن الهامة والقديمة في المغرب. ويرجع تاريخها إلى أكثر من ألف سنة. وأسسها مولاي إدريس الثاني من أسرة الأدارسة، وكبرت المدينة مع السنين وأصبحت مركزا تجاريا وفكريا في المملكة. زرنا المدينة بالسيارة، ودخلنا الأحياء القديمة ومر بنا ناس وحمير وجمال. وتوجهنا إلى ضريح إدريس الثاني، وهو مزار لجميع المغاربة الذين يعدونه من الأماكن الدينية المقدسة. واهتممنا أيضا بجامع القرويين والمدرسة البوعنانية ومتحف الأسلحة. وخلال جولتنا في المغرب مررنا أيضا على الرباط ومراكش والدار البيضاء. وهناك انتهينا من جولتنا.

**Ü 6:** أحد عشر ألف دولار — تسعمائة وستة عشر شخصا — بعد اثني عشر عاما — ثماني مائة وواحدة وعشرون رسالة — ألفان وعشر سنوات — بعد مائتي دقيقة — خمسة ملايين وخمسمائة ألف وسبعمائة وسبع وثمانون نجمة — عام ألف وتسعمائة وخمسة وأربعين — مع ستمائة وستة طلاب — سبعة آلاف ومائتان وتسع عشرة كلمة — سنة ألف وأربعمائة واثنتين واثنتين وعشرين — مليونان وتسعمائة وخمسة عشر ألفا وأربعة ريالات — تسعمائة واثنتان وأربعون ليرة — بعد أربعمائة وخمس عشرة سنة — عام ألف وتسعمائة وتسعة وثمانين

**Ü 7:** Ich habe drei Jahre an der Universität Erlangen studiert. Dann habe ich mich an der Universität München eingeschrieben, und da habe ich in ihr viel über die semitischen Sprachen gelernt. Wir haben unsere Freunde zu unserem Treffen eingeladen, und sie nahmen die Einladung an. Zu unserem Treffen erschien zuerst Muhammad und dann Said. Denn sie hatten keinen Unterricht zwischen drei und fünf Uhr. Ich habe ihnen bei der Vorbereitung der kommenden Unterrichtsstunden geholfen, und da verstanden die Freunde ihren Inhalt / sodass .. verstanden. Dann gingen wir in den Studentenklub, und da gingen wir hinein und verbrachten in ihm schöne Stunden.

**Ü 8:** Die Wurzel <u>ḥ-k-m</u>: Moulay Idris II. war ein Herrscher aus der Dynastie der Idrisiden. Diese Dynastie beherrschte Marokko vom 8 bis zum 10. Jahrhundert n. Chr. Unter ihrer Herrschaft wurde das Land unabhängig vom Abbasidenkalifat. Mein Bruder arbeitet in einem gehobenen Regierungsamt. Er sagte zu mir: Die Regierung bereitet viele Maßnahmen zur Entwicklung der öffentlichen Bildung vor.

<u>Die Wurzel ǧ-m-ᶜ</u>: Leute, geht jetzt in den Unterrichtsraum. Wir werden heute über zwei bekannte Moscheen, die Qarawiyin-Moschee und die Azhar-Moschee sprechen. Ihr studiert an der Freien Universität / der Universität München / … die arabische Sprache und einige von euch studieren daneben Sozialwissenschaft. Während eures Studiums werdet ihr wichtige Dinge über sämtliche arabische Länder und über ihre Gesellschaften hören. Wisst ihr, dass die jungen unverheirateten Saudis ein „Familienvisum" suchen müssen, um in die Einkaufszentren im Königreich zu gehen.

**Ü 9:** Es wird erwartet, dass Sie die Fragen in mündlicher Form beantworten.

**Ü 10:** Sie können auch das Internet für den Kurzvortrag nutzen. Achten Sie darauf, nicht zu viele neue Vokabeln zu verwenden.

**Ü 11:**

| | |
|---|---|
| – أهلا بك. | – أهلا وسهلا ومرحبا. |
| – أنا بخير، وكيف حالك أنت؟ | – كيف حالك؟ |
| – وكيف صحتك، وكيف صحة الأولاد؟ | – أنا أيضا بخير. الحمد لله |
| – هل نزور اليوم بعض معالم فاس؟ | – أنا بصحة جيدة، والعائلة أيضا بصحة جيدة. |
| – أقترح أن نلتقي في الساعة العاشرة صباحا أمام الفندق. | – بكل سرور، ومتى ننطلق؟ |
| – نلتقي أمام باب الفندق، لو سمحت. | – وأين نلتقي؟ |
| – وأية معالم نزور؟ | – أنا موافق تماما وسأنتظرك هناك. |
| | – أنصح بأن نزور ضريح مولاي إدريس الثاني، |
| – سمعت عن وجود متحف للأسلحة القديمة. | وجامع القرويين والمدرسة البوعنانية. |
| – ومتى نزور وادي فاس الأخضر الذي يحتضن المدينة؟ | – نحتاج إلى ساعتين لزيارته في اليوم الثاني؟ |
| – طيب فلنزر هذه المدينة بمعالمها العظيمة. | – هذا ممكن، ولكن نحتاج لذلك إلى يوم ثالث. |

**Ü12**
**⊙ 54.** بكر ابن العربي قاضي الأندلس المتوفى سنة ٥٤٤ هـ والذي كان من العلماء البارزين في المغرب، الذين أثروا في القرارات السياسية لدول المنطقة.

إننا ندخل الآن المدينة العتيقة بأزقتها الضيقة. كل بناء هنا له حكاية. فعلى سبيل المثال ترون هنا ضريح مولاي إدريس الثاني الذي أسس مدينة فاس في عام ١٩٢ هـ. وأصبح الضريح مزارا للنساء والرجال والأطفال في المغرب، ويميزه صحنه وحوضه ومنارته الخضراء.

والآن ندخل جامع القرويين بغابة من ٣٦٥ عمودا وصحن فسيح. وأسست الجامع امرأة اسمها فاطمة الفهرية، جاءت من القيروان إلى فاس وبنت الجامع عام ٣٤٥ هـ كمركز للصلاة ومدرسة للعلم.

وانظروا الآن إلى المدرسة البوعنانية التي أسسها السلطان أبو عنان في نهاية القرن السابع الهجري، وهي من المدارس العلمية التي أسستها الدولة المرينية. وتتكون المدرسة من طابقين عبارة عن غرف للدراسة والثاني غرف لإقامة الطلبة.

فلنمر الآن بمتحف الأسلحة القديمة بموقعها في قلعة قديمة. ويمكن أن تطلعوا هناك على إنجازات صناعة الأسلحة المغربية القديمة.

وبذلك تنتهي جولتنا عبر آثار التاريخ الإسلامي في مدينة فاس، وأتمنى لكم إقامة طيبة فيها.

**Ü 13:** أهلا وسهلا في نورنبرغ

ندعوكم إلى أن تشاهدوا بعض معالم مدينتنا، ونحب أن تبدؤوا بمشاهدة المدينة القديمة التي تزدحم بالزوار الألمان والأجانب.

إن القيصر هاينريخ الثالث أسس هذه المدينة في القرن الحادي عشر الميلادي، وأصبحت بسرعة مركزا تجاريا هاما. ومن القرن الثاني عشر حتى القرن السادس عشر اتخذ كافة القياصرة الألمان القلعة القيصرية التي ترتفع على صخور من الحجر الرملي فوق المدينة القديمة مقرا لهم. ومنذ القرن الخامس عشر جذبت المدينة التجارية الغنية كثيرا من الفنانين ورجال العلم مثل ألبريخت دير (Albrecht Dürer) وفايت شتوس (Veit Stoß) وبيتر هينلاين (Peter Henlein). وبعد دقائق قليلة تصلون من القلعة القيصرية إلى بيت دير الذي يعرض حياة هذا الرسام وعمله، وبعد ربع ساعة تحضرون إلى دار البلدية التي أقيمت في القرى الرابع عشر فالميدان الرئيسي المشهور بسوق عيد الميلاد التقليدي. وتجدون في المدينة القديمة الكنيستين العظيمتين، كنيسة القدّيس زيبلد Sebald وكنيسة القديس لورنتس Lorenz والمتحف الوطني الذي يعطي لمحة عامة عن التطور الحضاري للمناطق الألمانية.

وبعد سنة ألف وستمائة تراجعت أهمية نورنبرغ السياسية والاقتصادية، وشهدت المدينة نهضة جديدة في القرن التاسع عشر منذ جرّت القاطرة الأولى قطارا من هنا إلى مدينة "فيرت" المجاورة. وفي الثلاثينات من القرن الماضي انعقدت في هذه المدينة مؤتمرات الحزب النازي، وبعد الحرب العالية الثانية حاكم الحلفاء هنا مجرمي الحرب الألمان (النازيين).

إن نورنبرغ تحتل (الآن) في ولاية بافاريا الموقع الثاني بعد عاصمة الولاية ميونيخ باعتبارها مركزا مهما للصناعة والثقافة.

## Vertiefungslektion C

### A 1:

| | | Perfekt | | | | Imperfekt | | |
|---|---|---|---|---|---|---|---|---|
| التقى | تلقّى | أهدى | غالى | صلّى | نسي | قضى | دعا | |
| اِلْتَقَيْتُ | تَلَقَّيْتُ | أَهْدَيْتُ | غَالَيْتُ | أُصَلِّي | أَنْسَى | أَقْضِي | أَدْعُو | أنا |
| اِلْتَقَيْتَ | تَلَقَّيْتَ | أَهْدَيْتَ | غَالَيْتَ | تُصَلِّي | تَنْسَى | تَقْضِي | تَدْعُو | أنتَ |
| اِلْتَقَيْتِ | تَلَقَّيْتِ | أَهْدَيْتِ | غَالَيْتِ | تُصَلِّينَ | تَنْسَيْنَ | تَقْضِينَ | تَدْعِينَ | أنتِ |
| اِلْتَقَى | تَلَقَّى | أَهْدَى | غَالَى | يُصَلِّي | يَنْسَى | يَقْضِي | يَدْعُو | هو |
| اِلْتَقَتْ | تَلَقَّتْ | أَهْدَتْ | غَالَتْ | تُصَلِّي | تَنْسَى | تَقْضِي | تَدْعُو | هي |
| اِلْتَقَيْنَا | تَلَقَّيْنَا | أَهْدَيْنَا | غَالَيْنَا | نُصَلِّي | نَنْسَى | نَقْضِي | نَدْعُو | نحن |
| اِلْتَقَيْتُمَا | تَلَقَّيْتُمَا | أَهْدَيْتُمَا | غَالَيْتُمَا | تُصَلِّيَانِ | تَنْسَيَانِ | تَقْضِيَانِ | تَدْعُوَانِ | أنتما |
| اِلْتَقَيَا | تَلَقَّيَا | أَهْدَيَا | غَالَيَا | يُصَلِّيَانِ | يَنْسَيَانِ | يَقْضِيَانِ | يَدْعُوَانِ | هما m. |
| اِلْتَقَتَا | تَلَقَّتَا | أَهْدَتَا | غَالَتَا | تُصَلِّيَانِ | تَنْسَيَانِ | تَقْضِيَانِ | تَدْعُوَانِ | هما f. |
| اِلْتَقَيْتُمْ | تَلَقَّيْتُمْ | أَهْدَيْتُمْ | غَالَيْتُمْ | تُصَلُّونَ | تَنْسَوْنَ | تَقْضُونَ | تَدْعُونَ | أنتم |

| | | | | | | | |
|---|---|---|---|---|---|---|---|
| اِلتَقَيْنَ | تَلَقَّيْنَ | أَهْدَيْنَ | غالِيَّنْ | تُصَلِّينَ | تَنْسَيْنَ | تَقْضِينَ | تَدعُونَ | أنتن |
| اِلتَقَوْا | تَلَقَّوْا | أَهْدَوْا | غالُونَ | يُصَلُّونَ | يَنْسَوْنَ | يَقْضُونَ | يَدعُونَ | هم |
| اِلتَقَيْنَ | تَلَقَّيْنَ | أَهْدَيْنَ | غالَيْنَ | يُصَلِّينَ | يَنْسَيْنَ | يَقْضِينَ | يَدعُونَ | هن |

| اصفر | اهتم | فر | ود | استمر | انضم | أعد | مر | |
|---|---|---|---|---|---|---|---|---|
| | | **Perfekt** | | | | **Imperfekt** | | |
| إصْفَرَرْتُ | إهْتَمَمْتُ | فَرَرْتُ | وَدِدْتُ | أَسْتَمِرُّ | أَنْضَمُّ | أَعُدُّ | أَمُرُّ | أنا |
| إصْفَرَرْتَ | إهْتَمَمْتَ | فَرَرْتَ | وَدِدْتَ | تَسْتَمِرُّ | تَنْضَمُّ | تَعُدُّ | تَمُرُّ | أنتَ |
| إصْفَرَرْتِ | إهْتَمَمْتِ | فَرَرْتِ | وَدِدْتِ | تَسْتَمِرِّينَ | تَنْضَمِّينَ | تُعِدِّينَ | تَمُرِّينَ | أنتِ |
| إصْفَرَّ | إهْتَمَّ | فَرَّ | وَدَّ | يَسْتَمِرُّ | يَنْضَمُّ | يُعِدُّ | يَمُرُّ | هو |
| إصْفَرَّتْ | إهْتَمَّتْ | فَرَّتْ | وَدَّتْ | تَسْتَمِرُّ | تَنْضَمُّ | تُعِدُّ | تَمُرُّ | هي |
| إصْفَرَرْنا | إهْتَمَمْنا | فَرَرْنا | وَدِدْنا | نَسْتَمِرُّ | نَنْضَمُّ | نُعِدُّ | نَمُرُّ | نحن |
| إصْفَرَرْتُما | إهْتَمَمْتُما | فَرَرْتُما | وَدِدْتُما | تَسْتَمِرّانِ | تَنْضَمّانِ | تُعِدّانِ | تَمُرّانِ | أنتما |
| إصْفَرّا | إهْتَمّا | فَرّا | وَدّا | يَسْتَمِرّانِ | يَنْضَمّانِ | يُعِدّانِ | يَمُرّانِ | هما m. |
| إصْفَرَّتا | إهْتَمَّتا | فَرَّتا | وَدَّتا | تَسْتَمِرّانِ | تَنْضَمّانِ | تُعِدّانِ | تَمُرّانِ | هما f. |
| إصْفَرَرْتُمْ | إهْتَمَمْتُمْ | فَرَرْتُمْ | وَدِدْتُمْ | تَسْتَمِرُّونَ | تَنْضَمُّونَ | تُعِدُّونَ | تَمُرُّونَ | أنتم |
| إصْفَرَرْتُنَّ | إهْتَمَمْتُنَّ | فَرَرْتُنَّ | وَدِدْتُنَّ | تَسْتَمِرْنَ | تَنْضَمِمْنَ | تُعْدِدْنَ | تَمُرُرْنَ | أنتن |
| إصْفَرّوا | إهْتَمّوا | فَرّوا | وَدّوا | يَسْتَمِرُّونَ | يَنْضَمُّونَ | يُعِدُّونَ | يَمُرُّونَ | هم |
| إصْفَرَرْنَ | إهْتَمَمْنَ | فَرَرْنَ | وَدِدْنَ | يَسْتَمِرْنَ | يَنْضَمِمْنَ | يُعْدِدْنَ | يَمُرُرْنَ | هن |

**A 2:** أشتري دلالا وصحونا. – أهدي هدايا جميلة. – يشترين أدوات منزلية. – يعطوننا الجرائد الجديدة. – تعدون حفلة الاستقبال. – يستمر السفر ساعتين. – تقضي هناك خمسة أيام. – أنسى هذا الموعد. – ندعوهم إلى حفلة عشاء. – تعدين رسائل صديقك. – نمر بأصدقائهم. – تهتمون بتاريخ المغرب العربي.

**A 3:** لم نشتر مجلات عربية. – لا يودون أن يزورونا. – لم تحكوا لأصدقائكم حكاية جيدة. – لن نلتقيَ بعد ساعتين. – لم يهد محمد صحنا نحاسيا. – لا تشترين في السوق قدورا. – لا تمشين في وسط المدينة. – لن تدع هؤلاء الأشخاص. – لن نمر على مدينة الرباط. – لم يؤد هذا العمل. – لا تنسوا هذا السؤال. – لا يحب محمد هذه البنت الجميلة. – لم يعد الأستاذ الطلاب. – لن تستقل ولاية برلين من ألمانيا. – لا تمررن بضريح السلطان. – لم تنته المحاضرة.

**A 4:** دعوت صديقتي إلى جولة في معالم القاهرة. والتقينا أمام فندق كليوباترا، ثم توجهنا إلى الجامع الأزهر وقلعة القاهرة. وبعد ذلك ذهبنا إلى حي خان الخليلي. وفي الظهر جلسنا في مطعم قريب من الجامع الأزهر وتناولنا فيه طعام الغداء. وخلال / بعد طعام الغداء اقترحت على صديقتي أن نزور المتحف المصري وبرج القاهرة الذي يقع في جزيرة نهر النيل.

وفي الأسبوع الماضي تلقينا دعوة لزيارة صديقنا. وانطلقنا من القاهرة في الصباح باكرا وذهبنا بالسيارة إلى قرية تقع على بعد ٩٠ كيلومترا عن العاصمة. ورحب بنا هناك أبو صديقنا. وقدمنا صديقنا إلى أسرته. وشكرنا أبويه على الدعوة.

**A 5:** من من أصدقائك / صديقاتك رأيت في الجامعة؟ ما معنى "فندق" باللغة الألمانية؟ أي نوع من الأحذية تلبس / تلبسين؟ أين تسكن / تسكنين؟ كم غرفة في شقتك؟ في أية جامعة تدرس / تدرسين؟ ماذا تدرس / تدرسين إلى جانب اللغة العربية؟

**A 6:** يتبقى من الهدايا ما يلي : صحون من الصيني (Porzellan) — دُمَى (Puppen) بأزياء شعبية — إبريق من البَلُّور (Kristall) — أوانٍ بصور أثرية — نموذج سفينة شراعية (Segelschiff) — بنطلون من الجلد

**A 7:** جامعة — سمك — غالٍ — ناجح — مدرسات — أكد — حالا — مدرسة — طويل — كبير — أحمر — سريع

**A 8:** لم أجد في هذا الكتاب الموضوع الذي أهتم به. — يبيع الصفارون صحونا نحاسية لم يرها السياح في أوروبا (Europa). — هل حضرت المحادثات التي جرت في معهد الدراسات العربية؟ — كانت محاضرات الأساتذة الذين حضروا الجلسة مفهومة. — في تلك المحلات ترى ملابس تحب النساء أن يشترينها. — سكنت في غرفة أعجبتني كثيرا. — قدمت الأستاذات اللواتي / اللاتي يعملن في بعض معاهد الجامعة طلباتهن إلى الوزيرة.

**A 9:** إن أبانا أخبرنا بما سيحدث. — لم يقل لي أخي من سيلتقي به اليوم. — شكر الأستاذ كل من أعدوا حفلة الاستقبال. — أتعرف كل من لبى الدعوة؟ — هذا كل ما عندنا. — تبادلوا ما معهم من الهدايا.

**A 10:** هل تريد أن تأكل في نفس المطعم الذي أكلنا فيه قبل يومين. أعطني مجلة لم أرها حتى الآن. يدور حديثنا حول زملاء التقينا بهم أمس. هل أديت الواجبات التي طلب منك المدرس أن تنجزها. البسي هذه الثياب الجميلة التي اشترتها أمك من المجمع التجاري. زرنا في بلدان المغرب العربي قلاعا عاش فيها حكام تلك البلدان في الماضي.

**A 11:** Zur Verfügung der Studierenden. Es kann auch berichtet werden, was Sie gestern getan haben.

**A 12:** وصلت إلى الجامعة في الساعة التاسعة والربع ، ووصلت زميلتي في نفس الوقت. يزور أصدقائي نفس دوراتي للغة العربية / نفس دورات اللغة العربية مثلي. تحدث حمي مع صاحب المطعم بنفسه وحجز طاولة لعائلته. توجه أحمد إلى المجمع التجاري وحضرت سميرة إلى نفس المجمع. فتح صاحب الدعوة الباب بنفسه.

**A 13**
**⊙ 55.:** تسكن أسرة زوجتي في قرية صغيرة. — يعرف أحمد أصدقاءه على أسرته. — أخبر محمد أباه عن تأخرنا. — طرق محمد الباب / الشباك. — تخرجت أختي / أختاي من الجامعة. — هل تشرب الشاي يا سامي؟ — سأطلعه على البيت من السرداب إلى السطح. — أشكركم جزيلا على هذه الدعوة.

**A 14:**

| | |
|---|---|
| وعليكم السلام | السلام عليكم. |
| الله يسلمك. | الحمد لله على السلامة. |
| أهلا وسهلا ومرحبا. | مرحبا بك. |
| أنا بخير الحمد لله. | كيف حالك؟ |
| العائلة أيضا بخير. وكيف صحتكم؟ | وكيف حال العائلة؟ |
| أشكرك جزيلا على دعوتكم. | نحن بصحة جيدة، الحمد لله. |
| تشرفنا بك / الشرف لنا. وهذه هدية متواضعة. | تشرفنا بزيارتكم. |
| نشرب العصير لو سمحت. | استريحوا من فضلكم، وماذا تشربون؟ |
| لنشرب نخب صداقتنا يا أصدقاء وزملاء. | تعالوا معي إلى طاولة العشاء. نخبكم جميعا. |

**A 15:** شخصان — خمس شرف — عشرة أشهر / شهور — اثنتا عشرة دقيقة — سبعة عشر خطأ — إحدى / واحدة وعشرون شقة — ثمانية وثلاثون إجراء — أربع وخمسون جملة — ستة وسبعون زبونا — واحدة / إحدى وثمانون حادثة — تسعة وتسعون فستانا — مئتا بضاعة وبضاعتان — ثلاث مائة وخمسون زائرا — أربع مائة وثمان وثلاثون نافذة — ست مائة وستة وستون كرسيا — ثماني مائة وتسع وثلاثون زجاجة — ألف وأحد عشر رجلا — ألفان ومائتان وعشرون طائرة — سبعة آلاف وثلاث مائة وخمسة وخمسون سائحا — عشرة آلاف وثماني مائة وثلاثة وثمانون سلاحا

**A 16:** التقينا بالأصدقاء في الليالي الماضية. — لهذا المستشفى سيارات حديثة جدا. — وجدت في أحد أندية القاهرة مطعما جيدا. — ليس لهذا الكلام معنى. — نشكر رجال العلم المتوفين على ما قدموه للعلم. — كان أبونا أمس في نادية. — رأيت أخاك مع أختكما في المجمع التجاري. — سألني مدرسّي عما سأفعله في الأيام القادمة.

**A 17:** Ergänzen Sie Farbbezeichnungen nach Belieben.

**A 18:** (Fax)   Sehr geehrter Herr Direktor der Abteilung Öffentlichkeitsarbeit des Ministeriums
Ich bin in Berlin nach einer vierstündigen Reise angekommen. Auf dem Flughafen empfing mich Herr Becker vom Ministerium für Bildung und Forschung der Bundesrepublik Deutschland. Ich bin im Hotel

Maritim in einem komfortablen Zimmer untergebracht. Am Abend diese Tages bin ich mit den Kollegen des Ministeriums zusammengetroffen; die Gespräche waren nützlich, und wir werden sie morgen hoffentlich fortsetzen. Ich hoffe, dass sie mit guten Ergebnissen zu Ende gehen. Ich werde heute die Freie Universität mit ihrem Sprachenzentrum und das Islamische Museum in Berlin besuchen. Ich werde Ihnen noch einmal nach Abschluss dieser Gespräche schreiben.

Mit den besten Grüßen

**A 19:** إن السيد بيكر سيصل إلى القاهرة لزيارة عمل. — إنني سأحضر إلى الوزارة في الساعة الواحدة. — إن المحادثات المهمة تجري في وزارة التربية. — إننا نرحب بكم في العاصمة المصرية. — إنك / إنها ستنزل في فندق كليوباترا. — إن أخاك سيتصل بك بالتلفون. — إن مدرسي هذا المعهد مصريون وسوريون. — إنهم يفضلون وجبة طعام شعبي.

**A 20:** حضر المهندس إلى الرباط لأنه سيجري محادثات في وزارة الاقتصاد. — يمكنكم أن تزوروا صديقكم في المستشفى ولكن لا تبقوا وقتا طويلا. — لم يأكل السائح طعاما عاليا لأنه يحب الأطعمة الشعبية العربية. — أردنا أن نسافر إلى تونس ولكننا لم نجد طائرة في الوقت المناسب. — توجه الزميلان إلى فندق كليوباترا لأن زميلهما المصري قد حجز لهما غرفتين في فندق هيلتون.

**A 21:** آمل أن تنتهي المحادثات قبل الساعة الحادية عشرة مساء. — سمعنا أن القطار سيصل إلى محطة الإسكندرية بعد نصف ساعة. — أعلن المدير أن الجامعتين ترغبان في تنمية العلاقات بينهما. — ينبغي أن تزورونا في نهاية الأسبوع القادم. — يجب أن يجيء الجرسون بالطعام بسرعة. — أوضحوا لنا أن السواح كثيرون في الصيف. — فضلت صديقتي أن تعيش في مدينة هامبورغ. — أنصحكم بأن تأخذوا طعاما عربيا. — هل تستطيعون أن تحملوا هذه البضائع؟

**A 22:** كبرت كل / بعض / إحدى هذه المدن مع السنين. — لا تتحرك كل / بعض / إحدى السيارات في الأحياء القديمة. — نهتم بتاريخ كل / بعض / أحد بلدان المغرب العربي. — درست أختي كل / بعض / إحدى اللغات السامية (semitisch). — مررنا بكل / ببعض / بأحد بساتين المنطقة الجميلة. — رأينا كل / بعض / أحد معالم مصر.

**A 23:**

| | |
|---:|---:|
| السيد محمود : | السلام عليكم. |
| الموظف : | وعليكم السلام، أية خدمة؟ |
| السيد محمود : | لقد حجزت وزارتنا لضيفنا الألماني غرفة لخمس ليال، وها هو الآن هنا. |
| الموظف : | دقيقتين من فضلك. أعطني من فضلك جواز السفر . |
| السيد بيكر : | تفضل. |
| الموظف : | املأ الاستمارة من فضلك. سنعطيك غرفة ممتازة في الطابق السابع. |
| السيد بيكر : | هل أملأ الاستمارة باللغة العربية أو باللغة الألمانية ؟ |
| الموظف : | كما تريد. قل لي من فضلك أين درست اللغة العربية ؟ |
| السيد بيكر : | درستها في الجامعة الحرة ببرلين. |
| الموظف : | يا جرسون، اجلب حقائب (Koffer) ضيفنا إلى الغرفة ٦٤ في الطابق السادس. |
| السيد بيكر : | يبدو أن الغرفة ممتازة، وأن تكييف الهواء الموجود فيها يعمل جيدا جدا. |
| السيد محمود : | الحمد لله، والآن أقترح أن تستريح قليلا، فإنك تعرف أن أمامنا عددا من المحادثات الهامة في وزارة التربية والمدارس العامة في القاهرة. |
| السيد بيكر : | ولنشرب شيئا باردا قبل ذلك لو سمحت . يا جرسون، هات اثنين بيرة! |
| الجرسون : | تفضل يا سيدي ! |
| السيد محمود : | فلنشرب نخب أصدقائنا ونجاح محادثاتنا. |

**A 24:** Satzvortrag nach Auswahl des Lehrenden, z. B.:

تجر الخيول العربات. — تستعد العائلة لاستقبال الأقرباء. — اخضر الوادي — مررنا على معالم الرباط. — شك أحمد في صحة الخبر. — يزدحم الضريح بالزوار. — تحب صديقتي قريتها. — يودون أن يزوروا الجامع. — يصفر وجهه. — استمر النقاش قبل ثلاثة أيام.

**A 25:** Vortrag bzw. Aufsatz entsprechend den Angaben + zusätzliche Angaben aus dem Internet und / oder vom / von der Lehrenden.

## Lektion 16

**T 1 ☉ 56.:**                Ein arabisches Portal für Medien- und Kommunikationswissenschaft

Eine Gruppe von arabischen Akademikern und Forschern arabischer Universitäten startete das „Arabische Portal für Medien- und Kommunikationswissenschaft." Es stellt einen auf akademische Medien- und Kommunikationsforschung und Studien spezialisierten Satellitensender dar, entsprechend dem, was in der Homepage „Middle East online" steht.

Das Portal hat die Überwindung (starke Erhöhung) der geringen Anzahl der elektronischen, auf akademische Publikation spezialisierten Plattformen und der geringen Anzahl von Gelegenheiten zum Dialog unter den Forschern sowie die Entwicklung des Gebiets der Medien- und Kommunikationswissenschaft durch Erleichterung des Vorgangs des Austauschs der Erkenntnisse und Forschungserfahrungen zum Ziel. Ebenso ist das Portal bestrebt, die spezialisierten Forschungen und Beiträge der arabischen Forscher auf dem Gebiet der Medien- und Kommunikationswissenschaft bei den akademischen Kreisen auf dem Gebiet der Human- und Sozialwissenschaften bekannt zu machen.

Das Portal zielt ebenso auf die Entwicklung des Bestands der auf das Gebiet der Medien und Kommunikation spezialisierten Forschungen in arabischer Sprache in Hinblick auf die Begrenztheit der arabischen Quellen auf diesem Gebiet.

Das Portal teilt sich in vier integrierte Satellitensender: den Sender der arabischen Zeitschrift für Medien und Kommunikation, den Sender für Nachrichten, das offene Archiv und den Medien- und Kommunikationsführer.

**T 2 ☉ 57.:**                Installation eines neuen Programms in den PC

*Murad:* Raschidah, du bist doch eine Computerspezialistin? Kannst du mir helfen? Kennst du den Gebrauch eines PC mit einem alten Betriebssystem, d.h. Windows XP.

*Raschidah:* Jawohl, ich kenne es. Ich hatte einen Laptop mit diesem System. Was ist das Problem?

*Murad:* Ich will das Paket der Programme von Office XP installieren. Hilfst du mir bei dieser Aktion?

*Raschidah:* Ja, sehr gern. Hast du alles, was wir (dazu) brauchen: den Computer, die Maus, die Tastatur und die CDs, die das Programmpaket enthalten.

*Murad:* Ja, und es ist ein lizenziertes Programmpaket.

*Raschidah:* Dann öffne den PC, und nachdem sich der Bildschirm von Windows geöffnet hat, leg die CD in das CD-Laufwerk ein und öffne die Datei „Set up" mit zwei Klicks auf die linke Taste der Maus.

*Murad:* Ja, es erscheint jetzt „welcome / Willkommen" auf dem Bildschirm und „Beginn der Installation."

*Raschidah:* Ja, und du musst jetzt fortfahren, bis auf dem Bildschirm „Lizenz-Vertrag" erscheint, dort setze den Cursor auf das Kästchen „einverstanden", dann „weiter".

*Murad:* Richtig, hier ist jetzt der Bildschirm „Installationsauswahl".

*Raschidah:* Am besten ist es, du wählst hier „vollständige Installation".

*Murad:* Und jetzt fordert der PC von mir einen Platz für die Installation. Was soll ich machen?

*Raschidah:* Bestimm Partition C der Festplatte. Dann wird der Bildschirm der Komponenten erscheinen, die man auswählen muss, z.B. die Textverarbeitung Word, die Tabellenkalkulation Excel, das Präsentationsprogramm Powerpoint, das Programm Access für Datenbanken und das Programm Outlook für die elektronische Post.

*Murad:* Es sollte auch ein Programm geben, mit dem ich im Internet surfen (kann).

*Raschidah:* Schau, der Browser ist vorhanden, jetzt beginnt die Aktion des Kopierens der Dateien. Wenn sie beendet ist, ist auch der ganze Vorgang der Installation auf das Gerät beendet.

*Murad:* Dank für deine guten Dienste bei der Installierung des Programmpakets Office XP.

*Raschidah:* Ich wünsche dir Erfolg bei seinem Gebrauch, denn es ist in der Tat sehr nützlich.

**T 3:**                Wie weißt du, dass du dich am Anfang des 21. Jahrhunderts befindest?

Die 14 folgenden Absätze verhelfen dir zur Erkenntnis, in welchem Ausmaß du ins 21. Jahrhundert eingetreten bist.

1) Wenn du versuchst, ein Passwort in das Gerät Mikrowelle einzugeben.

2) Wenn du daran denkst, dass du seit Monaten oder … Jahren nicht mit einer realen Person Karten gespielt hast.

3) Wenn du eine Liste mit 15 Telefonnummern besitzt zur Kommunikation mit deiner Familie, die aus drei Personen besteht.

4) Wenn du eine E-Mail an deine Kollegen schickst, die an Schreibtischen neben deinem Schreibtisch sitzen.

5) Wenn du deinen Freunden sagst, dass du dich nicht mit ihnen in Verbindung gesetzt hast, weil sie keine E-Mail-Adresse haben.

6) Wenn du von deiner Wohnung aus mit deinen Freunden telefonierst, aber manchmal das Gespräch mit der Wahl der Nr. 9 oder 0 beginnst, um eine Leitung nach außen zu bekommen, als ob du noch in der Arbeit wärest.

7) Wenn du nach einem langen Arbeitstag in die Wohnung zurückgehst, um Gespräche zu beantworten, die mit der Arbeit zusammenhängen.

8) Wenn du denkst, dass du am selben Schreibtisch sitzt, obwohl du zwischen drei Firmen in weniger als 4 Jahren gewechselt hast.

9) Wenn du erkennst, dass du deine Arbeit verlierst, sobald du die Abendnachrichten im Fernsehen anschaust.

10) Wenn du erfährst, dass dein Chef deine Arbeit nicht ausführen kann.

11) Wenn du die vorhergehenden Absätze liest und lachend dein Haupt schüttelst.

12) Wenn du diesen Brief mit E-Mail an deine Freunde schickst.

13) Wenn dich dieser Brief mit E-Mail von einem Freund erreicht, mit dem du nicht sprichst, aber ihr beide Witze über das Internet austauscht.

14) Wenn du über all dies lachst.

**Ü 1:** باحثون عرب — جامعات بريطانية — العلوم الإنسانية — دراسات اتصالية — فضاءات متخصصة — بحوث مهمة — زميلات تركيات — زملاء مصريون — خبراء ألمان — حاسوبات / حواسيب قديمة — الأقراص المضغوطة — عمليات جديدة — الشاشات الزرق / الزرقاء — أجزاء هامة — برامج ممتازة — مدرسات متوفيات — الليالي التالية — الألواح السوداء

**Ü 2:** المهندس الألماني — الأخت العزيزة — الأخ العزيز — درس جيد — شيء غال — الزائر الجزائري — السائح الفرنسي — معلمة تركية — ليلة تالية — سلاح حديث — طالب عربي — سؤال طويل — شأن الطالب — مدير إنكليزي — مستشفى حديث — الشهر الماضي — قسم كبير — سائحة يابانية — طعام كثير — بستان صغير — جلسة مهمة — اقتراح جديد — رجل مريض — الطبيب الجديد — المدرس الأجنبي

**Ü 3:** ١ج — ١٢ — ٣هـ — ٤و — ٥ى — ٦ب — ٧د — ٨ز — ٩ط — ١٠ح — ١١ل — ١٢ك

**Ü 4:** عمل = فَعَل/فَعَل (عمل) — مكتب = مَفْعَل (كتب) — طلبة = فَعَلَة (طلب) — تعلم = تَفَعَّلَ (علم) — معلم = مَفَعِّل / مُفْعَل (علم) — أشخاص = أَفْعَال (شخص) — مخدوع = مَفْعُول (خدع) — نفس = فَعْل (نفس) — أعلن = أَفْعَلَ (علن) — خبر = فَعَل (خبر) — تبادل = تَبَادَل/تَبَادُل (بدل) — نهاية = فِعَالَة (نهي) — تنتهي = تَفْتَعِلُ (نهي) — مطعم = مَفْعَل (طعم) — مدرسة = مَفْعَلَة/مُفْعَلَة (درس) — شهد = فَعِلَ (شهد) — إعلامي = إِفْعَالِيٌّ (علم) — بحوث = فُعُول (بحث) — دراسة = فِعَالَة (درس) — فرص = فُعَل (فرص) — تعريف = تَفْعِيل (عرف) — تثبيت = تَفْعِيل (ثبت) — بوابة = فَعَّالَة (بوب) — موقع = مَفْعِل (وقع) — ممكن = مُفْعَل (مكن) — متكامل = مُتَفَاعِل (كمل) — محدودية = مَفْعُولِيَّة (حدد) — مجلة = مَفْعَلَة (جلل) — مفتوح = مَفْعُول (فتح) — دليل = فَعِيل (دلل) — خبيرة = فَعِيلَة (خبر) — تساعد = تُفَاعِل (سعد) — طاولة = فَاعِلَة (طول) — أطعمة = أَفْعِلَة (طعم) — أقراص = أَفْعَال (قرص) — فأرة = فَعْلَة (فأر) — ترحيب = تَفْعِيل (رحب) — مؤشر = مُفَعِّل (أشر) — يطلب = يَفْعُل (طلب) — أحمر = أَفْعَل (حمر) — معالج = مُفَاعِل (علج) — تصفح = تَصَفُّح (صفح) — خدمات = فَعَلَات (خدم) — حزمة = فُعْلَة (حزم) — قميص = فَعِيل (قمص) — قطار = فِعَال (قطر) — تشربين = تَفْعَلِينَ (شرب) — رجل = فَعُل (رجل) — والدان = فَاعِلان (ولد) — مسارح = مَفَاعِل (سرح) — جدد = فُعُل (جدد) — استقبل = اِسْتَفْعَلَ / اِسْتِفْعَال (قبل) — حكم = فُعْل/فَعَل (حكم) — موظف = مُفْعَل (وظف)

**Ü 5:**
√جمع : جمعة وجامع وجامعة وجماعة وجميع ومجمع ومجتمع واجتماعي

√خبر : أخبر وخبر وخبير وخبيرة واختبار

√درس : درس ودراسة ودراسي ومدرّس ومدرَّسة ومدرسة

√زوج : زوج وزوجة وزواج وتزويج ومتزوج

√طلب : طلبَ وطلبٌ وطالب وطالبة وطلبة

√عرف : عرف وعرّف وتعرّف ومعرفة ومعروف

√علم : علمٌ وتعلم وتعليم ومعلم ومعلمة ومعلومات

√قبل : استقبل واستقبال ومقبل ومقبول وقبلَ

√مثل : مثُل ومثل ومثيل ومثلا ومثالي

**Ü 6:** جلس أحمد كتب رسالة إلى أمه. ثم جلس في المكتبة وقرأ كتابا، وبعد ذلك أخذ معه بعض الكتب. وفي البيت جلس إلى مكتبه وفتح الكمبيوتر.

زارتني صديقتي التي تتعلم اللغة الفرنسية في جامعة الإسكندرية. وتوجهنا إلى بعض معالم مدينة القاهرة والتقينا هناك بزميلتها، وقالت لنا إن والدها يعمل في مجال الإعلام وإنها تريد أن تعمل معلمة في المدرسة.

تحدث المواطنون عن الحوادث التي حدثت في الأسابيع الماضية ودارت الأحاديث حول الموضوع التالي : هل من الممكن صنع سيارات حديثة لا تنهار عند الحادثة.

**Ü 7:** روس — إنكليز /إنجليز — بريطانيون — أتراك — ألمان — عرب — فرنسيس/ فرنسيون — اقتصاديون لبنانيون — أفارقة / إفريقيون — إفريقيون/ أمريكان — أمريكيون/ أميركيون — أكاديميون — صحفيون — إعلاميون

**Ü 8:** الحكومة — وزير سوري — عائلة مصرية — علاقات تجارية — عمارة جامعية — منطقة جنوبية — نظام دراسي الأدوات المطبخية — المواد البنائية — اللغة الألمانية — الأدب العراقي — الجزائرية

**Ü 9:** — الفضاءات الجديدة تشغيل — حزمة البرامج تنصيب — البرامج تثبيت — الأعزاء بالضيوف الترحيب الترخيص — الإعلامية البحوث رصيد تطوير — المعلومات تبادل عملية تيسير — المتخصصة بالبحوث التعريف ببرامج الحاسوب الحديثة

**Ü 10:** أقرأ — ."إكسزل" ببرنامج محاسبية جداول أعد — ."وورد" ببرنامج نصا أكتب — بالبروزر الإنترنت في أنظر نصا بمعالج النصوص "وورد". — أدخل قرصا في قارئ الأقراص. — أرسل البريد الإلكتروني ببرنامج "آوتلوك".

**Ü 11:** 1) Welches Portal von Satellitensendern startete eine Gruppe arabischer Akademiker? 2) Welches Portal entspricht dem arabischen Portal? 3) Gibt es viele arabische Spezialportale zur akademischen Publikation? 4) Woran erkennt man das neue Portal und welches sind die bevorzugten wissenschaftlichen Gebiete? 5) Gibt es viele spezialisierte Forschungen auf dem Gebiet der Information und Kommunikation in Arabisch? 6) In welche Satellitensender teilt sich das neue Portal? 7) Sehen Sie arabische Satellitensender im Fernsehen, und welche sind dies?

**Ü 12:** Antworten Sie entsprechend dem, was Sie sehen. Verwenden Sie Präpositionen wie جنب، أمام und Angaben wie يمين، يسار u. ä.

**Ü 13:** Nutzen Sie für die Ausführung dieser Aufgabe auch das Internet. Achten Sie zugleich darauf, dass nicht zu viele neue Wörter gebraucht werden.

**Ü 14:** تمكنت / استطاعت جماعة هكرز (من) أن تتسلل في حواسيب مركز عسكري. وظهر في كل شاشات المركز عشية عيد الفطر المبارك الخبر أن المضمون السابق قد تلاشى. وتمنى الهكرز عيدا مباركا وأشاروا إلى أن المضمون المذكور / ذلك المضمون لن يعود (إلى الشاشات).

واستطاعت جماعة هكرز أخرى أن تتلاعب بنظام الكمبيوترات لشركة تلكوم الوطنية بحيث أصبح من الممكن إجراء مكالمات تلفونية / هاتفية مع كل زبائن داخل وخارج البلاد مجانا. وبالدرجة الأولى استفاد الشبان من هذه الإمكانية وأجروا مكالمات تلفونية / هاتفية مع أصدقائهم في كل أنحاء العالم.

# Lektion 17

**T 1 ☉ 59.:**

    Marokko: Die Inflation erreicht 3,2 % und die Kosten der Preissubvention der Waren 5 Milliarden Dollar
Die durchschnittliche Inflationsrate in Marokko nahm im ersten Viertel des laufenden Jahrs wegen der Steigerung der Kosten für die Lebenshaltung um 3,2 % zu. Denn die Preise für Lebensmittel erhöhten sich im Verlauf des vergangenen Monats März um 5,5 %. Die größten Preissteigerungen betrafen Weizen, Gemüse und Fleisch. Die Preise für Haushaltsgeräte erhöhten sich um 2,3 % und die Kosten für medizinische Behandlungen, für Kleidung, Transport, Verkehr, Gaststätten und Wohnungen nahmen im Durchschnitt um 2 % zu.
Die Regierung sicherte zu, dass sie die Subventionierung der Waren des Grundbedarfs zum Schutz der Kaufkraft fortsetzen werde, wie sie auch betonte, die Subventionierung der Brennstoffe trotz des Rohölpreises von 60 Dollar pro Barrel und die Stützung der Lebensmittelpreise nach der Preiserhöhung bei Weizen um das Dreifache fortzuführen.

Jene Maßnahmen werden mehr als 36 Milliarden Dirham (ungefähr 5 Milliarden Dollar) kosten, und es ist möglich, dass die Subventionierung der Waren des Grundbedarfs 60 Milliarden Dirham (8 Milliarden Dollar) kostet.

Die Gewerkschaften forderten die Erhöhung der Mindestlöhne auf 400 Dirham, die der mittleren Löhne um 10 % und die Senkung der Steuer auf die höheren Löhne um durchschnittlich 4 %. Die Regierung und die Arbeitgeber stimmten der Erhöhung der Löhne zu, um der Preissteigerung zu begegnen.

**T 2 ☉ 60.:**                                          Auf der Bank

Nachdem Professor Dr. Martin Hofmann sein Arbeit an der Universität Kuwayt aufgenommen hatte, begab er sich auf eine Bank, um dort ein Girokonto zu eröffnen.

*Dr. Hofmann*: Guten Morgen.

*Angestellter*: Einen schönen guten Morgen. Was kann ich für Sie tun?

*Hofmann*: Ach Gott, ich will ein Konto bei Ihnen eröffnen.

*Angestellter*: Willkommen! Unsere Bank ist berühmt für die besten Dienste, die sie ihren verehrten Kunden bietet.

*Hofmann*: Ich will ein Girokonto eröffnen, weil ich die Überweisung meines Gehaltes auf mein Konto möchte, um davon einen Betrag abzuheben, wenn ich ihn brauche.

*Angestellter*: Der Zinssatz beträgt in diesem Fall 2 %. Füllen Sie bitte dieses Formular aus! Unterschreiben Sie dann hier! Sie sollten die Nummer ihres Girokontos so schnell wie möglich der Universität angeben, damit sie ihrerseits die Überweisung Ihres Gehalts (darauf) ausführt.

*Hofmann*: Ist es möglich, dass ich eine Kreditkarte bekomme?

*Angestellter*: Tut mir sehr leid. Ihr Kontostand ist jetzt Null. Aber wenn der Kontostand eine Mindestgrenze – das sind 400 Dinar – erreicht hat, dann ist das (die Angelegenheit) ganz einfach.

*Hofmann*: Tausend Dank für Ihre Informationen und Ihre guten Dienste. Ade.

*Angestellter*: Nichts zu danken. Wir sind immer (im Dienst) für unsere Kunden da. Mögen Sie wohlbehalten bleiben!

**T 3:**                              An Freitagen mehren sich die Bankdiebstähle in Marokko

Rabat: In letzter Zeit haben die Bankräuber mehr und mehr die Zeit des Gebets an Freitagen, der Abwesenheit der Angestellten und der Leere der an den Banken vorbeiführenden Straßen ausgenutzt.

Die Zeitung „Al-Sahra' al-maghrebiyah (Die marokkanische Wüste)" schrieb, dass diese Räuber nicht zögern, sich die in der Kasse befindlichen Geldbeträge anzueignen, und keinerlei Widerstand von Seiten der Angestellten finden, die in den Banken arbeiten.

Das „beste" Beispiel für diese Art von Diebstahl war eine Bank in der Stadt Tanger, die am vergangenen Freitag dem Überfall einer maskierten und mit einen Schwert bewaffneten Person ausgesetzt war, die ihr eine Million Dirham raubte. Zwei Räuber nutzten das Vorhandensein eines einzigen Angestellten während des Freitagsgebets in einer Postbank in der Stadt Settat aus und stahlen den Betrag von 10 Millionen Centime. Es ist erwähnenswert, dass die Sicherheitsleute sie nach längeren Suchaktionen einige Tage danach verhaften konnten.

**Ü 1:** ... وأخي أطول منه. — ...وأبوك ألطف منه. — ...وعملك أسهل منه. — ...وطعام العرب أطيب منه. — ...والجامعة أقرب منها. — ...وبيت الوزير أكبر منه. — ...وسيارتي أجد منها. — ...وذلك الخبر أجود منه. — ...وتلك السلعة أرخص منها. — ...وأجوري أعلى منها. — ...وكان عددهم في العام الماضي أكبر منه.

**Ü 2:** هذا أحدث ثوب / الثياب. — هذا أقصر طريق / الطرق. — هذه أعز صديقة / الصديقات. — هذا أغلى مطعم / المطاعم. — هذه أصعب لغة / اللغات. — هذا أكرم رجل / الرجال. — هذا أرخص شيء / الأشياء. — هذه أغلى شقة / الشقق. — هذه أعلى عمارة / العمارات. — هذه أبرد ليلة / الليالي. — هذا أعظم مسجد / المساجد. — هذه أفضل خدمة / الخدمات.

Möglich auch bei Pluralbedeutung („die kürzesten Wege", „die großzügigsten Männer" usw.):

هذه أقصر الطرق — هؤلاء أكرم الرجال الخ.

**Ü 3:** عدد الطالبات في هذه القاعة أكبر من عدد الطلاب. — أكثر الأشخاص الذين يحضرون الحفلة من البلاد العربية. — هل عندك ثياب أجمل / أجد من هذه؟ — الأساتذة هم أهم/ أفضل الزبائن في ذلك البنك. — هؤلاء أجمل الفتيات اللاتي رأيناهن حتى الآن. — أهذا أخوك الأكبر أو أخوك الأصغر؟ — أعط هذه الهدية أختك الصغرى. — هذه الأطعمة أطيب / أجود.

**Ü 4:** طريق أفضل — الآن حتى رأيتها سيارة أسرع — البلاد شهدته رجل أطول — جامعتنا في درس طالب أسعد
أعرفه — أجدّ قرار اختاره الأطباء — أول طالبة حضرت الدرس العربي
أهم القرارات التي أصدرتها المحكمة. — أجمل الفتيات اللاتي التقينا بهن. — أفضل المدرسين الذين أعرفهم.
— أرخص البضائع التي اشتريتها. — أهم المشاكل التي تحدثنا حولها في الدرس.

**Ü 5:** الشرق الأدنى — المجلس الأعلى — الحد الأدنى — العدد الأصغر — الصحراء الكبرى — اللغة العربية الفصحى
— الطابق الأعلى / الأسفل — القرون الوسطى — أهمية كبرى — آسيا الصغرى

**Ü 6:** أؤدي أعمالي المنزلية بأقصر وقت ممكن. — نستطيع أن نلتقي في أقرب وقت ممكن. — سأدعو إلى الحفلة أكبر
عدد ممكن من الطلاب. — أحب الثياب على أحدث موضة. — عملت شركة السيارات بأكبر سرعة ممكنة. —
أنجز هذا الواجب في أقصر وقت ممكن. — تجري المحادثات بين الحكومتين على أعلى مستوى.

**Ü 7:** القاهرة أكبر بكثير من دمشق. — بغداد أكبر بكثير من بيروت. — الدار البيضاء أكبر بكثير من الرباط. —
الجزائر أجمل بكثير من برلين. — هامبورغ أجمل بكثير من الإسكندرية. — دمشق أكبر بقليل من حلب. حلب
أصفر بقليل من دمشق.

**Ü 8:** تزايدت سرقات البنوك في المغرب يوم الجمعة.
تزايدت السرقات خلال وقت الصلاة.
أثناء وقت الصلاة في يوم الجمعة يعمل موظفون أقل في البنوك.
تعرض بنك في طنجة وبنك في سطات لعملية السرقة.
استطاع رجال الأمن أن تعتقل لصين.

**Ü 9:** Die Zahl der Studentinnen in der Philosophischen Fakultät ist 25 000 (خمسة وعشرون ألف طالبة), sie
sind 42 % (اثنان وأربعون بالمائة) der Studenten. – Dieses Gebäude hat 264 Fenster ( مائتان وأربع وستون
نافذة), auf einer Etage findet man 33 Fenster (ثلاث وثلاثون نافذة). – In der Universitätsbibliothek sind
940000 Bücher (تسعمائة وأربعون ألفَ كتاب) und davon ungefähr 305000 (ثلاثمائة وخمسة آلاف) in deutscher Sprache und in anderen Sprachen. Der Prozentsatz der Bücher in den Sprachen Arabisch, Persisch
und Türkisch ist 11 % (إحدى عشرة بالمائة). – In diesem Viertel wohnen 308 Personen ( ثلاثمائة وثمانية
أشخاص). Es sind in ihm 67 Häuser (سبعة وستون بيتا), die meisten davon sind aus der Zeit vor dem Jahr
1870 (عام ألف وثمانمائة وسبعين). Die Zahl der Einwohner des Viertels hat sich während der letzten 20
Jahre (خلال العشرين سنة الأخيرة) nicht vermehrt. – Ich bin diesen Weg hunderte Mal gegangen, an 5
Tagen (في خمسة أيام) in jeder Woche bin ich 2 Mal, am Freitag 4 Mal (أربع مرات) hindurchgegangen. –
Die durchschnittliche Inflation erhöhte sich um 3,7 % (بنسبة ثلاثة وسبعة من العشرة في المائة), die Preise für
Haushaltswaren um 5,6 % (بنسبة خمسة وستة من العشرة في المائة) und der Preis für ein Barrel Erdöl stieg
auf 104 (مائة وأربعة دولارات) Dollar. – Die Maßnahmen der Regierung kosten 44 Milliarden ( أربعة وأربعون
بليون درهم) Dirham. Der Leitzins in der Eurozone betrug 4,5 % (أربعة فاصلة خمسة من العشرة في المائة).

**Ü 10:** Was ist die Nummer deines Hauses / die Nummer des Omnibusses / der U/S-Bahn, mit der Sie zur
Universität fahren?
Wie viele Monate umfasst das (islamische) Hidschra-Jahr?
Wie viele arabische Bücher besitzen Sie?
Seit wie vielen Monaten / Jahren studieren Sie die arabische Sprache?
In welchem Stockwerk liegt Ihre Wohnung und wie viele Zimmer sind darin?
Um wie viel Uhr werden morgen die Unterrichtsstunden beginnen?
Wie viele Stunden haben Sie gestern geschlafen? Und wann sind Sie heute aufgestanden?
Wie viele Ministerien hat die deutsche Regierung?

**Ü 11:** إلى — ٦٠ بليون درهم — المحروقات — ستواصل — اثنين بالمائة — القمح واللحوم — ٥,٥ ٪ — في المغرب
٤٠٠ درهم ٪.٤

**Ü 12:** 1+ج: Die Inflation erreichte im zweiten Viertel des Jahre 2008 3,0 %. -- 2+د: Die Lebensmittelpreise erhöhten sich während des vergangenen Monats um 5,5 %. -- 3+أ: Die größten Erhöhungen betra-

fen Weizen, Reis und Gemüse. -- 4+ب: Die Preise für Haushaltswaren wie Gasherde und Kühlschränke erhöhten sich. -- 5+ز: Der Ölpreis erhöhte sich auf 110 Dollar pro 1 Barrel. -- 6+ﻫ: Diese Maßnahmen werden mehr als 40 Milliarden Dirham kosten. -- 7+و: Die Gewerkschaften forderten die Erhöhung der Löhne um 25 %. -- 8+ط: Die Regierung stimmte der Erhöhung der Löhne zu, um dem Anstieg der Preise zu begegnen.

**Ü 13:** Tausend und nochmals Tausend Glückwünsche den beiden Lieben Samir und Fatima aus Anlass der Eheschließung. Wir wünschen Euch ein glückliches Eheleben voller ständiger Freuden und freudiger Anlässe und voller Wohlergehen und Kinder. Wir schicken unsere Glückwünsche an alle Familienmitglieder und Verwandte der Brautleute aus diesem glücklichen Anlass.
Die lieben Ahmad, Asisah und die (ganze) Familie.

**Ü 14 ⊙ 62.:** تحويلات الأردنيين في الخارج تجاوزت بليون دولار.

عمان — يو بي أي — أظهرت أرقام البنك المركزي الأردني أن تحويلات الأردنيين الذين يعملون في الخارج بلغت مع نهاية النصف الأول من سنة ٢٠٠٨ ١,٢٨ بليون دينار (١,٨٣٦ بليون دولار)، بزيادة ١١,٤ في المائة (١٣١ مليون دينار) عن نفس الفترة من السنة الماضية.

ويُذكر أن قيمة تحويلات السنة الماضية بلغت ٢,١٢ بليون دينار (ثلاثة بلايين دولار).

ويصل عدد الأردنيين الذين يعملون في الخارج إلى ٥٠٠ ألف شخص، أكثرهم في دول الخليج العربي.

Die Überweisungen der Jordanier im Ausland haben eine Milliarde Dollar überstiegen
Amman – UPI – Die Zahlen der Jordanischen Zentralbank zeigten, dass die Überweisungen der Jordanier, die im Ausland arbeiten, zum Ende des ersten Halbjahrs 2008 1,28 Milliarden Dinar (1,836) Milliarden Dollar) erreicht haben, (und zwar) mit einer Steigerung von 11,4 % (131 Milliarden Dinar) gegenüber demselben Zeitraum des vergangenen Jahrs.
Es ist erwähnenswert, dass der Wert der Überweisungen des vergangenen Jahrs 2,12 Milliarden Dinar (3 Milliarden Dollar) erreichte. Die Anzahl der Jordanier, die im Ausland arbeiten, beläuft sich auf 500 000 Personen, die meisten von ihnen in den Ländern des Arabischen Golfs.

Wie viele Dinar erreichten die Überweisungen der Jordanier im Ausland in der ersten Hälfte des Jahres
2008? – بلغت تحويلات الأردنيين هي ١,٢٨ بليون دينار في النصف الأول من سنة ٢٠٠٨.
Erhöhten sich die Überweisungen gegenüber dem vergangenen Jahr? – ازدادت التحويلات بـ١١,٤ في المائة
عن السنة الماضية.
Wie viele Jordanier arbeiten im Ausland und wo arbeiten die meisten von ihnen? – يعمل ٥٠٠٠٠٠ أردني في
الخارج وأكثرهم يعملون في دول الخليج العربي.

**Ü 15:** نهر النيل — الفرات — القاهرة — الجزائر — جبل الشيخ

**Ü 16:** يعمل الأستاذ الدكتور هوفمان في جامعة الكويت أستاذا زائرا لعلوم المعلوماتية. وسيبقى هناك ربع سنة. وفي أول أسبوع من إقامته في الكويت ذهب إلى بنك الخليج ليفتح حسابا جاريا. ثم توجه إلى إدارة الجامعة وأبلغها برقم الحساب. ومنذ ذلك الوقت تقوم الجامعة بتحويل راتبه إلى هذا الحساب.
بعد أن بلغ رصيد الدكتور هوفمان ٤٠٠ دينار أعطاه البنك بطاقة ائتمان / قرض. وقال له موظف البنك إن سعر الفائدة في هذه الأيام ٢ في المائة وإنه من الممكن الآن أن يسحب أي مبلغ يحتاج إليه.

**Ü 17:** 10 Dinar, Jordanien – 50 Dirham, Marokko – 1 Gineh, Ägypten – 10 Dinar, Tunesien
Für die Umrechnung in die Landeswährung bemühen Sie sich bitte um die neuesten Angaben.

# Lektion 18

**T 1 ⊙ 63.:**                          Ibn Sina / Avicenna

Ibn Sina wurde im Jahr 370 H / 980 n. Chr. in einem Dorf in der Nähe der Stadt Buchara geboren, die in Usbekistan liegt. Er wuchs in Buchara auf und begann dort mit dem Studium einiger Wissenschaften seines Zeitalters. Er lernte den Koran auswendig, als er noch nicht 10 Jahre alt war. Daraufhin studierte er Medizin, als er siebzehn Jahre alt geworden war, und übernahm dann die Behandlung des Samanidensultans Nuh ibn Mansur, der ihm erlaubte, die Bücher in seiner Privatbibliothek zu lesen. Nachdem er 20 Jahre alt geworden war, verstarb sein Vater, worauf er sich nach Jurjan begab und dort sein berühmtes Buch „Der Kanon in der

Medizin" verfasste. Dann begab er sich in die Stadt Rayy, dann nach Hamadhan und dann nach Isfahan. Danach kehrte er nach Hamadhan zurück, wo er im Jahr 428 H / 1037 n. Chr. verstarb.

Ibn Sina war Gelehrter, Philosoph und Arzt. Er war bahnbrechend sowohl in der Astronomie als auch in der Botanik und Geologie. Er kannte die Medikamente und ihre Wirksamkeit. Obwohl sein Leben von vielen politischen Schwierigkeiten erfüllt war, wurde er zum bedeutendsten Gelehrten der islamischen Welt und der größte Mediziner in der ganzen Welt des Mittelalters. Neben dem „Kanon der Medizin" verfasste er verschiedene Bücher und Aufsätze, darunter das „Buch der Heilung", das die Philosophie und viele andere Wissenschaften behandelt. Ibn Sina war der erste, der einige Krankheiten genau beschrieb. Dazu gehören die Hirnhautentzündung und einige Frauenleiden. Er entdeckte die Wege der Infektion von Krankheiten wie den Pocken. Er wies darauf hin, dass die psychischen und geistigen Faktoren den Zustand der Organe des Körpers beeinflussen. Er hatte eine große Befähigung in der Chirurgie, z.B. führte er die Entfernung von Tumoren in ihren ersten Stadien aus und entfernte Nierensteine.

Sein Buch „Kanon der Medizin" übersetzte der Mönch Gerhard von Cremona im 12. Jahrhundert in der spanischen Stadt Toledo in das Lateinische. Diese lateinische Übersetzung blieb die grundlegende Quelle der medizinischen Wissenschaft in Europa während des 15. und 16. Jahrhunderts und an allen Universitäten Italiens und Frankreichs bis ins 17. Jahrhundert. Denn der „Kanon" beschreibt die allgemeinen Dinge in der Medizin sowie (sehr) viele Krankheiten. Außerdem erklärt er die einfachen wie die zusammengesetzten Medikamente. Ibn Sina war im Westen unter dem Namen Avicenna bekannt und noch immer schmückt sein Bild die Säle der Medizinischen Fakultät der Universität Paris.

**T 2 ☉ 64.:**                                        In der Arztpraxis

*Arzt*: Bitte setzen Sie sich!

*Asis*: Ich habe heftige Kopfschmerzen, obwohl ich einige Tabletten genommen habe, und ich spüre Schmerzen im Kehlkopf. Vielleicht habe ich eine Mandelentzündung.

*Arzt*: Haben Sie Ihre Temperatur gemessen?

*Asis*: Ich habe leicht erhöhte Temperatur.

*Arzt*: War Ihr Appetit normal?

*Asis*: Ich weiß nicht, aber ich habe dauernd Schmerzen im Magen.

*Arzt*: Zeigen Sie mir Ihre Zunge!

*Asis*: (öffnet den Mund) Ah.

*Arzt*: Es scheint, dass Ihr Magen in keinem sehr guten Zustand ist. Ziehen Sie jetzt Ihr Hemd aus und atmen Sie tief ein! Gut so. Sagen Sie mir, ob irgendeiner Ihrer Verwandten tuberkulosekrank war.

*Asis*: Vielleicht. Ich weiß es nicht.

*Arzt*: Wir müssen Ihre Lunge röntgen, um sicher zu sein, dass sie in gutem Zustand ist. Ich werde Ihnen ein Rezept ausstellen. Sie können alle diese Medikamente von jeder Apotheke bekommen.

*Asis*: Ist das alles?

*Arzt*: Für heute ja! Und wenn Sie keine Besserung Ihres Zustands verspüren, müssen Sie den Facharzt konsultieren.

*Asis*: Vielen Dank für ihre guten Dienste und Ratschläge. Auf Wiedersehen.

**T 3:**                                        Das Gericht gibt dem Ehemann das Leben zurück

Das Kairoer Gericht für Personenstandsangelegenheiten erließ einen Beschluss betreffend die Rückkehr des Lebens (Rücknahme der Todeserklärung) zu einem ägyptischen Ehemann, der bis heute im Irak vermisst war und ist. Es annullierte einen anderen vorausgehenden Beschluss, den die Familie des Ehemanns erhalten hatte und der besagte, dass er tot sei, nachdem seine Nachrichten gegenüber seiner Familie für einen Zeitraum von 10 Jahren abgebrochen waren. Außerdem erkannte das Gericht der Familie ihr Recht auf seine Rente zu. Die Ehefrau nahm das Urteil glücklich auf und sagte: Ich habe keinerlei Nachricht von meinem Mann erhalten, aber ich habe die Hoffnung nie verloren, dass er eines Tages zurückkehrt.

**Ü 1:** – أيُّ درس اختار مدرسنا اليوم؟ – أيَّ طعام أكلت أمك؟ – إلى أيَّة قرية سيذهب أحمد؟ – أيَّ كتاب قرأت؟ – أيّة مدينة زار السواح؟ – في أية مدينة نشأ ابن سينا؟ – أيّة أمراض وصف ابن سينا بدقة؟ – عن أية آلام سأله الطبيب؟ – من أية صيدلية سيشتري عزيز دواءه؟ – أي دواء سيشتري عزيز من الصيدلية؟

**Ü 2:** لا يعرف سكان هذه القرية أيَّ شيء / أيًّا من الأشياء. – هل تعرفين أيَّة زميلة تدرس نفس اللغة / أيًّا من الزميلات اللاتي يدرسن نفس اللغة؟ – ينزلُ الطلاب في أي مكان يعجبهم / في أي من الأمكنة التي تعجبهم. – لم أسمع أية كلمة / أيًّا من الكلمات. – أكان أي من إخوتك مريضا بالسل؟ – أرني أية مقالة ألفتها / أيًّا من المقالات التي

ألفتها. — هل تعجبك أية هدية / يعجبك أيّ من هذه الهدايا. — شعر عزيز بأي آلام شديدة. — ينبغي أن لا تشتري أيّ دواء / أيًّا من الأدوية. — يمكن أن نلتقي بأية وزيرة ألمانية / بأيّ من الوزيرات الألمانيات.

**Ü 3:** توجه ابن سينا إلى بعض المدن الإيرانية. — وصف العالم بعض الأمراض النسائية. — تؤثر العوامل النفسية في بعض أعضاء الجسم. — كان كتاب "القانون في الطب" مرجع بعض الجامعات. — تزين صورة العالم بعض قاعات كلية الطب. — أخذ عزيز بعض الأقراص. — يعاني أحمد من بعض الآلام في المعدة. — سأراجع بعض الأطباء المتخصصين في هذه الحالة. — ألف العالم العربي بعض الكتب المهمة. — سأزور اليوم بعض المرضى في المستشفى.

**Ü 4:** رحب أصدقاؤنا ببعضهم البعض. — أطلعوا على بعضهم البعض / بعضهم على بعض الأمراض. — عرض الأطباء العرب والألمان على بعضهم بعضا طرق علاج جديدة. — يفهم أحمد ومحمد بعضهما بعضا جيدا جدا. — يحب بعض السياح أن يروا الآثار المصرية ويفضل البعض الآخر السفر على (نهر) النيل على ذلك.
تعارف سمير وسميرة في عيادة الطبيب. — وهناك تبادلا آراءهما عن طرق علاج طبيعية. — سيتلاقى عزيز وعزيزة اليوم.

**Ü 5:** تحدث المرضى مع بعضهم البعض عن إقامتهم في المستشفى. — سألنا بعضنا البعض عما رأى كل واحد منا. — يساعد سكان الحي بعضهم البعض. — هل ترسلون تحيات إلى بعضكم البعض؟ — لم يلتق علماء الطب ببعضهم البعض أبدا. — — يرحب الناس ببعضهم البعض في يوم العيد. — وضعت الوصفات بعضها على بعض.

**Ü 6:** لم يجئ مريض واحد / أي مريض بعد الظهر إلى عيادة الطبيب للعلاج. — لم أشتر من الصيدلية أيًّا من هذه الأدوية. — لم يكن أحد من الموظفين مريضا. — لم يجدوا أحدا في الغرفة. — لم يعان أحد من الجدري في السنوات الأخيرة، ولكن كانت هناك بعض حالات الالتهاب السحائي. — إن هذه الأدوية مفيدة، ولا شك في ذلك. — ماذا فعلت اليوم؟ لا شيء.

**Ü 7:**

– هل قرأت كل الكتب التي اشتريتها؟

– لقد قرأت بعضها.

– وماذا بالنسبة للبعض الآخر؟

– سأقرأ بعضا منها في الشهر القادم. أما الكتب الأخرى فلا أعرف متى أقرأها.

– هل تتناول كل هذه الكتب نفس الموضوع؟

– لا، هناك مواضيع مختلفة، ولكن كل الكتب عن البلدان العربية تجذب اهتمامي بالدرجة الأولى.

– أما أنا فأفضل بعض كتاب عصرنا.

– هل تعرف أسماء كل الكتاب العرب؟

– لا، للأسف أعرف بعضها فقط.

– هل قرأت بعضا من كتب عبد السلام العجيلي؟

– نعم قرأت بعضها.

– هل عمل عبد السلام العجيلي خلال كل حياته كاتبا؟

– كلا، عمل كل الوقت طبيبا.

– هل ترجمت بعض كتبه إلى اللغات الأجنبية؟

– نعم، ترجمت بعضها.

– شكرا جزيلا على كل هذه المعلومات المفيدة.

**Ü 8:** Er darf: er bleibt im Bett, nimmt Medikamente, spielt Karten, hört Musikstücke, misst die Temperatur, empfängt seine Freunde im Krankenhaus, konsultiert den Facharzt, isst Obst, trinkt Tee oder Kaffee.
Er darf nicht: er raucht, er geht zum Markt, nimmt an einer Feier mit seinen Kollegen teil, trinkt mit ihnen Wodka, geht im Park spazieren.

**Ü 9:** Woran leiden Sie? – Ich habe heftige Kopfschmerzen.
Haben Sie die Temperatur gemessen? – Ja, ich habe leichte Temperatur.
Ich habe heftige Schmerzen im Magen. – Zeigen Sie mir Ihre Zunge!
Ich werde Ihnen ein Rezept schreiben. – Ich werde in die nahe Apotheke gehen.
Wir müssen Ihre Lunge röntgen. – Soll ich tief einatmen?
(Unpassend sind: Ich studiere die Anzeigen der Fachärzte. - Die Temperatur erreicht heute 10 Grad Celsius. - Zeigen Sie mir Ihren Kopf! - Ich hole das Medikament vom Lebensmittelhändler. - Soll ich deshalb meine Hose auszuziehen?)

**Ü 10:**  Die Impfungen im Staat Kuwait entsprechend der Altersstufe
(Anmerkung: Auszüge aus der Impftabelle)

| | |
|---|---|
| Erster Tag der Geburt | Erste Schluckimpfung gegen Kinderlähmung |
| | Erste Schluckimpfung gegen Virushepatitis B |
| Ende des zweiten Monats | Zweite Schluckimpfung gegen Kinderlähmung |
| | Zweite Schluckimpfung gegen Virushepatitis B |
| | Erste Dreifachschluckimpfung (Diphtherie, Keuchhusten, Tetanus) |
| Bei Schuleintritt | Impfung gegen Tuberkulose |
| | Zweite Schluckimpfung gegen Masern, Röteln und Mumps |
| 10 Jahre | Zweifachimpfung (Diphtherie und Tetanus) |
| 18 Jahre | Zweifach-Aktivierungsschluckimpfung |
| | (Diphtherie und Tetanus) |

**Ü 11:** ولد ابن سينا سنة ٣٧٠ هـ وتوفي سنة ٤٢٨ هـ. — عاش في أوزبكستان وإيران. — ألف كتابه "القانون في الطب" في مدينة جرجان. — بالإضافة إلى ذلك كان ابن سينا فيلسوفا وعالما. — وصف ابن سينا أمراضا مثل الالتهاب السحائي وبعض الأمراض النسائية بدقة. — كانت معرفته للأدوية المفردة والمركبة كبيرة. — كان مقدرته في علم الجراحة كبيرة جدا. — نعم، اهتم العلماء العرب بـ"القانون في الطب" خلال العصور الوسطى. — اعتبرت الجامعات الأوروبية كتاب "القانون في الطب" مرجعا أساسيا خلال القرنين الخامس عشر والسادس عشر.

**Ü 12:** Die Antworten sollen individuell erfolgen.

**Ü 13:** Trinken Sie Tee! – Nehmen Sie Vitamintabletten! – Essen Sie Obst! – Gehen Sie ein wenig! – Rauchen Sie nicht! – Konsultieren Sie einen Facharzt!
Ich habe mich erkältet. – Ich habe Schmerzen in der Kehle. – Meine Frau hat Kopfschmerzen. – Meine Schwester hat heftiges Fieber. – Ich habe Schnupfen. – Ich habe Schmerzen im Magen. – Ich habe Durchfall. – Meine Mutter hat Zahnschmerzen.

**Ü 14:**                                                        روبرت كوخ

ولد روبرت كوخ سنة ١٨٤٢ (ألف وثماني مائة وثلاث وأربعين) في مدينة كلاوستال ودرس منذ عام ١٨٦٢ (ألف وثماني مائة واثنين وستين) أولا الرياضيات وبعض موادَ العلوم الطبيعية ، ثم اكتشف اهتمامه بالطب. وفي سنة ١٨٦٦ (ألف وثماني مائة وست وستين) اختتم دراساته بالحصول على شهادة الدكتوراه. وبعد ذلك عمل في مستشفيات مختلفة في كل من برلين وهامبورغ وهانوفر.

وبعد عودته من الحرب الألمانية ـ الفرنسية عام ١٨٧٢ (ألف وثماني مائة واثنين وسبعين) عمل في محافظة شليزيا واكتشف خلال تلك الفترة الجراثيم الخبيثة التي تتسبب في الحمى كما اكتشف كل طريق العدوى لهذا المرض. وبناءً على أعمال كوخ استطاع لوي باستور أن يطور مادة تطعيم ضد هذا الوباء.

وسنة ١٨٨٠ (ألف وثماني مائة وثمانين) أصبح كوخ عضوا في الإدارة القيصرية لشؤون الصحة في برلين، حيث استمر في أعماله عن بعض الأمراض المعدية، واكتشف في سنة ١٨٨٢ (ألف وثماني مائة واثنتين وثمانين) جراثيم السل وفي سنة ١٨٨٣ (ألف وثماني مائة وثلاث وثمانين) مسبب الكوليرا.

وعام ١٨٨٥ (ألف وثماني مائة وخمسة وثمانين) أصبح كوخ أستاذا لعلم النظافة الصحية في جامعة برلين ومديرا لمعهد أمراض المناطق الاستوائية ، ثم تولى سنة ١٨٩١ (ألف وثماني مائة وواحدة وتسعين) إدارة معهد الأمراض المعدية. هنا أعد هو وتلامذته مثلا أعمالا حول السل والكوليرا والكلاب والبرص والملاريا. توفي روبرت كوخ سنة ١٩١٠ (ألف وتسعمائة وعشر).

# Lektion 19

**T 1 ☉ 66.:**                                  Die Bildungsstufen in Kuwait

Bildung ist in Kuwait ein untrennbarer Teil der allgemeinen Gesellschaftsordnung. Die Erziehungs- und Bildungsinstitutionen spielen eine wirksame Rolle bei der Schaffung der nationalen menschlichen Ressourcen. Am Anfang des 21. Jahrhunderts wurden die im Einklang mit den Herausforderungen der Zukunft stehenden Grundlagen gelegt. An der Spitze der Erziehungsprojekte steht die Modifizierung der Bildungsstufen in den Etappen der Allgemeinbildung, für die das Erziehungsministerium zuständig ist. Das sind:
Den Schülern der Grundstufe während fünf Jahren die Chance zu gewähren, die grundlegenden Fähigkeiten in verschiedenen Lernbereichen wie der Koranrezitation und dem Auswendiglernen des Korans, den Fähigkeiten des Lesens und Schreibens, des schriftlichen wie mündlichen Ausdrucks, des Rechnens und der Benutzung des Computers zu perfektionieren. Ebenso gehören die mannigfachen Fertigkeiten von

Gemeinschaftsaktivität dazu. Das ist es, was sie zum Übergang auf die Mittelstufe befähigt, die vier Jahre dauert und sich auf Koranrezitation, islamische Erziehung, die beiden Sprachen Arabisch und Englisch, sowie Mathematik und Naturwissenschaften neben anderen wichtigen Fächern konzentriert.

Diese Bildungsskala hilft dem Schüler, der die Mittelstufe des Lernens absolviert hat, die Art der Sekundarbildung zu wählen, weil die Mittelstufe dazu angetan ist die Gelegenheit zu geben, dass der Schüler Lernrichtungen, die in der Sekundarstufe zur Verfügung stehen, erfasst. Das sind die Lernrichtung der akademischen Bildung und eine andere gleichwertige Richtung, nämlich die berufliche und technische Ausbildung. Im Rahmen der Lernrichtung der akademischen Bildung können die Studierenden zwischen dem geisteswissenschaftlichen und dem naturwissenschaftlichen Zweig wählen.

Das Alles befähigt Allesamt, einerseits ihre Ausbildung fortzusetzen und andererseits sich dem Arbeitsmarkt anzuschließen, sofern der Betreffende das wünscht. Die Stufe der Hochschulbildung gehört in die Zuständigkeit des Ministeriums für Hochschulbildung, das für alles, was mit den Angelegenheiten der Universitätsbildung, der praktischen und künstlerische Ausbildung und den Angelegenheiten der wissenschaftlichen Forschung in den Colleges und deren Instituten zusammenhängt die Verantwortung trägt.

**T 2 ⊙ 67.:**                                                     Der Dialog

*Suad*: Bei welcher Fakultät hast du dich eingeschrieben? Das heißt, welches ist die Fakultät, in der du zur Zeit Student bist?

*Hasan*: Am Anfang habe ich in einem Institut für islamische Studien studiert, das zur Fakultät für Sozialwissenschaften gehört. Da habe ich meinen B.A. abgeschlossen.

*Suad*: Ich verstehe. Das befähigt dich zur Fortsetzung von Hochschulstudien, um den Master-, Magister- oder Doktorgrad zu erwerben.

*Hasan*: Grundsätzlich ja! Was mich betrifft, so war ich für ein Jahr im Ausland, wo ich einen Sprachkurs für Nicht-Arabisch-Sprecher absolviert habe, wie ich dir in einem Brief von mir geschrieben habe. Ich werde diese meine Studien fortsetzen, um den Magister in einem Institut für Geschichte der Philosophie zu erwerben.

*Suad*: Ist der Übergang auf diese Weise möglich?

*Hasan*: Das ist bei jedem Studenten zu hoffen, der die Studien nach dem B.A. fortzusetzen und abzuschließen wünscht.

**T 3:**                                     Ich bin nicht den „Weg von gestern" gegangen.

Eine gemeinsame kuwaitisch-ägyptische Fernsehserie, verfasst von Qasim Abdalqadir.

Nach einer 20-jährigen Abwesenheit, in der die Träume geschwunden waren und die Fäden des Glücks sich aufgelöst hatten, nach 20 Jahren bitterer Realität kehrt jener Student zurück, der sich eines Tages verliebt und seine Liebe geheiratet hatte. Aber seine Familie stand als eine Front gegen ihn, damit er in sein Heimatland zurückkäme und aus seinem Land heiratet. Der Student gab seiner Liebsten die Scheidung und kehrte zurück, wobei er wusste, dass sie in ihrem Innern die Frucht seiner Ehe trägt. Jedoch verhinderte der Druck der Familie die Vollendung seines Glücks.

Die Tage vergehen und der (nunmehrige) Universitätsabsolvent arbeitet im Geschäft seines Vaters. Der neue Kaufmann ist erfolgreich und die Firmen seines Vaters haben in Amerika und Europa expandiert und sind bis nach Ägypten gelangt, dem Platz seines Universitätsstudiums und dem Heimatland seiner ersten Ehe und Liebe.

Er eröffnet eine Filiale der Firma in Ägypten und seine Sehnsucht nach seiner ersten Liebe kommt zurück. Er beginnt nachzuforschen und nach ihr zu fragen. Schließlich fand er den Ehemann, der sie in seinen Armen hält. Da war nun auch die Frucht seiner Ehe, ein hübsches Mädchen, die den Mann ihrer Mutter als ihren Vater angenommen hatte und nicht wusste, dass sie einen anderen Vater hatte, der sie vor 20 Jahren verlassen und sogar vergessen hatte, nach ihr zu fragen.

**Ü 1:** في الحادي والعشرين من (شهر) مارس / آذار سنة/عام ١٩٧٢ — في الخامس من (شهر) أغسطس / آب سنة / عام ١٩٦٩ — في الثاني عشر من (شهر) ديسمبر / كانون الأول سنة / عام ٢٠٠٩ — في العشرين من (شهر) أبريل / نيسان سنة / عام ١٩٤٤ — في الأول من (شهر) أكتوبر / تشرين الأول سنة / عام ١٩٨٥ — في السابع من (شهر) فبراير / شباط سنة / عام ١٨٧٢ — في الثلاثين من (شهر) يونيو / حزيران سنة / عام ١٨٨٢ — في التاسع والعشرين من (شهر) مايو / أيار سنة / عام ١٩٩٣ — في السابع عشر من (شهر) نوفمبر / تشرين الثاني سنة / عام ١٩٢٨

**Ü 2:** لـ الثالثة والثلاثين من عمره — العدد السبعون من المجلة — في الثالثة والأربعين من عمرها — الدورة الثالثة من المحادثات — الدروس الأولى من كتاب اللغة العربية — الحكومة الجديدة لفرنسا — الأستاذان الجديدان للمعهد — مشروع الجامعة الهام / المشروع الهام للجامعة

Ü 3: مشروع — / مصدر المعلومات الأهم — المصدر الأهم للمعلومات — برامج للحزب الوطني — بداية النشاط الجديد
المشاكل هذه نهاية — للمعهد جديد أستاذ — (الأول المدرسين لقاء) / للمدرسين الأول اللقاء — التركية للحكومة
البلاد طريق) / للبلاد الوحيد الطريق — الكلية لعميد الأخيرة الكلمة — السادس للطابق الثانية النافذة —
المتوسطة المدرسة لتلاميذ جيدة أعمال — الابتدائية المرحلة للسنوات الأولى — (الوحيد

Ü 4: المركز العلمي — العالي للتعليم المصرية الوزارة / المصرية العالي التعليم وزارة — الكبير للموظف الحديث المنزل
/ الحارة الأرض مناطق — الخليج لبنك الجارية الحسابات — العربية الدول رؤساء — الأوسط الشرق لدراسات
الأجهزة أحدث — التجارية المحكمة أحكام — الثقافي التبادل شؤون مؤسسة — الأرض في الحارة المناطق
الألمانية للخبيرة الممتازة المهارة — العمل لتيسير

Ü 5: السكر من كيلوغرام نصف / البطاطس من كيلوغرامات ثلاثة — الطماطم من كيلوغراما اشتريت — أكلت
ست شربنا — . البارد الماء من الكأس هذه / البيرة من زجاجتين شربنا / أشرب — . الطماطم من كيلوغراما
الأبيض النبيذ من كؤوس

Ü 6: (a) مهندسون / المهندسين من عديد — قليلون طلاب / الطلاب من قليل — كثيرون أصدقاء / الأصدقاء من كثير
من جانب — حياته من فترة — الحياة من المرحلة هذه — اتفاقيات من مجموعة — عديدة مدارس — عديدون
الأدب من جديد نوع — نشاطنا

(b) التجارة لتطوير الدولة مشروعات — الوزارة مع للتعاون الجامعة طرق — التعليم لتطوير الحكومة إجراءات
التونسية للدولة الأول الوزير — مصر وزراء رئيس — للحزب العام الأمين —

(c) يناير / الثاني كانون من عشر السابع في — وإفريقيا أوروبا مناطق بعض / وإفريقيا أوروبا في المناطق بعض
هل — . المؤسسة هذه في عضوة سميرة — الأخيرة الأحداث في السبب — وتسعين وواحد وتسعمائة ألف عام
. الجديدة المشاريع هدف هو ما لي تقولي / تقول أن يمكنك

Ü 7: هذه مثل طائرة أن شك لا — ؟ بيتك إلى الزملاء من غيرنا دعوت — . هذا مثل فندقا كلها المدينة في تجدوا لن
من عدد الجنوبية أوروبا في — . رسمية شبه صحيفة اسم "الأهرام" — ؟ هذا كلامي مثل سمعتم متى — . أسرع
مشروعات الحكومة قبلت — . المشاكل تلك مثل من خفنا — . رخيص غير الأراضي هذه سعر — . الجزر أشباه
المختص الوزير قدمها التي غير العالي التعليم شؤون في

Ü 8: الإسلامي بالمتحف اتصلت الفطور وبعد النوم من فقمت . صباحا السابعة الساعة في للفندق الاستقبال موظف أيقظني
قبل ساعة ربع الانتظار إلى واضطررنا . بالناس ازدحم إليه وصلنا وعندما . المتحف لزيارة ممكن موعد على واطلعت
ولذلك ، المتحف دخول حتى ساعة نصف يومين قبل انتظر إنه الآخرين الزوار أحد لنا وقال . المتحف ندخل أن
جريدة في الأخبار آخر على واطلع عليه ليجلس صغيرا كرسيا معه جلب حيث خاصة إجراءات المرة هذه اتخذ
. المرة هذه أسرع بصورة يدخل أن وأمل . "الأوسط الشرق"

Ü 9 und 10: Die Antworten sollen mündlich gegeben werden.

Ü 11: في التعليم للمواطنين الدولة تتيح ذلك إلى وبالإضافة . الطبيعي والغاز النفط مثل طبيعية مصادر الكويت في توجد
الابتدائية هي تعليمية مراحل ثلاث في بالمدارس الدارسون ويتعلم . البشرية الموارد لتطوير مختلفة مراحل
. الحديثة التعليم أسس على والعالي العام التعليم والجامعات المدارس وتنجز . والثانوية والمتوسطة

Ü 12: اللغة لدراسة وذلك ، الآداب لكلية التابع الألمانية الدراسات بقسم سألتحق الثانوية المدرسة أنهي عندما
على للحصول الدراسة مواصلة في أرغب ذلك وبعد . البكالوريوس شهادة على الحصول بهدف وآدابها الألمانية
. وآدابها الألمانية اللغة في الماجستير شهادة

Ü 13: Welche Rolle müssen die Bildungs- und Erziehungsinstitutionen bei der Ausbildung der menschli-
chen Ressourcen spielen?
Welche Stufen umfasst die Bildungsskala in Kuwait zu Beginn des 21sten Jahrhunderts?
Was sind die wichtigsten Lerngebiete der Elementarstufe und wie viele Jahre dauert sie?
Wie viele Jahre dauert die Mittelstufe?
Welche Bildungsrichtungen umfasst die Sekundarstufe?
Sind die deutschen Schulen der Berufsbildung Sekundarschulen?

**Ü 14**
**⊙ 69.:**

الطالب : لقد رسبت لسوء الحظ في امتحان مادة التاريخ.

المدرس : متأسف جدا. هل كان الامتحان صعبا؟

ط : الامتحان لم يكن صعبا، بل الأسئلة كانت معقدة.

م : غير معقول، لقد شرحت لكم النقاط الرئيسية التي يمكن أن ترد في الامتحان.

ط : بالضبط. لقد تكلمنا عما هو ممكن فقط، ولم نتكلم عما سيرد في الامتحان.

م : هذا امتحان، ومن غير المعقول أن أشرح الأسئلة سلفا.

ط : أرجو أن أكون أكثر حظا في الامتحان القادم.

م : لا علاقة لذلك بالحظ، وإنما بالمثابرة والاجتهاد، ولا تنس "من طلب العالي سهر الليالي".

ط : متى سيكون موعد إعادة الامتحان؟

م : سيكون الامتحان في السابع عشر من شهر نوفمبر في الساعة التاسعة صباحا.

ط : يا للكارثة، في هذا التاريخ بالضبط سيتزوج عمي، ولا بد لي من حضور عرسه.

م : عرس عمك أهم أو الامتحان؟

ط : عرس عمي طبعا، فهو يتزوج مرة واحدة في حياته، أما أنا فسوف لا تهرب لا أمامي الامتحانات.

م : هل أنت متأكد من ذلك؟

ط : ماذا تعني يا أستاذ؟

م : أن عمك سيتزوج مرة واحدة في حياته.

ط : الله أعلم.

Warum erkundigte sich der Student bei dem Lehrer nach dem Termin der Wiederholungsprüfung?
Worüber beschwerte sich der Student im Zusammenhang mit der Prüfung, in der er durchgefallen war?
Warum beschwerte er sich über den Termin der Wiederholungsprüfung?
Hatte der Lehrer Zweifel, dass der Onkel des Studenten nur einmal heiratet?

**Ü 15:**

التعلم والدراسة في ولاية بادين ـ فورتمبيرج

في ولاية بادين ـ فورتمبيرج يعتبر تأهيل سكانها وإبداعهم جزءاً لا يتجزأ من مواردها القيمة، لذلك لا عجب أن البلد يحتل المكان الأول في مجال التعليم والبحث العلمي بين الولايات الألمانية، فهنا يتمتع كل الشباب بفرص للتطور. ومما يميز النظام المدرسي للولاية هو الاستمرارية من جهة والاستعداد لإجراء الإصلاحات من جهة أخرى. فقد حافظت الولاية على تقسيم التعليم إلى المدارس الأساسية والمدارس المتوسطة والمدارس الثانوية، وذلك على أساس المدرسة الابتدائية التي تشمل أربع سنوات. ومن جانب آخر هناك أمثلة على إصلاحات، مثل إدخال تدريس اللغات الأجنبية في جميع المدارس الابتدائية والمرحلة المتقدمة المعدلة من المدرسة الثانوية مع المواد الرئيسية اللغة الألمانية واللغات الأجنبية والرياضيات، وذلك بالارتباط بمواد مركزية اختيارية، وأيضا إدخال المدرسة الثانوية التي تشمل ثماني سنوات / تقصير مدة الدراسة في المدرسة الثانوية إلى ثماني سنوات.

توجد في ولاية بادين ـ فورتيمبيرج تسع جامعات وستة معاهد عليا للتربية وثلاث وعشرون جامعة للعلوم التطبيقية. وإلى جانب ذلك هناك خمسة معاهد عليا للموسيقى وأكاديميتان للفنون والمعهد العالي للفن التشكيلي وأكاديمية الأفلام إلى جانب معاهد أخرى.

وتوجد عروض عديدة للتعلم مدى الحياة من طرف مؤسسات التأهيل ابتداء من المدارس المسائية وحتى الجامعات.

## Lektion 20

**T 1 ⊙ 70.:**                                          Der Lebenslauf eines Literaten

Nagib Machfus (1911-2006), Romancier, Geschichtenschreiber und erster arabischer Schriftsteller, der den Nobel-Preis für Literatur erhalten hat.
Sein Leben: Er wurde am 11. Dezember 1911 in Kairo geboren, wo er am 30. August 2006 starb. Er verbrachte seine Kindheit im Stadtviertel al-Gamaliyya, das er in einigen seiner Romane beschreibt. Er hatte seinen ersten Unterricht in der Koranschule erhalten, dann lernte er in der Primar- und Sekundarschule bis zum Jahr 1930, wo er in die Philosophische Fakultät der Kairo-Universität eintrat und Philosophie zu studieren anfing. Nachdem er den Grad eines Lizenziat erlangt hatte, begann er mit der Ausarbeitung der Magisterarbeit. Dann (aber) änderte er seine Meinung und entschloss sich, die Philosophie zu (ver)lassen und sich zur Literatur hinzuwenden.
Nachdem er sein Studium absolviert hatte, arbeitete er einige Jahre in der Universitätsverwaltung, dann nahm er eine Stelle im Kultusministerium an. Dort arbeitete er in verschiedenen Positionen, darunter als Direktor der

Kunstaufsicht, als Generaldirektor des Komitees der Ägyptischen Filmorganisation und als Mitglied des Nationalen Kulturrates. Er erhielt viele Auszeichnungen und 1988 den Nobel-Preis für Literatur.

Seine Werke: Seine Werke umfassen Kurzgeschichten und Romane und er wurde weltbekannt, nachdem sehr viele davon in zahlreiche Sprachen der Welt übersetzt worden waren. Mitte der 30er Jahre begann er zu schreiben. In seinen ersten Romanen beschreibt er seine Vorstellungen von der Zeit der Pharaonen (des alten Ägypten). Die bekanntesten davon sind „Der Kampf um Theben" und „Radobis". Von 1945 an behandelte Nagib Machfus in seinen Romanen das zeitgenössische ägyptische soziale Leben. Dazu gehören „Khan al-Khalili", „Die Midaqq-Gasse" und die Trilogie, die aus folgenden drei Teilen besteht: „Zwischen den Palästen", „Palast der Sehnsucht" und „Das Zuckergässchen". Danach verstummte die Schriftstellerei von Nagib Machfuz für einige Jahre, worauf er sich dem Symbolismus zuwandte. Im Jahr 1959 fing er an, seinen Roman „Die Kinder unseres Stadtteils" in der Zeitung Al-Ahram in Form einer Fortsetzungsreihe zu veröffentlichen. Dieser Roman entfachte heftige Proteste wegen seiner religiösen Anspielungen, so dass seine Veröffentlichung eingestellt wurde. In vollständiger Form druckte ihn (der Verlag) Dar al-Adab in Beirut im Jahr 1967. „Die Kinder unseres Stadtteils" waren (auch) einer der Gründe für den Mordversuch an Nagib Machfus im Jahr 1995.

**T 2 ☉ 71.:**                                        Informationen über den Lebenslauf

*Der Beamte*: Wir müssen hier die persönlichen Angaben vervollständigen. Ich glaube, Name, Ort und Datum der Geburt haben sich nicht verändert, aber der Familienstand?

*Zaki*: Erstens: Die Staatsangehörigkeit hat sich geändert. Ich habe vor einigen Monaten die deutsche Staatsangehörigkeit erworben. Aber mein Familienstand hat sich nicht verändert. Ich bin immer noch ledig / bin unverheiratet geblieben.

*Der Beamte*: Und die Nummern von Telefon und Handy?

*Zaki*: Sind geblieben, wie sie waren. Aber die E-Mail hat ihre Adresse geändert, wie es auf meiner Visitenkarte hier erscheint. – Bitte!

*Der Beamte*: Und die wissenschaftlichen Qualifikationen? Wie sich hier herausstellt, sind Sie Inhaber des Bakkalaureats mit der Note „mit Auszeichnung". Gibt es weitere Zeugnisse?

*Zaki*: Nein, außer dass ich mich in der Fakultät für Architektur eingeschrieben habe, und, so Gott will, werde ich nach einundeinhalb Jahren mit der Erlangung des Magisters abgeschlossen haben.

*Der Beamte*: Gibt es weitere praktische Fachkenntnisse außer den vorhandenen Angaben?

*Zaki*: Ja, ich habe bei einer Unterorganisation der Vereinten Nationen, d.h. bei der UNWRA, der Agentur der Vereinten Nationen für Hilfe und Beschäftigung, und dann im Büro des Hochkommissars für das Flüchtlingswesen der Vereinten Nationen gearbeitet.

*Der Beamte*: Hervorragend, und haben Sie Fertigkeiten außer den hier in dem Formular Genannten?

*Zaki*: Ja, ich habe Fertigkeiten im Gebrauch des Computers und erfreue mich einer hohen Leistungsfähigkeit unter Arbeitsdruck.

*Der Beamte*: Bezüglich der Sprachkenntnisse haben Sie das Arabische überhaupt nicht erwähnt.

*Zaki*: Es ist meine Muttersprache. Vor dem Tod meines Vaters haben wir in einer Reihe von arabischen Ländern gelebt. Auch beherrsche ich das Englische und Französische in Lesen, Schreiben und Sprechen (= in Wort und Schrift), d.h. der schriftliche und mündliche Ausdruck ist sehr gut oder noch besser.

*Der Beamte*: Dankeschön. Wie ich hier sehe, gibt es auch Zeugnisse von einigen Arbeitgebern.

**T 3:**                                              Die libanesische Sängerin Fayrouz

Fayrouz wurde 1935 in Beirut geboren. Ihre Familie war arm und lebte in einem einfachen Haus. Von klein auf wurde sie durch ihren Gesang unter den Familienmitgliedern und den Bewohnern des Viertels bekannt. Sie begann ihre künstlerische Tätigkeit im Jahr 1940 als Chorsängerin im libanesischen Rundfunk. 1952 begann sie, für ᶜAssi al-Rahbani zu singen. Die Lieder, die sie in jener Zeit sang, füllten alle Rundfunksender. Ihr Ruhm in der arabischen Welt begann seit jener Zeit. Die meisten Texte und Melodien der Lieder, die sie damals verwendete, waren von den Brüdern ᶜAssi und Mansour Al-Rahbani. 1955 heiratete sie ᶜAssi. Die Brüder Al-Rahbani veröffentlichten mit ihr Hunderte von Liedern, die sich durch Kürze und starke Bedeutung auszeichneten. Sie sang über die Liebe, die Kinder, Jerusalem, die Trauer, die Freude, das Vaterland und die Mutter. Eine große Zahl dieser Lieder bot sie in einer Sammlung von Theaterstücken dar, die von den Brüdern Al-Rahbani geschrieben und vertont wurden. Sie sang für zahlreiche Dichter und Komponisten und vor zahlreichen Königen und Präsidenten sowie auf den allermeisten großen Festivals in der arabischen Welt. Nach dem Tod ihres Ehemanns im Jahr 1986 arbeitete sie in erster Linie mit ihrem Sohn Ziyad, der ihr eine große Sammlung von Liedern zur Verfügung stellte. Während dieser Etappe brachte sie zahlreiche Alben heraus. Zu den Herausragenden gehören „Keyfak ant" und „Fayrouz fī Bayt al-dīn 2000". Es war der Anfang für eine Reihe von Veranstaltungen, die sehr erfolgreich waren. Das Album „Wa-lā keyf" im Jahr 2001 war das Letzte der zahlreichen von ihr herausgebrachten Alben.

**Ü 1:** كان أحمد قد درس الفلسفة. — كنت / كانت قد حصلت على شهادة الليسانس. — كان محمد ومحمود قد التحقا بجامعة القاهرة. — كانوا قد دخلوا كلية الهندسة المعمارية. — كانت عزيزة قد تمتعت بمهارات في استخدام الحاسوب. — كنتم قد تعلمتم اللغتين العربية والتركية. — كان الطلاب قد تحدثوا في الدرس باللغة العربية.

كان نجيب يعمل في عدد من الوظائف. — كنت أريد أن أزورك. — كان يمكن أن ينال أحمد أوسمة هامة. — كنت تعيشين في عدة دول أوروبية. — كنا نزوره باستمرار. — كنتم تتحدثون كل يوم عن نفس الموضوع. — كانوا يحضرون المحاضرات كل مساء. — كنت أدخل عمارة الكلية في الساعة الثامنة صباحا.

**Ü 2:** ما زال / ظل محمود يدرس علم النفس. — ما زلنا / ظللنا بقينا نعمل في وزارة التربية. — ما زال / ظل الشاعر ينال أوسمة وجوائز. — ما زال / ظل / بقي سامي أعزب وما زالت / ظلت / بقيت عزيزة عزباء. — ما زلنا / ظللنا / بقينا نتصل مع بعضنا البعض بالهاتف النقال. — ما زلنا / ظللنا بقينا نعيش في العاصمة المصرية. — ما زالوا / ظلوا يجيدون اللغة الفرنسية كتابة وقراءة. — ما زالت / لا تزال / ظلت عندنا مهارات في استخدام الحاسوب.

**Ü 3:** بدأ / أخذ أحمد يتعلم الكتابة والقراءة. — بدأت / أخذت عزيزة تدرس العلوم الإسلامية. — بدأ / أخذ نجيب محفوظ يلتفت إلى الأدب. — بدأنا / أخذنا نعمل في إدارة الجامعة. — بدؤوا / أخذوا يملؤون الاستمارات بالبيانات الشخصية. — بدأت / أخذت الأحوال تتغير في ألمانيا. — بدأنا / أخذنا نستخدم برنامجا جديدا بالحاسوب. — بدأتم / أخذتم تذهبون إلى العمل في مكتب المؤسسة العامة للسينما.

**Ü 4:** آمل أن تكون قد عدت بسلامة. — ... أن تكون الأخبار الأخيرة قد أسعدتك. — ... أن يكونوا قد تمتعوا بالحفلة المسائية. — ... أن تكونوا قد وجدتم فرص عمل. — ... أن تكنّ قد استرحتن من سفركم الطويل. — ... أن تكوني لم تنامي في الدرس. — ... أن يكونوا قد قضوا وقتا قصيرا عند ذلك المزار. — ... تكون قد أنجزت هذا الواجب المنزلي.

**Ü 5:** ولد ابن سينا سنة ٩٨٠ وتوفي سنة ١٠٣٧. — ولد طه حسين سنة ١٨٨٣ وتوفي سنة ١٩٧٣. — ولد جمال عبد الناصر سنة ١٩١٨ وتوفي سنة ١٩٧٠. — ولد هارون الرشيد سنة ٧٦٦ وتوفي سنة ٨٠٩. — ولد صلاح الدين الأيوبي سنة ١١٣٨ وتوفي سنة ١١٩٣. — ولدت أم كلثوم سنة ١٨٨٩ وتوفيت سنة ١٩٧٥. — ولدت فيروز سنة ١٩٣٥.

**Ü 6:** Neu-Kairo – Die Kinder unseres Stadtteils – Zwischen den Palästen – Das alte Ägypten – Anfang und Ende – Das Herz des Nils – Der Palast der Sehnsucht – Der Weg – Der letzte Beschluss

**Ü 7:** ٢٠٠٦ — ١٩٨٨ — ١٩٣٠ — ١٩١١

**Ü 8:**
ولدت فيروز عام ١٩٣٥ في بيروت. بدأت عملها وهي في الخامسة من عمرها.
تعاونت المغنية مع الأخوين الرحباني وعديد من الشعراء والملحنين.
تميزت أغانيها بقصر المدة وعمق المعاني.
مواضيع أغانيها متعددة، ومنها الحب والأطفال والقدس، والوطن.
أبرز ألبوماتها هي "كيفك أنت" و"فيروز في بيت الدين ٢٠٠٠".

**Ü 9:** التحق أحمد بالمدرسة الابتدائية حيث تلقى دروسه الأولى في الكتابة والقراءة والرياضيات. ثم تعلم في المدرسة المتوسطة، وبعد ذلك درس في المدرسة الثانوية وتخرج منها بشهادة "ممتاز". وتعرف في عائلة جاره على شابة فرنسية فقرر أن يدرس اللغة الفرنسية. وتمتع بالدراسة في العاصمة الفرنسية باريس ودائما تحدث عن حياته فيها. وسيتذكر السنوات التي قضاها هناك بكل سرور.

تحدث سمير عن سيرة حياة نجيب محفوظ وقال إنني أعتقد معكم أنه اشتهر برواياته وقصصه عن الحياة في القاهرة حيث التحق بالكتاب والمدرستين الابتدائية والثانوية. ودرس الفلسفة في جامعة القاهرة ثم قرر أن يلتفت إلى الأدب. ويتفق الجميع على أنه نال جائزة نوبيل بحق.

**Ü 10:** Staatsangehörigkeit – Familienname – Vorname – Datum und Ort der Geburt – Gegenwärtige Adresse – Familienstand – Nummer des Reisepasses und Datum seiner Ausstellung – Zeugnisse, die Sie erworben haben – Spezielle Kenntnisse und Fähigkeiten – Nummer des Telefonanschlusses, Nummer des Handys – E-Mail-Adresse – Beherrschung der folgenden Sprachen – Berufserfahrungen

**Ü 11:** Anregung zum mündlichen Gebrauch des Arabischen.

**Ü 12:** جمال عبد الناصر سياسي – نجيب محفوظ كاتب – أم كلثوم مغنية – محمود درويش شاعر – ابن
سينا طبيب وفيلسوف – سيبويه نحوي

**Ü 13:**                                          Nobelpreis für Nagib Machfus
Dieser Sonnabend im Monat Dezember 1988 war der Tag Ägyptens und der Araber und der Tag Nagib
Machfus' und dessen Auszeichnung mit dem Nobelpreis. Denn um 17.30 Uhr Stockholmer Zeit stand
Herr Sture Allén, der Ständige Sekretär der schwedischen Akademie, auf und würdigte vor dem schwedi-
schen König Karl Gustav, den Mitgliedern der Akademie, dem Verwaltungsrat der Nobelstiftung, all
denen, denen 1988 der Nobelpreis verliehen wurde und Umm Kulthum und Fatima Nagib Machfus, den
Töchtern des großen Literaten, und dem ägyptischen Botschafter in Schweden die Literatur von Nagib
Machfus und dessen Rolle bei der Verbindung der arabischen Literatur mit der Weltliteratur, damit diese
sie erobere. Bei den Töchtern von Nagib Machfus war Muhammad Salamawi, den Nagib Machfus aus-
gewählt hatte, um ihn bei seiner Ansprache vor der Akademie und deren Präsidenten zu vertreten.
Um 17.35 Uhr standen Umm Kulthum und Fatima Nagib Machfus vor König Karl Gustav, um den Preis
im Namen ihres Vaters entgegenzunehmen.
Der Rat würdigte den Inhalt der Rede von Nagib Machfus insbesondere in menschlicher und politischer
Hinsicht. Denn sie zeichnete sich durch ein Höchstmaß an Konzentration aus und ging auf die menschlichen, gesellschaftlichen und politischen Aspekte in Ägypten und der gesamten dritten Welt ein.

Wann erhielt Nagib Mahfuz den Nobelpreis?
Wem wurde der Nobelpreis in seinem Namen übergeben und wer hielt seine Rede vor dem Verwaltungsrat der Schwedischen Akademie?

**Ü 14:**                           فريدريخ روكرت – شاعر ومستشرق ألماني
لم يكن فريدريخ روكرت (Friedrich Rückert) مستشرقا ومترجما مهما لأدب الشعوب الشرقية فقط وإنما شاعرا
مشهورا في عصره، كان الألمان يحبون أن يقرؤوا أشعاره وينشدوها. ولحنها ملحنون كثيرون فنجدها / بحيث نجدها
في برامج حفلات موسيقية حتى الآن.

وُلد فريدريخ روكرت في السادس عشر من شهر مايو / أيار سنة ١٧٨٨ في مدينة شوينفورت (Schweinfurt) في ولاية
بافاريا. وبعد دراسة اللغتين اللاتينية والإغريقية القديمتين وعلم اللغة / اللسان حصل على شهادة الدكتوراه بجامعة
يينا (Jena) سنة ١٨١١ وقام بمهام التدريس هناك بضعة أشهر، ثم ترك الجامعة وبدأ يعيش شاعرا حرًّا. واشتهر
بأشعار سياسية دعا فيها إلى مقاومة نابليون. إلا أن شهرته كشاعر قامت بالدرجة الأولى على أشعار الغزل.

أولى روكرت اهتمامه لشعر شعوب الشرق. وفي سنة ١٨١٧ سافر مثل كثير من الفنانين في عصره إلى إيطاليا، وأثناء
عودته منها زار أستاذ اللغات الشرقية يوسف فون هامر بورغستال (Joseph von Hammer Purgstall) في مدينة فيينا
(Wien) وتعلم عنه الفارسية وأسس العربية خلال أسابيع قليلة.

وبعد أن عاد إلى وطنه عاش في مدينة كوبورغ (Coburg) وظل يمعن في نصوص بلغات الشرق. وسنة ١٨٢٢ برز لأول
مرة باعتباره / بصفته خبيرا للغات الشرقية بترجمته لـ"مقامات الحريري" حيث ينقل فيها النص الأصلي ليس في
معناه فقط وإنما في صورته الشعرية. وشكل هذه العمل أساس تعيينه أستاذا للغات الشرقية بجامعة أرلانغن
(Erlangen) سنة ١٨٢٦. وعينه الملك البروسي سنة ١٨٤١ أستاذا في جامعة برلين حيث ظل يدرّس حتى سنة
١٨٤٨. وفي تلك الأعوام نشأ(ت) كثير من ترجماته من اللغات العربية والفارسية والسنسكريتية، ومنها ترجمة
"ديوان الحماسة لأبي تمام".

توفي فريدريخ روكرت في ٣١ يناير / كانون الثاني سنة ١٨٦٦ في قرية صغيرة بالقرب من مدينة كوبورغ.

## Vertiefungslektion D

**A 1:**                                   Der Dichter Mahmud Darwisch
Mahmud Darwisch wurde 1941 in dem Dorf Al-Barwa nahe bei der Stadt Akko geboren. Im Jahr 1949
flüchtete seine Familie in den Libanon, blieb dort ein Jahr lang und kehrte dann in ihre Heimat zurück.
Mahmud Darwisch schloss sich der Kommunistischen Partei in Israel an, nachdem er die Sekundarschule
beendet hatte. Sein Leben bestand im Schreiben von Dichtung und Artikeln in Zeitungen wie „Al-Ittihad
(Die Union)" und Zeitschriften wie „Al-Jadeed (Das Neue)", deren Chefredakteur er später wurde. Er
beteiligte sich auch an der Redigierung der Zeitung „Al-Fajr (Das Frühlicht)".
Von 1961 an verhaftete ihn die israelische Polizei mehr als einmal unter Anschuldigungen, die mit seinen
politischen Aktivitäten zusammenhingen, bis 1972, als er nach Ägypten auswanderte und dann in den
Libanon überwechselte. Dort arbeitete er in den Verlags- und Forschungseinrichtungen der Palästinensi-

schen Befreiungsorganisation, jedoch trat er aus deren Exekutivkomitee  aus Protest gegen das Abkommen von Oslo aus.

Mahmud Darwisch nahm den Posten des Präsidenten des Palästinensischen Schriftsteller- und Journalistenverbands ein und redigierte die Zeitschrift „Al-Karmal (Der Karmel)". Vor seiner Rückkehr in seine Heimat 1996 hielt er sich in Paris auf. Er verstarb im Jahr 2008.

Mahmud Darwisch verlieh in seiner Dichtung der Geschichte des Leidens des palästinensischen Volks Ausdruck. Er beschrieb seine Mission damit, dass die Dichtung die Welt nicht verändern könne, aber fähig sei, Kerzen in der Dunkelheit zu entzünden.

Mahmud Darwisch war nicht nur der palästinensische Nationaldichter, sondern erfreute sich der Ehrerbietung der arabischen Welt als einer der herausragendsten zeitgenössischen arabischen Dichter.

**A 2:** ولد محمود درويش عام ١٩٤١ وتوفي عام ٢٠٠٨.

نشر شعره ومقالاته مثلا في جريدتي "الاتحاد" و"الفجر" ومجلة "الجديد".

عمل في مؤسسات النشر والدراسات وكان عضوا في اللجنة التنفيذية للمنظمة، واستقال من العضوية احتجاجا على اتفاقية أوسلو.

عبر الشاعر عن تاريخ معاناة شعبه الفلسطيني.

نعم، قرأت قصائد له / لا، لم أقرأ ...

**A 3:** باحثون نمساويون – أكاديميون فرنسيون / فرنسيون – جامعات بريطانية – علماء فضاء متخصصون – بحوث / أبحاث اقتصادية – زميلات روسيات – زملاء صينيون – الدول الغربية – الأطباء الألمان – الأساتذة الزوار – المطاعم اللبنانية – خبيرات فرنساويات – خبراء طليان / إيطاليون – كمبيوترات حديثة – المساحات القديمة – القراء الكرام – برامج التشغيل – مسجات مهمة – مدارس كويتية – الأيام الماضية – الألواح البيضاء / البيض – الكتاب المعروفون – الأسواق السوداء / السود

**A 4:** ١ + ي – ٢ + ٣ – ١ + هـ – ٤ + ز – ٥ + ب – ٦ + ط – ٧ + ح – ٨ + و – ٩ + د – ١٠ + ج

**A 5:**

| | |
|---|---|
| √ خبر | أخبر، اختبار، خبر، خبرة، خبير، خبيرة |
| √ كتب | كتب، كاتب، كتّاب، مكتب، مكتبة |
| √ عمل | عمل، عملٌ، عملي، عملية، استعمال |
| √ قبل | قبل، من قبل، استقبل، استقبال، مستقبل |
| √ شهر | شهر، اشتهر، شهرة، مشهور |
| √ أخر | آخر، أخير، أخيرا، متأخر |
| √ عدد | أعدّ، استعدّ، إعداد، عدد، عدّة |
| √ جمع | جمعة، جميع، جميعا، جماعة، جماعي، اجتماعي، جامع، جامعة |
| √ علم | علمَ، تعلم، علم، تعليم، تعليمي، عالِم، عالم، عالمي، معلم |
| √ حول | حالَ، حاول، حال، حالة، حالي، حاليا |
| √ درس | درسَ، دراسة، مدرس، مدرّسة، مدرسة |
| √ حكم | حكمَ، حكم، حاكم، حكومة، حكومي، محكمة |

**A 6:** عراقيّ – معنويّ – أمريكيّ – تجاريّ – مدينيّ / مَدَنيّ – رئيسيّ – عمليّ – جامعيّ – دوليّ – روائيّ – شرائيّ – آسيويّ – أوروبيّ – قرويّ – نظريّ – أمّيّ – أخويّ – دراسي – ليبي – ألمانيّ – صينيّ – أردنيّ – سوريّ

**A 7:** Einige Beispiele für mögliche Fügungen:

قدر نحاسي – موارد غذائية – أعمال منزلية – مكالمة هاتفية – اتصالات شفوية – أحوال شخصية – شهادة جامعية – علاقات دولية – محطة رئيسية – الاقتصاد المصري – البريد الإلكتروني – قماش برتقالي – سنة دراسية – خبرة معمارية

**A 8:** البرنامج الدراسي – صحراء شمالية – العلاقات الثقافية – أسرة جزائرية – الرئيس اللبناني – الحكومة الألمانية – الأدب اليمني – الثقافة التونسية – المواد الغذائية – الأدوات المنزلية

**A 9:** ٢٠ مليون دولار خسائر المملكة الأردنية

الدراسة التي أجرتها الحكومة الأردنية والتي أعلنت أمس نتائجها تظهر أن قرصنة الكمبيوترات تسببت في العام الماضي في خسائر قدرها ٢٠ مليون دولار بالمملكة الأردنية، وهذه زيادة مليون دولار عن الخسائر في عام ٢٠٠٦ التي بلغت

آنذاك ١٩ مليون دولار. وأعادت الدراسة أسباب ارتفاع الخسائر إلى زيادة عدد أجهزة الكمبيوتر الشخصية التي يستخدمها الأفراد في المملكة.

**A 10:** Zur Ausgestaltung durch den Lernenden entsprechend dem Dialog von T 2.

**A 11:** مدينة القاهرة أكبر من برلين. — هذا الطعام أطيب من ذلك. — دمشق أقدم من مدينة بغداد. — سعر السيارة أعلى من سعر الراديو. — المدرسة ألطف من المدرس. — هذا الخبر أهم من الأخبار الأخرى. — هذه الأسعار أرخص من تلك. — أختي أصغر من أخي. — الجزائر أبعد عن برلين من وارسو. — الخرطوم أقرب من القاهرة من صنعاء.

**A 12:** عدد الطالبات في هذه القاعة أكبر من عدد الطلاب. — أتى أكثر الأشخاص الذين يشتركون في الحفلة من آسيا. — السنة أطول من الأسبوع. — هل عندك ثياب أجمل / أجد من هذه؟ — هؤلاء أجمل النساء اللواتي رأينهن حتى الآن. — أخوك أصغر من أخواتك. — هذا النوع من المأكولات أطيب / أجود. — كانت الليلة الماضية أبرد من ليلة اليوم. — السيدة فاطمة ألطف مدرسة في مدرستنا.

**A 13:** (Die Antworten können mündlich oder schriftlich gegeben werden.)
Welches sind die Staaten des Nahen / Mittleren / Fernen Ostens? Erwähnen Sie einige von ihnen. – Wo liegt Kleinasien? – Welches sind die Großmächte? – Wann war das Mittelalter? – Welche Bedeutung hat der Ausdruck „das Hocharabische"?

**A 14:** ألفان ومائة وإحدى عشرة نسخة — مائة واثنان وعشرون يوما — خمسمائة وتسعة برامیل — ثلاثمائة وست وستون ليلة — أربعمائة وست وعشرون سنة — سبعة أعوام — أربع عشرة دقيقة — اثنا عشر درسا — مائتان وعشر مدارس / مدرّسات — واحد وثلاثون ألف شخص — مائتان وست منظمات — ثلاثمائة وثمانية وأربعون طالبا — ستة وأربعون مطعما — أربعمائة وأربع وأربعون مدينة — ألف ومائة وثلاثة عشر قارئا — خمسة وعشرون كتابا

**A 15:** (Die Fragen können mündlich oder schriftlich beantwortet werden.)
In welchem Jahr sind Sie geboren? – Wie groß ist die Anzahl der Staaten der Arabischen Liga? – Wie viele arabische Bücher haben Sie bis jetzt gelesen? – Wann ist der Staat Irak entstanden? – Seit wie viel Monaten / Jahren studieren Sie an der Universität / Hochschule? – Wie viele arabische Länder haben Sie bereits besucht?

**A 16 ☉ 73.:** السجن لعصابة من الأجداد تخصصت في سرقة البنوك الألمانية

برلين – رويترز: أصدرت محكمة ألمانية حكما بسجن ثلاثة من لصوص البنوك المسنين تتراوح أعمارهم بين ٦٤ و٧٤ عاما بعد أن اعترفوا بسرقة أكثر من مليون يورو في سلسلة سرقات مسلحة.

واعترف اللصوص الذين يطلق عليهم الإعلام الألماني اسم «عصابة الأجداد» بالسطو على ١٤ بنكا بين ١٩٨٨ و٢٠٠٤. وأمرت المحكمة بسجن أعضاء العصابة سنّا مدة ١٢ عاما بينما حصل زميله (٧٣ عاما) على حكم بالسجن عشر سنوات والأكبر (٧٤ عاما) تسع سنوات.

وألقت الشرطة القبض على الثلاثة الذين قضوا وقتا كبيرا من حياتهم خلف القضبان العام الماضي. وقضى زعيم العصابة (٧٣ عاما) ٤٠ عاما في السجن.

وتقول وسائل الإعلام إنه اعتاد سرقة البنوك لأن معاش التقاعد الحكومي الذي فتحه خلف القضبان لم يوفر له حياة كريمة.

Gefängnis(strafen) für eine Bande aus Großvätern,
die sich auf die Beraubung deutscher Banken spezialisiert hatte
Berlin – Reuters: Ein deutsches Gericht verurteilte drei betagte Bankräuber, die zwischen 64 und 74 alt sind, zu Gefängnisstrafen, nachdem sie zugegeben hatten, dass sie mehr als eine Million Euro in einer Kette bewaffneter Überfälle gestohlen hatten.
Die Räuber, die die deutschen Medien „Opabande" genannt hatten, gaben zu, zwischen 1988 und 2004 14 Banken überfallen zu haben.
Das Gericht ordnete eine Haftstrafe von 12 Jahren für das jüngste Bandenmitglied an, während sein Compagnon (73 Jahre alt) zehn Jahre Haft erhielt und der Älteste neun Jahre.
Die Polizei verhaftete die Drei, die lange Zeit ihres Lebens hinter Gittern verbrachten, im letzten Jahr.
Der Anführer der Bande (73 Jahre alt) hatte 40 Jahre im Gefängnis verbracht.
Die Medien sagen, dass er sich an die Bankraube gewöhnt hatte, denn die staatliche Rente, die er sich hinter Gittern zu eigen machen konnte, bot ihm kein menschenwürdiges Leben.

**A 17:** ضمت عصابة الأجداد ثلاثة أشخاص.

تتراوح العقوبات بين سجن تسع سنوات و١٢ سنة.

قضى زعيم العصابة ٤٠ عاما في السجن / خلف القضبان.

اعتاد سرقة البنوك لأن معاش التقاعد لم يوفر له حياة كريمة.

**A 18:**   Anregungen zur Konversation:

أريد أن أفتح حسابا جاريا. ‒ أقوم بتحويل إيجار الشقة. ‒ تبلغ فائدة الحساب الجاري ٥،٠٪. ‒ أرجو أن تعطيني بطاقة ائتمان / قرض.

**A 19:**

‒ هل قرأت كل المجلات التي أعطيتك إياها؟

‒ لقد قرأت بعضها.

‒ أية مجلات قرأت وماذا بالنسبة للبعض الآخر؟

‒ سأقرأ بعضا منها في الأسبوع القادم.

‒ وهل تتناول كل هذه المجلات مواضيع هامة؟

‒ نعم، كل المواضيع هامة، ولكنني أهتم بالدرجة الأولى بمعالم المدن العربية الكبيرة.

‒ أما أنا فأفضل بعض المقالات عن التراث العربي والإسلامي.

‒ أية مقالة تستطيع أن تذكر منها؟

‒ بكل سرور. أذكر مقالات حول الفيلسوف ابن سينا، والأديب نجيب محفوظ.

‒ وهل تهتم بالأدب العربي المعاصر كثيرا؟

‒ طبعا، فقد قرأت بعض روايات وقصص عبد السلام العجيلي، وبعض قصائد الشاعر محمود درويش على سبيل المثال.

‒ هل تستطيع أن تعطيني بعض المعلومات عن حياة محمود درويش؟

‒ طبعا. ينبغي أن تقرأ النص في بداية هذا الدرس.

‒ ألف شكر، سأفعل ذلك حالا.

**A 20:**  Wählen Sie!

Trinken Sie Tee! – Nehmen Sie Vitamintabletten! – Essen Sie Obst und Gemüse! – Messen Sie das Fieber! – Rauchen Sie nicht! – Schlafen Sie einen ganzen Tag! – Bleiben Sie zu Hause, um sich auszuruhen.

Ich habe mich erkältet. – Ich habe Schmerzen an den Mandeln. – Ich habe hohes Fieber. – Ich habe Husten. – Ich habe Magenschmerzen. – Ich habe Schmerzen im Kopf, das heißt Kopfweh.

**A 21:** في الخامس والعشرين من مايو / أيار من / في / سنة ألفين وخمسة عشر ‒ في الخامس عشر من سبتمبر / أيلول من / في / سنة ألف وتسعمائة وست وسبعين ‒ في الثامن من نيسان / أبريل من / في عام ألفين وواحد ‒ في الثالث من أكتوبر / تشرين الأول في / من عام ألف وتسعمائة وتسعين ‒ في الثاني والعشرين من يناير / كانون الثاني من / في سنة ألف وتسعمائة وسبع وستين ‒ في الحادي والثلاثين من تشرين الثاني / نوفمبر من / في سنة ألف وتسعمائة وثلاث وسبعين

**A 22:** "إيزيس" بقلم توفيق الحكيم ‒ "الحب والنفس" بقلم عبد السلام العجيلي ‒ "الأيام" بقلم طه حسين ‒ "أولاد حارتنا" بقلم نجيب محفوظ ‒ "رجال في الشمس" بقلم غسان كنفاني ‒ "شرق المتوسط" بقلم عبد الرحمن منيف

**A 23:** اشتريت كيلوغراما من طماطم. ‒ أكلت نصف كيلوغرام من السكر. ‒ شربت كأسين من النبيذ. ‒ اشتريت ثلاثة أمتار ونصفا من هذا القماش.

**A 24:** الحل الوحيد لهذه المشكلة ‒ الأمين العام لمنظمة الطلبة / أمين عام منظمة الطلبة ‒ الاجتماع الأهم للمهندسين / اجتماع المهندسين الأهم ‒ اللقاء الأخير للمدرسات / (لقاء المدرسات الأخير) ‒ الأشهر الماضية للسنة الدراسية ‒ الجولة الأولى للمحادثات / (جولة المحادثات الأولى) ‒ الطريق الأفضل لنجاح البلاد ‒ الأسابيع الصعبة لتنفيذ الأعمال

**A 25:** ١) هذه الأخبار شبه رسمية. ‒ ٢) نرفض القرار غير الضروري. ‒ ٣) أجاب غيرك على السؤال. ‒ ٤) لن نتعاون مع أمثالكم. ‒ ٥) أوروبا في نصف الكرة الشمالية من الأرض.

**A 26:**  Persönliche Angaben

كان أحمد يدرس الفلسفة. — كنا نهتم بدراسة اللغات الشرقية. — بدأ الطالب يتكلم باللغة العربية. — لم أعد :A 27
أعمل في وزارة التعليم العالي. — كنت أريد أن أزورك. — لم أكن أعيش في دولة شرقية. — كانوا يحضرون
المحاضرات كل مساء. — كنت أدخل العمارة في الساعة الثامنة. — ما زال الشاعر ينال أوسمة وجوائز. —
ظل محمد يرفض ما كان قد اقترحه عليه أبوه. — لا يزالون يجيدون اللغة الفرنسية كتابة وقراءة. — أخذ
نجيب محفوظ يلتفت إلى الأدب. — بدؤوا يملؤون الاستمارة بالبيانات الشخصية. — بدأت الأحوال تتغير في
ألمانيا. — أخذنا نستخدم برنامج أوفيس ٢٠١٠

حافظ الأسد سياسي — حنا مينة كاتب — فريد الأطرش مغن — أم سامية سعيد مدرسة — ابن سينا طبيب :A 28
وفيلسوف — أم كلثوم مغنية — محمود درويش شاعر

A 29:    ١+ج — ٢+د — ٣+ه — ٤+و — ٥+أ — ٦+ب — ٧+ي — ٨+ط — ٩+ز — ١٠+ح

# Lektion 21

## T 1 ☉ 74.:                                            Die arabische Sprache

Die arabische Sprache gehört heutzutage zu den wichtigsten Weltsprachen, nicht nur, weil sie eine zeitgenössische lebende Weltsprache von ungefähr 300 Millionen Arabern ist, sondern auch wegen ihrer langen Geschichte und ihres reichen kulturellen Erbes. Zu ihren Besonderheiten gehört, dass ihre Sprecher (Söhne) ihre Hochsprache dank des Texts des edlen Koran genau bewahrt haben, obwohl es unausweichlich ist, dass die geschichtlichen, gesellschaftlichen und kulturellen Veränderungen die sprachliche Realität beeinflusst haben, damit die Sprache dem Wunsch ihrer Sprecher nach Ausdruck ihrer Gedanken und alltäglichen Bedürfnisse entspricht.

Wer von seinen Sprechern heutzutage auf Arabisch schreibt, braucht vielleicht keine genaue Beschreibung der Regeln dieser Sprache, weil er sich an ihren Gebrauch im täglichen und kulturellen Leben durch Lesen und Schreiben gewöhnt. Was den Ausländer betrifft, so stößt er manchmal auf Schwierigkeiten, wenn er sie erlernt, nämlich die Aussprache einiger Laute wie des Ṣād, des Ḍād, des ͑Ayn und das Ḥā’ und das Schreiben mit der arabischen Schrift von rechts nach links. Hinzu kommt noch der Reichtum an Wörtern und Synonymen einerseits und die geringe Zahl von Fremdwörtern in ihr, so dass es dem Fremden schwer fällt, die für ihn neuen arabischen Wörter auswendig zu lernen.

Ebenso müssen wir auf die Diglossie in den arabischen Ländern mit der Hochsprache des Kulturerbes und der Gegenwart und der Mannigfaltigkeit der arabischen Dialekte in der volkstümlichen Umgangssprache hinweisen. Wenn also ein ausländischer Besucher mit einem Araber sprechen will, hört er einen der volkstümlichen Dialekte und nur selten trifft er Personen, die mit ihm auf Hocharabisch sprechen.

## T 2 ☉ 75.:                                  Die Ebenen der arabischen Sprache

*Dr. Müller*:  Wissen Sie, dass viele Wissenschaftler der Auffassung sind, dass die arabische Sprache verschiedene Ebenen aufweist?

*Samir*:  Ach ja, ich teile diese Ihre Meinung und glaube, dass es fünf Ebenen des Arabischen gibt.

*Dr. Müller*:  Sagen Sie mir bitte, zwischen welchen Ebenen Sie unterscheiden wollen.

*Samir*:  Nach meiner Meinung ist die erste Ebene die Hochsprache des Kulturerbes, die die Religionsgelehrten beherrschen, die mit den Büchern des religiösen Kulturerbes und den alten arabischen Quellentexten zu tun haben, jedoch ist ihr Verständnis für viele Araber schwierig.

*Dr. Müller*:  Ach ja, das ist verständlich. Ich habe das Hocharabische gelernt und trotzdem stoße ich von Zeit zu Zeit auf Schwierigkeiten beim Verständnis von Texten des arabischen Kulturerbes.

*Samir*:  Ich meine, dass das Verstehen der Texte des Hocharabischen der Gegenwart leichter für Sie ist. Sie finden sie in den Zeitungen, in den Nachrichtensendungen des Rundfunks und Fernsehens, in modernen wissenschaftlichen Büchern, bei Universitätsvorlesungen und in der zeitgenössischen arabischen Literatur.

*Dr. Müller*:  Obwohl es einige Unterschiede im Stil der Texte gibt, z. B. zwischen den Zeitungen einerseits und der zeitgenössischen Literatur andrerseits. Was ist Ihrer Meinung nach die dritte Ebene des Arabischen?

*Samir*:  Ich schlage vor, sie die Volkssprache der Intellektuellen zu nennen. Wir finden es bei einer großen Zahl von Rundfunk- und Fernsehprogrammen, in denen das Gespräch zwischen Intellektuellen stattfindet (sich dreht). Ebenso finden wir sie in wissenschaftlichen Beiträgen und Diskussionen. In ihr verbinden die Sprecher zwischen der vereinfachten Hochsprache und der Volkssprache. Manchmal kommen darin einige Fremdwörter und fremde Ausdrücke vor.

*Dr. Müller*:  Und wie sprechen die Gebildeten im Allgemeinen außerhalb des wissenschaftlichen und Medienniveaus?

*Samir*: Sie sprechen in der Volkssprache der Gebildeten. Wir finden sie bei den Gesprächen der mittleren Volksschichten. Das niedrigste Niveau ist die Volkssprache der Analphabeten mit verschiedenen Dialekten in den volkstümlichen Vierteln.

*Dr. Müller*: Meinen die arabischen Sprachwissenschaftler, dass diese Unterscheidung zwischen den fünf Ebenen des Arabischen die sprachliche und gesellschaftlich arabische Wirklichkeit widerspiegelt?

*Samir*: Ich meine, dass die Mehrheit der arabischen Linguisten sich für das Hocharabische im Sinn des Klassischen Arabisch interessiert und die Ebenen der Volkssprache nicht für erforschenswert hält.

**T 3:**                              Sag (so) und sag nicht (so)

Khartum 21. 1. 1994, von Muhammad Arif

Der heiße Sommer in Khartum lädt Sie dazu ein, die ganze Welt zu vergessen, sich in Shorts auf dem Kanapee im am Nil gelegenen Hotel auszuruhen und sich am Essen von Eiskrem zu erfreuen.

Es ist nicht richtig, dass Sie (so) sagen, wenn Sie am Arabisierungskongress in Khartum teilnehmen, dessen Agenda heute mit einem speziellen Kolloquium über die Arabisierung der Medizin endet. Der Grund für all das ist nicht medizinisch, sondern sprachlich, weil es nicht richtig ist „Shorts" zu sagen, sondern „Kurzhose", und nicht „Kanapee" sondern „Sitzbank", nicht „Hotel" sondern „Herberge" und nicht „Eiskrem" sondern „Speiseeis".

Diese Bemerkungen sind nicht an die Gäste (sag nicht „Kunden") des Hotels gerichtet, die in allen Sprachen der Welt sprechen, sondern an die Teilnehmer des Kolloquiums, das der Diskussion des Wortschatzes der Touristikterminologie (sag nicht Touristik- sondern Reise-) im Arabisierungskongress gewidmet ist. Dies ist eines von vier Kolloquien, von denen die anderen drei neue arabische Wörterbücher zu den Termini der Erdbeben, der erneuerbaren Energien und der Umwelt diskutieren.

Unter den Linguisten ist für Linguisten niemand schwieriger als die Linguisten. So kritisiert der stellvertretende Präsident der Arabischen Sprachakademie von Damaskus das, was Fachleute aus dem marokkanischen Königreich ausgearbeitet hatten, und der syrische Linguist feilschte für „Taksi" anstatt „Thaksi", das im Maghreb verbreitet ist, aber er gab nicht nach bei „Fernsehen" anstatt „Television", und hielt „Kellner" für das richtige Wort anstatt „Garçon".

„Sag so und nicht so" nahm nur einen kleinen Teil des Kongresses ein, der eine Woche lang dauerte und Fragen der Bildung wissenschaftlicher Termini und die Definition von Symbolen und Abkürzungen sowie die Umsetzung der lateinischen Buchstaben ins Arabische und viele andere mit der Arabisierung verbundene Fragen diskutierte.

Einige Fragen:

In welcher Stadt wurde der Arabisierungskongress abgehalten?

Welche Hauptthemen behandelte die Agenda des Kongresses?

Wissen Sie, welche Wörter der Vizepräsident der Arabischen Sprachakademie von Damaskus bevorzugte?

**Ü 1:** سيتكلم اللغة العربية بطلاقة عندما يعود إلى وطنه. — ستبقى مريم في البيت حينما / عندما نذهب إلى الشقة الجديدة. — تحتاج إلى تأشيرة عندما تسافر إلى سوريا. — وقف الجميع حين دخل رئيس الجامعة قاعة المحاضرات. — يريد أن يزور بعض الأصدقاء عندما يقيم في الجزائر. — لا يستطيع الطالب الأجنبي النطق الصحيح عندما يقرأ الجمل بالألمانية. — رأيت صديقتي عندما / حين جاءت إلى محطة السكك الحديدية. — عندما التحق بكلية الآداب أخذ يدرس الفلسفة. — حينما يتحدث الأجنبي مع عربي سيسمع إحدى اللهجات العربية.

**Ü 2:** حالما نصل إلى مدينة الإسكندرية سنتصل بكم بالهاتف النقال. — حالما ينهي أبحاثه العلمية عن هذا الموضوع سينشر ما اكتشفه فيها. — حالما ترسل لي زميلتي خبرا مهما سأجيبها بأقصى سرعة ممكنة. — حالما يبدأ موسم المؤتمرات سأسافر مع زوجتي إلى بيروت. — حالما يحضر الزملاء سندخل مطعم الجامعة. — حالما ينشر الكاتب روايته هذه سيثير اعتراضات شديدة. — حالما أغادر المطار سأركب تاكسي.

**Ü 3:** ذهب أكثر الموظفين إلى المطعم فيما / بينما نعمل العمال في الشارع أمامه. — تعودون إلى دمشق في الوقت الذي نبقى فيه // فيما نبقى في غرفة الدرس. — تزداد أهمية اللغة الإنكليزية في الجزائر في الوقت الذي تقل فيه أهمية اللغة الفرنسية فيها. — تحدثت المدرسات مع بعضهن البعض في النادي بينما سافر المدرسون إلى مدينة حلب. — قضى أحمد المساء مع زملائه في الوقت الذي انتظرت فيه أمه عودته إلى البيت. — سمع بعض الطلاب كلمة عميد كلية الآداب فيما بقي البعض الآخر في مكتبة الجامعة. — يركز علماء اللغة العربية على فصحى التراث بينما يعتبرون أن اللغة العامية غير جديرة بالاهتمام.

**Ü 4:** ننظر من النافذة حتى يغيب الناس. — لم نغادر محطة السكك الحديدية حتى خرج القطار منها / انطلق القطار فيها. — يسكنون في بيت الطلبة حتى ينتهوا من دراستهم في الجامعة. — لم يسترح العالم حتى أكمل تأليف كتابه الجديد. — لم يغادر الطلاب الغرفة حتى انتهى الدرس. — ننتظر حتى تجدي كتابك. — لن أدخل هذا المعهد حتى يغادره هذا الشخص.

**Ü 5:** Samir reiste in die Stadt Aleppo, um dort seinen Freund zu besuchen. Es war ein kalter Tag, so dass er keine leichte Kleidung trug: Im Bus traf er einen seiner Kollegen. Er fragte ihn: Hast du ein Buch oder eine Zeitschrift bei dir, damit wir die Zeit mit Lesen zubringen (können). Sein Kollege sagte zu ihm: Ich weiß nicht, ob unter meinen Zeitschriften etwas ist, was dir gefällt, aber suche selbst, bis du etwas findest, was dir gefällt. Darauf fragte er Samir: Bleibst du lange Zeit in Aleppo? Da antwortete Samir: Ich bleibe bis zum Ende der Woche, denn ich werde Gast der Familie meines Freundes sein. So blieben sie weiterhin im Bus, bis sie nach Aleppo gelangten.

**Ü 6:** تعلم نجيب محفوظ في المدرسة الثانوية قبل أن يدخل كلية الآداب بجامعة القاهرة. — حصل الطالب على شهادة الماجستير بعد أن درس الفلسفة. — بعد أن نال نجيب محفوظ أوسمة مصرية كثيرة نال جائزة نوبل. — تناول نجيب محفوظ الحياة في زمن الفراعنة قبل أن يتناول الحياة المصرية الاجتماعية الحالية. — توقف نشر رواية "أولاد حارتنا" بعد أن أثارت اعتراضات شديدة. — أوقع هذه الاستمارة بعد أن أملأها بشكل كامل. — عملت في منظمة تابعة للأمم المتحدة قبل أن أشتغل في وزارة الخارجية. — عادت المغنية إلى لبنان بعد أن توفي والدها في السنة الماضية. — بدأت أختاي تتعلمان اللغة العربية بعد أن التحقتا بمركز اللغات للجامعة.

**Ü 7:** أحب صديقي منذ التقينا لأول مرة. — نعمل في هذه الشركة منذ سكنا في هذه المدينة. — أنا مريض منذ عانيت من آثار حادثة شديدة. — أقيم في الأردن منذ عملت في الجامعة الأردنية. — ازداد التضخم المالي منذ ارتفعت أسعار النفط. — يزدحم الناس في المجمع التجاري الجديد منذ افتتحته الشركة قبل ثلاثة أسابيع. — يتعلم والدي اللغة العربية منذ زار بعض الدول العربية. — تريد أن تدرس في جامعة إرلانغن منذ أن زارت بعض معاهدها.

**Ü 8:** هاتف نقال — حاسوب — سيارة أجرة — هاتف — سروال قصير — أريكة — أستاذ — إذاعة — مثلجات / بوظة / دُنُدُرْمَة — رسالة — فندق — نادل

**Ü 9:** حرارة — حزب — أكل — حصاة — قلة — ازدواجية — تاريخ — سيرة

**Ü 10:** اللغة العربية من أهم اللغات العالمية، حيث يتكلم بها حوالي ٣٠٠ مليون شخص. وحافظ عليها أبناؤها بفضل القرآن الكريم والشعر القديم. وأثرت التغيرات التاريخية فيها / عليها لتلبي حاجة أبنائها إلى التعبير عن أفكارهم ومتطلباتهم اليومية. ويجب أن نشير إلى الصعوبات التي قد يواجهها الأجنبي الذي يتعلمها في دورات في الجامعة أو المدرسة المسائية.

**Ü 11:** 1) Welches ist die Anzahl der Arabischsprecher?
2) Was wissen Sie über die Rolle des edlen Korans im Zusammenhang mit dem Hocharabischen?
3) Wie haben die geschichtlichen und gesellschaftlichen Entwicklungen die arabische Sprache beeinflusst?
4) Wozu bedarf der Mensch der Sprache?
5) Wie können sich die Araber an den Gebrauch ihres Hocharabischen gewöhnen?
6) Was sind die Schwierigkeiten, auf die der Fremde eventuell stößt, wenn er Arabisch lernt?
7) Wann benutzt der Araber die Hochsprache und wann die Umgangssprache?
8) Lernen Sie in den Unterrichtsstunden des Arabischen die Hochsprache oder einen der Dialekte der Volkssprache?
9) Kennen Sie Unterschiede zwischen dem Klassisch-Arabischen und der modernen Hochsprache?

**Ü 12:** 1) Seien Sie gegrüßt! ب) Seien Sie ebenfalls gegrüßt! Wie geht es Ihnen? → 4) Gott sei Dank, es geht mir gut. Meine Güte! Sie sprechen Hocharabisch. Wo haben sie es studiert? – د) Ich habe Arabisch und Islamwissenschaft an der Universität Erlangen und an der Freien Universität in Berlin studiert. → 5) Haben Ihre Professoren ihre Vorlesungen auf Arabisch gehalten? – ج) Die Professoren der Islamwissenschaft sprachen in ihren Vorlesungen und Diskussionsbeiträgen im Allgemeinen Deutsch, obwohl sie das Arabische gut beherrschten. → 6) Was gilt für die Unterrichtsstunden des Arabischen? – و) Wir hatten arabische und deutsche Lehrer, die natürlich Arabisch sprachen und von uns immer wollten, dass wir mit ihnen ebenso Arabisch sprechen. → 7) Haben Sie den edlen Koran gelesen? – ز) Ja, ich habe eine Anzahl

von Suren des edlen Korans gelesen. → 8) Haben Sie (auch) andere Sprachen der Muslime studiert? – أ)
Ja, wir haben neben dem Arabischen das Türkische und das Persische studiert. → 2) Was ist Ihre Meinung über die zeitgenössischen Texte und Veröffentlichungen? – هـ) Ihre Sprache ist das moderne Hocharabisch und das ist leichter für uns als das Klassisch-Arabische. → 3) Ich teile Ihre Meinung über dieses
Thema. – ح) Danke für Ihr Interesse. Auf Wiedersehen! → 9) Ich wünsche Ihnen Erfolg bei Ihrer Arbeit.

**Ü 13:** ١) خمسة مستويات — ٢) علماء الدين — ٣) القرآن الكريم والمراجع العربية القديمة — ٤) عامية المتعلمين —
٥) فصحى التراث

**Ü 14:**   (Anregung zum mündlichen Gebrauch des Arabischen)

**Ü 15:**                                          بعض المعلومات عن اللغة الألمانية

يتكلمون / يتكلم الناس في ألمانيا والنمسا وجزء من سويسرا وليختنشتاين باللغة الألمانية وفي لوكسمبورغ إلى جانب
اللغتين الفرنسية واللوكسمبورغية. واللغة الألمانية هي اللغة الرسمية في ألمانيا والنمسا، إلا أن هناك لغات للأقليات
القومية مثل الدنماركية والصربية في ألمانيا والسلوفينية في النمسا.
ولا يتكلم الناس اللغة الألمانية بالصورة نفسها في كل المناطق الألمانية. فتسمعون فوارق باللغة الدارجة عند الألمان
الشماليين والغربيين والجنوبيين. إذا تعلمتم اللغة الألمانية في برلين مثلا، فيجب عليكم أن تتعودوا على اللغة الدارجة
التي يتكلم بها الناس في ميونيخ، حيث لا تفهمون الكثير في بداية الأمر. وتدبلج اللهجة السويسرية في الأفلام
للمشاهدين الألمان، لأنها تختلف اختلافا كبيرا عن اللهجات الألمانية الأخرى.
ويمكن التفريق بين عدة مناطق لهجية في جنوب ألمانيا نفسها، حيث تكون اللهجة البافارية أقرب إلى الألمانية
المنطوقة في النمسا. وتراجعت الاختلافات بين مستويات اللغة الفصحى واللهجات العامية في مناطق كثيرة منذ تعميم
/ إدخال التعليم الإلزامي، وستجري نفس العملية في العالم العربي أكثر فأكثر، وتلعب في ذلك وسائل الإعلام
والإنترنت دورا هاما إلى جانب التعليم الإلزامي.

# Lektion 22

**T 1 ☉ 77.:**                                          Die syrische Wirtschaft

Die syrische Wirtschaft beruht auf Landwirtschaft, Industrie und Handel. Wenn wir zuerst den Sektor
Landwirtschaft behandeln, finden wir, dass zu den wichtigsten landwirtschaftlichen Produkten die ver-
schiedenen Obstarten, Getreide, Baumwolle und Oliven gehören und dass Syrien das einzige arabische
Land ist, das Weizen in arabische und nichtarabische Länder ausführt. Syrien exportiert auch Baumwolle,
Oliven und Olivenöl sowie Früchte und Gemüse ins Ausland. Wenn Sie Granatäpfel und Pistazien aus
Syrien äßen, wären Sie sofort von ihrer guten Qualität überzeugt.
Andererseits beruht die syrische Wirtschaft auf dem Erdöl, dessen Produktion jährlich 30 Millionen
Tonnen erreicht. Die Erdölraffinerie in Homs raffiniert 5,5 Millionen Tonnen jährlich, und Syrien expor-
tiert einen Teil des Erdöls über seine Häfen. Das Land fördert auch Erdgas und Phosphat. Die Textil-,
Nahrungsmittel- und Süßwarenindustrie bilden einen wichtigen Faktor in der syrischen Wirtschaft. Wenn
Sie eine Tour durch die Märkte von Damaskus oder Aleppo unternehmen, können sie dort die bekannten
Stoffe oder Kleider aus Seide oder Brokat kaufen, wenn Sie wollen.
In den Städten Syriens entwickeln sich auch verschiedene Industrien wie die Produktion von elektrischen
und elektronischen Geräten, die Produktion von Autos und Landwirtschaftsmaschinen sowie die chemi-
sche Industrie.
Wir finden in Syrien ein Netz von Schnellstraßen und Eisenbahnlinien. Die Regierungsbehörden sind sich
der Bedeutung ihrer Erweiterung in Übereinstimmung mit der wirtschaftlichen und sozialen Entwicklung
bewusst. Und wundern Sie sich nicht, wenn Ihre syrischen Freunde Ihnen Eisenbahnwagons zeigen, die
Syrien aus Deutschland importiert hat.

Fragen zu T 1:
Auf welchen Bereichen beruht die syrische Wirtschaft?
Was sind die wichtigsten landwirtschaftlichen Produkte in Syrien?
Was sind die Erzeugnisse, die das Land exportiert?
Haben Sie (schon) syrisches Obst gegessen?
In welchen Regionen findet das Land Erdöl und Erdgas?
Was haben Sie über die traditionellen Industriezweige in dem Land gelesen?
Was sind die wichtigsten Produkte dieser Industrien?
Wie gelangen Sie nach Damaskus, wenn sie dorthin mit dem Zug fahren?

**T 2 ☉ 78.:**            Gespräch über den Wirtschaftskongress für den Mittleren Osten

*Husain*: Sie haben an dem Wirtschaftskongress für den Mittleren Osten in Amman teilgenommen, dessen Agenda kürzlich zu Ende gegangen sind. Wenn Sie gestatten, sprechen Sie ein wenig über das, was auf diesem Kongress vorgegangen ist.

*Ahmad*: Ihren Wunsch erfülle ich mit Vergnügen. Der Kongress behandelte globale und regionale Wirtschaftsthemen wie die Stärkung der Lebensmittelsicherheit der arabischen Staaten, die Gefahren der Politik des Protektionismus und die Zukunft der Staatsfonds der Erdölstaaten, und dies vor dem Hintergrund der Globalisierung.

*Husain*: Wenn Sie doch bitte zuerst einiges über die Probleme des Protektionismus sagen würden!

*Ahmad*: Natürlich werde ich die Gefahren des Protektionismus aus arabischer Sicht kommentieren, wonach die westlichen Industriestaaten enorme Zollgebühren auf die Waren legen, die die Araber in sie exportieren, und versuchen, die Investition der arabische Staatsfonds in westlichen Firmen zu behindern.

*Husain*: Und andererseits fordern die westlichen Staaten von den arabischen Staaten die Senkung der Zollgebühren auf die Waren, die sie in die arabische Welt exportieren wollen. Nicht wahr?

*Ahmad*: Ja, Sie haben recht. Wie schön wäre es, wenn sie mit den arabischen Staaten in fairem Geist zusammenarbeiten würden.

*Husain*: Sie haben die Staatsfonds einiger arabischer Ölstaaten erwähnt. Ich bitte, dass Sie die Ziele dieser Fonds erklären, wenn möglich.

*Ahmad*: Die Fachleute haben auf dem Kongress betont, dass das Ziel dieser Fonds die gewinnbringende Investition ist und nicht die politische Aktivität. Ebenso haben sie unterstrichen, dass die Ursache der Behinderung von Investitionen durch einige westliche Staaten politisch war und keine wirtschaftliche Basis hat.

*Husain*: Und was meinen die Experten in Bezug auf die Zukunft der Investitionen der Staatsfonds?

*Ahmad*: Sie glauben, dass die Erdölstaaten diese Fonds trotz der existierenden Probleme auf den Weltmärkten investieren werden, und zwar speziell in der Gesundheitsfürsorge, den erneuerbaren Energien, der Nahrungsmittelsicherheit, der Wasserversorgung und der Informationstechnologie.

*Husain*: Ich habe eine letzte Frage: War das Schwanken des Ölpreises ein Thema auf der Agenda des Kongresses?

*Ahmad*: Natürlich, denn die Teilnehmer am Kongress meinten, dass das andauernde Schwanken des Preises alle Seiten, die Produzenten und die Verbraucher schädigt, denn die produzierenden Staaten werden sich bei der Entwicklung ihrer Ölfelder vorsichtig zurückhalten, wenn der Preis des Barrels Öl unter den Umständen der weltweiten Inflation bei 45 Dollar verharrt.

*Husain*: Danke für Ihre Informationen, sie sind sehr gut. Ich wünsche Ihnen Erfolg bei Ihrer Arbeit.

*Ahmad*: Kein Grund zum Dank. Ich bin bereit noch weitere Fragen zu beantworten, wenn Sie wollen.

*Husain*: Nochmals danke und leben Sie wohl!

*Ahmad*: Leben Sie wohl, auf Wiedersehen!

**T 3:**            Nationale Gesellschaft gibt ihren Bedarf an den folgenden Stellenbesetzungen bekannt:

(Anzahl) 3        Buchhalter mit BA in Buchführung, mit nicht weniger als fünf Jahren Berufserfahrung

2            Verantwortliche für die Personalabteilung mit BA in Geschäftsführung, mit nicht weniger als fünf Jahren Berufserfahrung

2            Sekretäre und arabisch-englische Schreibkräfte, mit nicht weniger als drei Jahren Berufserfahrung

2            Verkäufer, mit nicht weniger als fünf Jahren Berufserfahrung

Bei allen Bewerbern ist die Beherrschung des Englischen in vollständiger Weise Voraussetzung, und dass sie einen übertragbaren Aufenthalt haben. Saudis wird der Vorrang gegeben.

Es wird gebeten, den Lebenslauf und ein persönliches Bild nach

Riyad 11534 P.O.Box (Schließfach) 55038 zu schicken.

**Ü 1:** إذا كان الطقس جميلا (ف‍)سنقوم بجولة في الجبال. – إذا ارتفعت أسعار المواد الغذائية يطلب / (ف‍)سيطلب الفقراء من الحكومة تخفيضها. – إذا نظرنا إلى اللوح نجد / فسنجد عليه كلمات عربية غير معروفة. – إذا زرتم أسواق دمشق فقد تشترون منها الصحون من النحاس. – إذا سافرت بقطار سوري فقد يعجبك أن تجلسي في عربة من إنتاج ألماني. – إذا أعطيتني عنوانك أرسل / سأرسل لك الكتاب. – إذا انطلق القطار بالوقت فربّما يصل إلى القاهرة بالوقت كذلك. – إذا كان المعهد بعيدا نذهب / فسنذهب إليه بالباص. – إذا كتب لي هذا الرجل رسالة لا أجيب / فلن أجيب عليها. إذا كان سعر الحاسوب مقبول أشتريه / فأشتريه حالا. – إذا زاد الإنتاج في البلاد ترتفع / فسترتفع رواتب الموظفين.

**Ü 2:** لو سافرت بقطار سوري لرأيت معالم كثيرة في البلاد. — لو أعطيتنا عنوانك لأرسلنا لك المجلة. — لو كانت الجامعة بعيدة لذهبنا إليها بالسيارة. — لو كان سعر جهاز التلفزيون مقبولا لاشتريته حالا. — لو انطلق القطار بالوقت لما تأخرنا عن الموعد. — لو قامت الحكومة بسياسة الحمائية لما أضرت بذلك بالاقتصاد الوطني. — لو منعت الدول الغربية استثمارات الصناديق السيادية لأضرت بالاقتصاد الغربي نفسه. — لو لم أسمع أصواتا في بيت الطلبة لاستطعت أن أعمل جيدا.

**Ü 3:** إذا لم تؤد الامتحان بنجاح فلن تحصل على شهادة. — إذا حصلت على علامة "جيد جدا" في الامتحان الكتابي فلا يجب أن تؤدي امتحانا شفويا. — إذا لم تحضر الدرس أكثر من ثلاث مرات فلا تحصل على شهادة. — إذا أكملت الامتحان الكتابي يمكن أن تغادر الصالة. — إذا لم تهتم بالموضوع يمكن أن تذهب.

**Ü 4:** ١) إذا كتب لي أحمد رسالة فلن أجيب عليه. — ٢) أسمح لك أن تستري الثوب يا ابنتي إذا لم يكن سعره غاليا. — ٣) إذا توجهت إلى السوق فليس ضروريا أن تلبسي ثوبك الجديد. — ٤) لو كنتم قد جئتم إلينا لكنا أريناكم ما أحببتموه في مدينتنا. — ٥) إذا أردتم أن تصلوا إلى هدفكم فلا تنظروا إلى اليمين ولا إلى ليسار. — ٦) ادعي صديقتك إلى البيت إذا رأيتها في النادي. — ٧) إذا زاد الإنتاج الزراعي ارتفع الأمن الغذائي. — ٨) لو قرأنا الجريدة لعلمنا أن التاجر الروسي قد عادر المدينة. — ٩) سنحاول أن نقدم اقتراحات أخرى إذا لم تقبل الحكومة اقتراحاتنا السابقة. — ١٠) لو أن المشاركين في الندوة لم يغادروا القاعة في أسرع وقت لماتوا جميعا.

**Ü 5:** سيقوم السواح بسفر إلى الصحراء الجزائرية إذا سمحت الوزارة بذلك. — لا نجد أى مقعد في قاعة المحاضرات إذا ألقى الأستاذ إبراهيم رمضان محاضرة. — نحضر إلى قاعة المحاضرات في أبكر وقت ممكن إذا أردنا أن نسمع محاضرة الأستاذ. — إذا لم تفهموا معاني الكلمات العربية فاسألوني من فضلكم. — صرخ / يصرخ الأولاد الصغار لو خرجت أمهم وتركتهم في البيت. — لو لعب هذا العالم دورا مهما في سياسة بلاده لما كان هناك شخص مثله. — إذا أكد موظف شركة النقل أن صناديقنا قد وصلت إلى المطار فسنذهب إليه فورا. — نجلس في هذا المقهى لو أن الظروف لم تكن مناسبة. — إذا أنجزت الحكومة الجديدة نفس سياسة الحمائية فلن تنجح في مشاريعها. — لو / إذا حكيت عما حدث لك في الخارج لما أراد أحد / فلا أحد أراد أن يسمع ما تقول.

**Ü 6:** Sie können die Ergänzung nach Belieben wählen. Beispiele für mögliche Ergänzungen sind:

إذا / لو كان عندي الوقت قمت / لقمت بجولة إلى النهر. — إذا / لو كانت عندي دولارات كثيرة سأسافر / لسافرت إلى أميركا. — إذا / لو كنت فيلسوفا ألفت / لألفت كتبا لا يقرؤها أحد. — إذا / لو كان مهندسا عمل / لعمل في شركة صناعية. — إذا / لو كانت الظروف مناسبة سأزور / زرت مطعما ممتازا في برلين.

**Ü 7:** ما أشهى فيه الطعام. — ما كنت أسعد بزيارتك. — ما ألطف مدرسنا للغة العربية. — ما كانت أجملها إليه. — ما أقربه من هنا. — ما أسهله علي. — ما أطولها. — ما أطيب ما فعلت. — ما أعظمه. — ما أكثر الطلاب الذين يدرسون بجامعة القاهرة.

**Ü 8:**
الزراعة : الرمان، القمح، الفستق، البرتقال، القطن، الليمون، الزيتون، التفاح
صناعة النفط والطاقات : النفط، الغاز الطبيعي، الطاقات المتجددة، الكهرباء
صناعة الغزل والنسيج : القطن، البروكار، الحرير، ملابس جاهزة
الصناعات الأخرى : الأثاث، السيارات، الكمبيوترات، الآلات الزراعية، آلات النسيج، الثلاجات، الباصات، الأدوات المنزلية، الصحون

**Ü 9:** تَجْهِيزٌ جـ ـاتٌ – Ausstellung, Messe مَعْرِضٌ – Abfall, Müll نُفَايَةٌ – Verpackung تَعْبِئَةٌ
Ausrüstung, Ausstattung – مُعَدَّاتٌ Anlagen, Ausrüstung – أُلُومِينِيُوم Aluminium

| Dezember/ Januar | Maskat | Internationale Maskat-Messe |
|---|---|---|
| Februar | Khartum | Internationale Khartum-Messe |
| März | Abu Dhabi | Internationale Buchmesse Abu Dhabi |
| April | Kuwait | Kuwait-Messe für Abfallmanagement |
| April/ Mai | Tunis | Internationale Buchmesse Tunis |
| Mai | Dubai | Messe des arabischen Reisemarkts |
| Mai/ Juni | Algier | Internationale Algier-Messe |
| Juni | Damaskus | Internationale Messe für Nahrungsmittelindustrie und Verpackung – Food Expo |

| Juli/ August | Al-Sharjah | Al-Sharjah-Messe für das Kind |
|---|---|---|
| September | Damaskus | Internationale Damaskus-Messe |
| | Beirut | Nahost-Messe für Technologie, Baustoffe und –ausrüstungen |
| Oktober | Dubai | Internationale Gitex-Messe für Computer-Technologie, Kommuni-kationssysteme und elektronische Büroanlagen |
| | Kairo | Afrikanische Messe für Maschinen, deren Apparate und Teile und Sicherheitsausrüstungen |
| | Kairo | Internationale Kairo-Messe |
| Dezember | Dubai | Nahost-Messe für Aluminium |

**Ü 10:** (Die Kurzvorträge können mündlich oder schriftlich erfolgen.)

**Ü 11 ◉ 80.:**                                  معرض الجزائر الدولي يشهد مشاركة عربية وأجنبية

يفتتح السبت المقبل معرض الجزائر الدولي بمشاركة ٣٤ دولة عربية وأجنبية تحت شعار "آفاق الاقتصاد الوطني"، أعلنت ذلك الشركة الجزائرية للمعارض والتصدير المشرفة على تنظيم هذا الحدث الاقتصادي الأكبر في البلاد.

وقال مدير عام الشركة إن نحو ألف وستمئة عارض سيشاركون في المعرض منهم أكثر من ألف عارض أجنبي، في حين يبلغ عدد العارضين المحليين نحو خمسمئة من مختلف القطاعات الاقتصادية.

واختار المنظمون إيطاليا ضيف شرف على المعرض، حيث تحتل المرتبة الثانية في المبادلات التجارية مع الجزائر وتشارك الشركات الإيطالية بانتظام في كل الفعاليات التجارية والاقتصادية التي تنظمها الشركة للمعارض والتصدير في الجزائر.

وتشارك في المعرض الدولي الذي يستمر حتى السابع من جوان / يونيو المقبل شركات ومؤسسات اقتصادية وتجارية من أوروبا وآسيا وأميركا اللاتينية، وأبرزها فرنسا وألمانيا واليابان والصين والبرازيل التي تمثلها نحو عشرين شركة. كما تشارك في المعرض الدول العربية الحاضرة في السوق الجزائرية مثل مصر والأردن والكويت.

ويشكل هذا الحدث مناسبة يلتقي فيها المتعاملون الاقتصاديون الجزائريون والأجانب لدراسة فرص التعاون والاستثمار.

Die Internationale Messe von Algier erlebt arabische und ausländische Beteiligung
Am kommenden Samstag wird die Internationale Messe von Algier mit Beteiligung von 34 arabischen und ausländischen (= nichtarabischen) Staaten unter dem Motto „Perspektiven der nationalen Wirtschaft" eröffnet. Das gab die Algerische Gesellschaft für Messen und Export bekannt, die die Organisation dieses größten wirtschaftlichen Ereignisses im Land betreut.
Der Generaldirektor der Gesellschaft sagte: Es werden etwa 1600 Aussteller an der Messe teilnehmen, darunter mehr als 1000 ausländische Aussteller, während die Zahl der heimischen Aussteller ungefähr 200 aus den verschiedensten Wirtschaftssektoren erreicht.
Die Organisatoren haben Italien als Ehrengast der Messe gewählt, weil es im Wirtschaftsaustausch mit Algerien den zweiten Rang einnimmt und die italienischen Firmen regelmäßig an allen Handels- und Wirtschaftsaktivitäten, die die Gesellschaft für Messen und Export in Algerien organisiert, teilnehmen.
An der internationalen Messe, die bis zum kommenden 7. Juni dauert, nehmen Handels- und Wirtschafts-firmen und Unternehmen aus Europa, Asien und Lateinamerika teil. Die am meisten Herausragenden sind Frankreich, Deutschland, Japan, China und Brasilien, die von ungefähr 20 Firmen repräsentiert werden. Ebenso nehmen an der Messe die arabischen Staaten wie Ägypten, Jordanien und Kuwait teil, die auf dem algerischen Markt präsent sind.
Dieses Ereignis bildet eine Gelegenheit, bei der sich die algerischen und ausländischen Wirtschaftspartner treffen, um die Chancen für Kooperation und Investition zu studieren.

سيبدأ معرض الجزائر الدولي يوم السبت المقبل.

تشارك في المعرض ٣٤ دولة و١٦٠٠ عارض.

اختار المنظمون إيطاليا ضيف شرف على المعرض.

حضر المعرض عارضون من أوروبا وآسيا وأميركا اللاتينية، وأبرز العارضين من فرنسا وألمانيا واليابان والصين والبرازيل.

يدرس المتعاملون الاقتصاديون فرص التعاون والاستثمار.

**Ü 12:**   المغرب متفائل بالنمو الاقتصادي والحكومة تأمل أن تنخفض نسبة البطالة في ٥ سنوات إلى ٧ في المائة.

الكويت قامت بدعم المشاريع التنموية العربية بـ٢٠٠ مليون دولار.

غرفة التجارة والصناعة في الرياض تطلب تنويع الاقتصاد السعودي.

(ال)اقتصاديون يوصون بالاستثمار فى دول الخليج.

اليمن يحتاج إلى ٤٨ بليون دولار لتحقيق أهداف تنميته.

البحرين تسعى إلى تنويع مصادر الدخل لمواكبة النهضة العمرانية فى منطقة الخليج.

سورية تستثمر بلايين الدولارات فى محافظاتها الشرقية لتعزيز النمو الاقتصادى وتخفيض البطالة والفقر.

مصر تخطط لتوسيع صناعة سلاحها إلى / فى مجالات مختلفة.

## Lektion 23

### T 1 ☉ 81.:

Der Jemen stellt 300 Millionen Dollar für die Modernisierung der Erdölraffinerie Aden bereit

Aden – Reuters: Ein hoher jemenitischer Regierungsvertreter sagte: Der Jemen wünscht die Durchführung eines Projekts zur Erneuerung und Entwicklung der Erdölraffinerie Aden, deren Kapazität täglich 100 000 Barrel erreicht, mit geschätzten Kosten von 300 Millionen Dollar. Die jemenitische Regierung strebt danach, mit ihr zusammen einen Investor zu beteiligen, um die Verfahren der Erneuerung der Raffinerie zu finanzieren, die seit etwa 48 Jahren arbeitet.

Das Projekt umfasst die Entwicklung der beiden Einheiten zur Raffinierung von Rohöl und von Fahrzeugbenzin sowie die Errichtung einer Einheit zur Verarbeitung von Erdölprodukten und Einheiten zum Kracken von Schweröl, neben der Schaffung eines Netzes, mit dem die Einheiten und Abteilungen der Raffinerien durch den Computer verbunden werden, um mit den Entwicklungen in den Erdölindustrien Schritt zu halten. Auch wird ein neues Kraftwerk zur Erzeugung elektrischer Energie mit einer Leistung geschaffen werden, die zwischen 40 und 50 Megawatt schwankt.

Bei der Firma Raffinerien Aden wurde die erste Stufe des Projekts begonnen. Seine Kosten belaufen sich auf etwa 55 Millionen Dollar, deren Finanzierung aus eigener Kraft erfolgen wird, während die Ausführung der zweiten Stufe, deren Investitionen auf einen Wert von 250 Millionen Dollar geschätzt werden, mit Beteiligung eines arabischen oder ausländischen Investors erfolgen wird.

Kürzlich wurde in der Raffinerie schon ein Projekt eröffnet, um die Speicherkapazität von Flüssiggas auf 1500 Tonnen zu erhöhen und um diese Energie auszunutzen, die in Hinblick auf das Fehlen von genügendem Speicherraum bisher abgefackelt worden war. Das Projekt umfasst den Bau von 10 Speichern für Flüssiggas in dem zur Raffinerie gehörenden Ölhafen, deren Kosten etwa 4 Millionen Dollar betragen. Dieses Projekt wird den Umfang des Exports anstatt des früheren Umfangs, der nicht über 2000 Tonnen pro Tag hinausging, auf 4000 Tonnen Flüssiggas täglich heben.

Die Raffinerie Aden wird zu den ältesten Erdölraffinerien auf der arabischen Halbinsel und am Golf gerechnet, denn sie wurde 1952 gegründet und begann 1954 durch die britische Firma British Petroleum (BP) mit der Erdölraffinierung, bevor ihr Eigentum 1977 an den jemenitischen Staat übertragen wurde.

### T 2 ☉ 82.: Presseinterview mit einem Abteilungsleiter im Landwirtschaftsministerium des Sudan

*Journalist*: Ich danke Ihnen, dass Sie (mir) die Gelegenheit zum Gespräch mit Ihnen über die Lage der Landwirtschaft in Ihrem Land geben. Bitte erläutern Sie zuerst die allgemeinen natürlichen Voraussetzungen, die in Ihrem Vaterland existieren.

*Abteilungsleiter*: Ich mache das sehr gern. Die Fläche meines Landes beträgt ungefähr 600 Millionen Feddan. Man kann sie einteilen in Land, das zur Landwirtschaft geeignet ist, mit ungefähr 200 Millionen Feddan, natürlichem Weideland und Wäldern mit ungefähr 279 Millionen Feddan und die übrige Fläche mit Wüsten und Sümpfen.

*Journalist*: Entschuldigung, ist es möglich, mir einige Informationen über die Möglichkeiten der Landwirtschaft in den Wüstenregionen zu geben?

*Abteilungsleiter*: Landwirtschaftliche Aktivität ist nur in den Gebieten möglich, die zu beiden Seiten des Nils liegen und in denen das Wasser auf die Bewässerungsflächen mit Pumpen gehoben wird. Was die Halbwüstengebiete betrifft, so zeichnen sie sich durch Pflanzen aus, die zur Weide für Wanderherden geeignet sind.

*Journalist*: Existieren in Ihrem Land ausgedehnte Wälder?

*Abteilungsleiter*: Jawohl, die Gebiete mit reichlichen Regenfällen zeichnen sich durch Wälder mit Bäumen wertvoller Hölzer aus. Vielleicht interessiert es Sie, dass einige Regionen für den Anbau von Kaffee und Tee geeignet sind.

*Journalist*: Ich bitte Sie, mir noch Informationen über die Bewässerungsprojekte in Ihrem Land zu geben.

*Abteilungsleiter*: Die Bewässerungsprojekte wurden anfangs vom öffentlichen Sektor verwaltet, dann erfolgte die Übergabe von 700000 Feddan am Hauptarm des Nils und am Blauen und Weißen Nil an die Bauern. Trotzdem verwaltet die Regierung noch die sehr großen Projekte in der Dschasirah und in Neu-Halfa.

*Journalist*: Können Sie einige Details dieser beiden Projekte nennen?

*Abteilungsleiter*: Das Dschasirah-Projekt wurde 1925 gegründet und umfasst eine Fläche von schätzungsweise 2,2 Millionen Feddan. Es arbeiten in ihm 15 000 Kleinbauern. Zu seinen Zielen gehört die Ausbeutung der Wasseranteile des Sudan am Nil, die Verwendung moderner Landwirtschaftsmethoden, die Ausdehnung des Gemüse- und Obstbaus, die Viehzucht und der Anbau von Baumwolle und Sonnenblumen auch zum Export.

*Journalist*: Ich bitte Sie, mir einige Informationen über das Projekt von Neu-Halfa zu geben.

*Abteilungsleiter*: Mit der Verwirklichung dieses Projekts wurde im Jahr 1964 im Zusammenhang mit dem Bau des Hochdamms und der Speicherung des Anteils des Sudan am Nubischen See begonnen, wo die Bewohner der Region Halfa zur Auswanderung gezwungen waren. Ein Projekt zur Produktion von Baumwolle, Erdnüssen, Mais und Weizen wurde auf einer Fläche geschaffen, die 400 000 Feddan beträgt. Weil sich die Region durch viele Rinder- und Schafherden auszeichnet, bietet sie uns die Gelegenheit zur Investition in die Tierproduktion.

*Journalist*: Ich danke Ihnen für Ihre wertvollen Informationen und wünsche Ihnen Erfolg im Dienst Ihres Vaterlands.

**T 3:**                                                      At-Tahir Wattar (1936-2010)

Sein Leben: Er war ein algerischer Schriftsteller, wurde in einer Berber-Familie in Ostalgerien geboren. At-Tahir zog mit seinem Vater auf Grund dessen Berufs in mehreren Gegenden umher, bis er schließlich in einem Dorf, das nicht mehr als 20 km von seinem Geburtsort entfernt war, sesshaft wurde. Er lernte den edlen Koran und besuchte die Schule der Religionsgelehrten. Danach schickte ihn sein Vater 1952 nach Constantine zum Studium am Institut Imam Abdalhalim Ben Badis.

Wattar wurde darauf aufmerksam, dass es eine andere, der islamischen Rechtswissenschaft und der Scharia gleichwertige Kultur gab. So verschlang er in weniger als einem Jahr, was ihn an Büchern von Dschubran Chalil Dschubran, Michail Nuaimah,Taha Husain, von Tausendundeiner Nacht und Kalilah und Dimnah erreichte. Er korrespondierte mit Schulen in Ägypten und lernte die Presse und das Kino zu Beginn der 50er Jahre kennen. Danach begab er sich nach Tunis, wo er an der Zaitunah-Moschee studierte. 1955 lernte er die Literatur des epischen Stils kennen; so verschlang er die arabischen Romane, Erzählungen und Theaterstücke sowie solche aus aller Welt in Übersetzung. Er selbst veröffentlichte Erzählungen in den verschiedensten tunesischen und algerischen Zeitungen und Zeitschriften.

1956 schloss er sich der algerischen Nationalen Befreiungsfront an und arbeitete in ihren Reihen bis 1984. Von 1963 bis 1984 war er Mitglied in Nationalen Medienausschuss, dann Nationalzensor und besetzte zwei Jahre lang 1991 und 92 den Posten des Generaldirektors des algerischen Rundfunks. Erwähnenswert ist, dass er Gegner des Putschs in Algerien 1965 war und einen ablehnenden Standpunkt zu der Annullierung der Wahlen von 1992 einnahm. Er weihte seit 1989 sein Leben der Kulturarbeit in der Leitung der Dschahiz-Kulturgesellschaft. Vorher hatte er sein Haus in einen Treffpunkt verwandelt, in dem sich die Intellektuellen jeden Monat trafen.

Zu seinen Sammlungen von Erzählungen gehört „Die Märtyrer kehren in dieser Woche zurück", zu seinen Theaterstücken gehört „Der Geflohene" und zu seinen Romanen „Das Erdbeben" und „Hochzeit eines Maultiers".

Wann lebte At-Tahir Wattar?

Was wissen Sie über seine politische Biografie?

War Wattar ein politischer Schriftsteller?

Welche Standpunkte nahm er zu den politischen Entwicklungen in Algerien ein?

**Ü 1:** بُدِئَ تنفيذ المشروع.. – اُفْتُتِحَتِ السنة الدراسية الجديدة. – يُخزَّن الغاز المسال. – اُعتبِرت المصفاة من أقدم المصافي في العالم. – نُقِلتْ ملكية المصفاة إلى الدولة. – اُسْتُغِلَّتِ المساحات لزراعة القطن. – اقترحت مشروعات الري. – اُسْتُخْدِمَتْ أساليب حديثة. – ذُكِرَتْ تفاصيل هامة من المشروع. – اُضْطُرَّ سكان حلفا للهجرة. – أقيم مشروع الري – سُلِّمت عزيزة هدية جميلة. – أُرْسِلَتْ إلى أخته رسالة. – أُتيحَتْ لنا فرصة زيارة هذا المتحف.

**Ü 2:** يُبْدَأُ تنفيذ المشروع. – تُفْتَتَحُ السنة الدراسية الجديدة. – يُخزَّن الغاز المسال. – تُعتبر المصفاة من أقدم المصافي في العالم. – تُنْقَلُ ملكية المصفاة إلى الدولة. – تُسْتَغَلُّ المساحات لزراعة القطن. – تُقترح مشروعات الري. – تُسْتَخْدَمُ أساليب حديثة. – تُذْكَرُ تفاصيل هامة من المشروع. – يُضْطَرُّ سكان حلفا للهجرة. – يُقام مشروع الري – تُسلَّم عزيزة هدية جميلة. – تُرْسَلُ إلى أخته رسالة. – تُتَاحُ لنا فرصة زيارة هذا المتحف.

**Ü 3:** بعثُ عددا من الحيوانات في السوق. – أسمع أحيانا أصوات الأولاد. – منعت الطالب من / عن مغادرة الدرس. – هل دعوتَني لأذهب معك إلى المقهى. – لم أجد زميلتي عندما وصلت إلى المطار. – رحبتُ بالنساء اللواتي اجتمعن في القاعة. – قضيتُ أياما لا أنساها. – لم أجب على الرسالة حتى الآن.

**Ü 4:** أعلنت الحكومة أن الرئيس سيغادر البلاد غدا. – نادى الرجل بصوت عال بأن الطائرة ستقوم بعد خمس دقائق. – اشترى أبونا هذه الآلات من شركة أجنبية. – تضطرنا الشرطة إلى أن نسافر اليوم. – أمر الوزير الشرطة بأن تعتقل هؤلاء الأشخاص. – لو كنت تاجرا غنيًّا لسألك الناس دائما عن مشاكلهم الاقتصادية.

**Ü 5:** رُحِّبَ بالضيوف العرب. – بُدئ ببناء الخزانات. – اُحتِيجَ إلى السيارة لمدة ستة أيام. – يُوَقَّعُ على اتفاقية تجارية. – يُتَحَدَّثَ عن مشروع الري. – تُحْفَظ في تقدير أعمال الطلاب.

**Ü 6:** Es fand die Modernisierung der Raffinerie Aden statt / Die Raffinerie Aden wurde modernisiert. – Die Entwicklung moderner Methoden in der Landwirtschaft fand statt. – Die Schaffung einer Einheit zur Raffinierung von Erdöl wird stattfinden. – Die Finanzierung dieses Projektes mit 40 Millionen Dollar wird vollzogen werden. – Die Vorlegung wichtiger Informationen über die Viehzucht fand statt. – Die Übergabe von 500 000 Feddan an die Bauern fand statt. – Die Ausnutzung des Wassers des Weißen und des Blauen Nils wird stattfinden. – Die Speicherung des Anteils des Landes am Wasser des Flusses fand statt. (Wie der erste Satz können auch die übrigen Sätze passivisch übersetzt werden: Moderne Methoden … wurden entwickelt. usw.)

**Ü 7:** – رصد اليمن ٣٠٠ مليون دولار لتحديث مصفاة عدن. – تبلغ طاقة التكرير حوالي ١٠٠ ألف طن برميل يوميا. – تتراوح طاقة المحطة الكهربائية بين ٤٠ و٦٠ ميجاواط. – يقدّر حجم تخزين الغاز المسال بـ٢٠٠٠ طن – بدأت المصفاة تكرير النفط عام ١٩٥٤. – تبلغ مساحة السودان حوالي ٦٠٠ مليون فدان. – تصل مساحات المراعي الطبيعية إلى ٣٠٨ مليون فدان. – تتكون وحدة الغاز المسال من عشرة خزانات. – تعمل مصفاة عدن منذ ٥١ عاما.

**Ü 8:** يتم تحديث المصفاة في السنوات القادمة. وتبلغ طاقة التكرير ٥٠ ألف برميل يوميا. سيتم إنشاء وحدة لتكسير المازوت. تقوم محطة الطاقة بتوليد ٦٠ ميجاواط من الطاقة الكهربائية. يبدأ تنفيذ المشروع في العام القادم. ترصد الحكومة ٥٠٠ مليون دولار لتمويل صناعة النفط. تُنشأ ٨ خزانات لتخزين الغاز المسال. سيتم تخصيص ١٠٠ مليون دولار لتطوير المصفاة الجديدة. تقوم البلاد بتصدير كميات كبيرة من الغاز الطبيعي.

**Ü 9:**
تأسست مصفاة النفط في عدن عام ألف وتسعمائة واثنين وخمسين.
نقلت المصفاة إلى ملكية الدولة عام ألف وتسعمائة وسبعة وسبعين.
تأسست جمهورية ألمانيا الاتحادية عام ألف وتسعمائة وتسعة وأربعين.
أنشئ مشروع الجزيرة في السودان عام ألف وتسعمائة وخمسة وعشرين.
بدئ بتحقيق مشروع حلفا الجديدة عام ألف وتسعمائة وأربعة وستين.
بدئ ببناء السد العالي عام ألف وتسعمائة وستين.

**Ü 10:**
صناعة النفط: بنزين، مازوت، غاز طبيعي، المواد البلاستيكية
صناعة بناء الآلات: آلات، توربينات، مضخات
صناعة السيارات: أوتوبيسات، عربات
صناعة الغزل والنسيج: قمصان، فساتين، بنطلونات، بلوزات، أقمشة، بروكار، بدلات
صناعة المواد الغذائية: جبنة، آيسكريم، كباب
صناعة الأثاث: أرفف، خزائن، كراسي، طاولات، سرير

**Ü 11:** (Die Kurzvorträge können mündlich gehalten oder schriftlich vorgelegt werden)
Mögliche Themen: Die Autoindustrie in Deutschland – Die wichtigsten Produkte – Die Erdölindustrie in Saudi-Arabien – die Textilindustrie in Ägypten
Industriezentren – Die wichtigsten Erzeugnisse – Horizonte der Entwicklung der Industrien – Investitionen der arabischen Staatsfonds in deutsche Firmen

**Ü 12:** إنتاج الزراعي: عباد الشمس، التفاح، القطن، القمح، الخضراوات، الرز، الذرة الرفيعة، الطماطم، الحرير، البن، الشاي، الفول السوداني
الإنتاج الحيواني: البقر، الخروف، القطعان المتحركة، الضأن، الحمير
الإنتاج الغابي: أشجار ماهاغوني

**Ü 13:**      Erarbeitung von Kurzvorträgen entsprechend den angegebenen Punkten.

**Ü 14 ⊚ 84.:**                          مزاد الأغنام — الدوحة ١٣ سبتمبر ١٩٩٤

يجلس كل ليلة أكثر من ٥٠ رجلا في مكان يبعد عن الدوحة حوالي ٢٠ كيلومترا لممارسة هواية غريبة، وهي عقد مزاد لنوع معين من رؤوس الأغنام النادرة تسمى "الشاميات"، وكذلك لتبادل الأخبار عن مثل هذا النوع من الأغنام وأسعارها ووسائل الرعاية اللازمة لها. وقال صاحب فكرة المزاد ومنفذها : إن هذا النوع من الأغنام له سوق خاص في المملكة السعودية ، حيث تبدأ أسعارها بخمسة آلاف ريال ويمكن أن تصل إلى نصف مليون ريال أحيانا. وأضاف أن الهدف من هذا النشاط هو الحفاظ على هذا النوع النادر من الأغنام التي عرفت في البداية في سوريا منذ مئات السنين لأن عددها قد أصبح قليلا جدا في أيامنا هذه ولا يصل إلى أكثر من مئتي رأس.

Die Versteigerung der Schafe – Ad-Dawhah 13. September 1994
Jede Nacht sitzen mehr als 50 Männer an einem Ort, der etwa 20 km von Ad-Dawhah entfernt ist, um einem merkwürdigen Hobby nachzugehen. Es handelt sich um die Versteigerung einer bestimmten Rasse von seltenen Schafen, die „die Syrerinnen" genannt werden, und auch zum Austausch von Nachrichten über eine solche Rasse von Schafen, ihre Preise und die notwendigen Vorsorgemittel für sie. Derjenige, der die Idee für die Versteigerung hat und sie ausführt, sagte: Diese Rasse von Schafen hat einen besonderen Markt im Königreich Saudi-Arabien, wo ihre Preise bei 5000 Riyal beginnen und manchmal eine halbe Million Riyal erreichen können. Er fügte hinzu, dass das Ziel dieser Aktivität darin besteht, diese seltene Rasse der Schafe zu erhalten, die anfangs in Syrien seit Hunderten von Jahren bekannt war, weil ihre Zahl heutzutage sehr gering geworden ist und nicht mehr als 200 Schafe beträgt.

يجلسون في مكان يبعد عن الدوحة ٢٠ كيلومترا لعقد مزاد لنوع نادر من الأغنام.

اسم الأغنام هو "الشاميات" وتتراوح الأسعار بين ٥٠٠٠ ونصف مليون ريال أحيانا.

لا يزيد عدد رؤوس الأغنام على ٢٠٠ رأس.

**Ü 15:**            معلم / مدرس — مضيفة — نادل / غارسون — خباز — جزار — طباخ — بستاني

**Ü 16:**                                                  إلى وزارة الزراعة والغابات

الموضوع : سفري إلى السودان

السيد الدكتور / فلان فلان                                          المحترم

مدير قسم في الوزارة

تحية طيبة وبعد،،،

وصلت إلى الخرطوم بسلامة بعد رحلة استغرقت أربع ساعات. واستقبلني في المطار السيد حسين نوري، وكيل وزارة الزراعة. الجو هنا حار إلى درجة لا تحتمل / تطاق. ولكن غرفتي في الأوتيل / الفندق ممتعة ومريحة ولها تكييف هواء. وفي صباح هذا اليوم التقيت ببعض مسؤولي وزارة الزراعة لنناقش إمكانيات زيادة الإنتاج الزراعي في السودان. وكانت المحادثات مفيدة جدا لأن ممثلي وزارة الزراعة كانوا على معرفة دقيقة على / اطلاع تام على جوانب ضعف / نواقص الزراعة التقليدية في بلادهم. ورأوا أنه من الممكن أن تساعدهم خبراتنا قبل كل شيء / بالدرجة الأولى في قطاع تربية الحيوانات. وسنواصل غدا المحادثات في وزارة الزراعية السودانية وآمل أن تنتهي بنتائج جيدة. وبعد اختتام المحادثات في الخرطوم سأزور جامعة جوبا حيث يوجد خبراء للزراعة في المناطق الاستوائية وشبه الصحراوية. وسأكتب لكم مرة أخرى وأخبركم بالمحادثات في الخرطوم.

مع أطيب التحيات

المخلص روبرت هاوسمان

# Lektion 24

**T 1 ⊚ 85.:**      Motorräder sind in Beirut das leichteste, häufigste und schnellste Verkehrsmittel.
Beirut: Muhammad Ghandur, Al-Hayat 19.03.08.
Salim geht in vollkommener Eleganz aus seiner Wohnung. Er trägt einen aschgrauen Anzug und eine rote Krawatte. Er hat eine modische Haarfrisur und ein Parfüm, das ihm auf die Straße vorausgeht. Er begibt sich zu einer Garage, um deren Tor zu öffnen, und besteigt ein altes Motorrad. Wenn er zu seinem Arbeitsort gekommen ist, wird er das Meiste von seiner Eleganz verloren haben und sein Parfüm wird verflogen sein.
Salim ist einer der Einwohner Beiruts, die das Motorrad zu ihren Fortbewegungen benutzen, weil es nach der Erhöhung des Benzinpreises und dem Gedränge auf den Straßen und den Schachtarbeiten an mehre-

ren Orten das leichteste, häufigste und schnellste der mit dem Auto konkurrierenden Verkehrsmittel geworden ist. Das Motorrad hat in den innersten Kern des Lebens vieler Libanesen Eingang gefunden, die sich grundsätzlich auf es verlassen, sowohl bei ihren Fortbewegungen als auch beim Herbeischaffen ihres Bedarfs, wozu noch viele Geschäfte kommen, die es zum Transport ihrer Dienstleistungen zu den Kunden in Beirut benutzen.

Viele Leute benutzen Motorräder, ohne die die geringsten Bedingungen der Sicherheit zu beachten. Der Anblick eines Motorrads, das mehr als drei Personen auf seinem Rücken trägt, ist nämlich vertraut geworden. Und es ist bekannt, dass ein großer Teil der Motorräder nicht beim Staat registriert ist, was die Sicherheitskräfte dazu veranlasst, überraschende Hindernisse zur Kontrolle und zur Verfolgung flüchtiger Motorräder aufzubauen.

Es gibt eine Gruppe von Jugendlichen, die gerne im dichten Verkehr Motorrad fahren und sich am Verkehrsstau beteiligen. Das geht noch darüber hinaus bis zur Organisation von Wettfahrten auf den Schnellstraßen und gegenseitigen Herausforderungen der Fahrer durch Stehen auf dem Rücken des Motorrads, das mit einer Geschwindigkeit von mehr als 100 Stundenkilometer fährt.

Die Größe des Motorrads oder sein Modell weisen auch auf die materielle Lage seines Besitzers hin. Wenn es von kleinem Umfang und alt ist, passt die Redewendung: Strecke deinen Fuß nach dem Maß deines Teppichs. Was seine Mächtigkeit, seine leuchtenden Farben, seine Gepäckboxen und die Stickerei auf seinem Sitz und seiner silbernen Lenkstange betrifft, so deuten sie darauf hin, dass sein Besitzer es nur zur Angeberei benutzt.

**T 2 ⊙ 86.:**                          Gespräch an der Passkontrolle im Internationalen Flughafen Beirut

*Polizist*: Willkommen am Flughafen Beirut! Ich sehe, dass Sie verstört sind. Haben Sie ein Problem?

*Hans*: Danke für Ihren Willkommensgruß und Ihr Interesse an mir. Mein Name ist Hans Schumann. Ich bin aus Berlin gekommen und habe entdeckt, dass mein Reisepass und meine Geldbörse nicht vorhanden sind, als ich zu diesem Kontrollpunkt gekommen bin.

*Polizist*: Was ist Ihre Staatsbürgerschaft? Können Sie mir sagen, wie Sie den Reisepass und Ihre Geldbörse verloren haben?

*Hans*: Ach Gott, ich weiß nicht, wie und wo ich den Pass und die Geldbörse im Flugzeug verloren habe, als ich darin saß. Was meine Staatsbürgerschaft betrifft, so bin ich Deutscher. Der Reisepass wurde mir vor zwei Jahren ausgestellt.

*Polizist*: Mein Gott! Sie beherrschen das Hocharabische wirklich gut. Wenn Sie gestatten, geben Sie mir detaillierte Angaben über Ihre Reise! Wo haben Sie das Flugzeug bestiegen? Was ist die Flugnummer? Wann ist das Flugzeug am Flughafen Beirut angekommen? Tragen Sie hier Ihren Namen in lateinischen Buchstaben ein, wie er in Ihrem Reisepass geschrieben ist!

*Hans*: Ich habe das Flugzeug am Internationalen Flughafen Berlin-Brandenburg bestiegen. Die Flugnummer ist .... . Das Flugzeug landete um 15.40 Uhr am Flughafen Beirut. Was das Arabische betrifft, so habe ich es an der Freien Universität in Berlin und an der Universität Erlangen studiert.

*Polizist*: Gott sei Dank, Sie sind wohlbehalten angekommen. Ich bitte, beschreiben Sie Ihr Portemonnaie und was darin ist.

*Hans*: Möge Gott Sie wohlbehalten! In meiner Geldbörse war ein Betrag von 300 Euro und eine Kreditkarte Eurocard, auch eine Krankenversicherungskarte war darin. Was die Geldbörse selbst betrifft, so ist ihre Farbe braun.

*Polizist*: Bei Gott! Ich habe noch keinen Deutschen gesehen, der das Hocharabische wie Sie gesprochen hat. Haben Sie noch einen anderen Ausweis als den Reisepass?

*Hans*: Ich habe eine Bahncard 50, die auf meinen Namen ausgestellt ist. Ist das von Nutzen?

*Polizist*: Das ist auf jeden Fall nützlich. Ich werde die Fluggesellschaft anrufen, damit sie die Suche nach Ihrem Portemonnaie und Ihrem Reisepass im Flugzeug unternimmt. Sie müssen sich mit Ihrer Botschaft in Beirut in Verbindung setzen und mit ihnen (den Leuten dort) die notwendigen Schritte vereinbaren. Dazu gehört die Ausstellung eines provisorischen Reisepasses und die Gewährung eines Einreisevisums. Und Sie müssen warten, bis ein deutscher Diplomat eintrifft, der Sie vom Flughafen abholt.

*Hans*: Ich danke Ihnen für Ihr Entgegenkommen und bitte Sie um Erlaubnis, das Hotel anzurufen, in dem ich mir ein Zimmer reserviert habe.

*Polizist*: Dagegen habe ich nichts einzuwenden. Haben Sie ein Mobiltelefon? Ich wünsche Ihnen trotz allem einen guten Aufenthalt in meinem schönen Land.

*Hans*: Nochmals sei Ihnen gedankt für die freundliche Behandlung. Auf Wiedersehen bei einer anderen, besseren Gelegenheit!

**T 3:**          Strenge Kontrolleurinnen in der U-Bahn von Kairo – ihr Feind: die Blicke … der Männer
Der Betrieb der U-Bahn von Kairo war seit ihrer Eröffnung im Jahr 1987 eine Bastion der Männer. Es gab dort keinerlei Frau, gleichgültig ob auf dem Gebiet der Zugführung, dem Kontrollapparat oder an den Verkaufsschaltern der Fahrkarten.

Aber in letzter Zeit haben die Frauen begonnen, jene „Bastion" zu erstürmen. Die ersten Schritte geschahen auf dem Gebiet des Fahrkartenverkaufs. Im Verlauf der Zeit drang die Frau in das Gebiet der Kontrolle der Eingangsschleusen und in das Innere der U-Bahnzüge ein, die täglich mehr als zwei Millionen Fahrgäste bei ihrer Fortbewegung benutzen.

Wala Muhammad und Dua Abdalmun'im arbeiten in der Station Ash-Shuhada'. Dua konnte ihre Eltern überzeugen, dass die Frau sich nur biologisch vom Mann unterscheidet. Dann erlaubte ihr Vater ihr, dort zu arbeiten. Wala gesteht die Schwierigkeit des Postens ein: „Wenn ein Mann mich von Kopf bis Fuß anblickt, ist es, als spotte er über mein Vorhandensein an jenem Ort. Das war anfangs so, als die Fahrgäste noch nicht gewohnt waren, dass eine Dame sie anhielt und sich von ihren Fahrkarten überzeugte, ja ihnen eine Geldstrafe oder den Gang zur Polizeiabteilung auferlegte, die an der Station existierte. Jedoch im Verlauf der Zeit gewöhnten sich die Leute an die Situation, und ich begann normal zu arbeiten."

Die Kontrolleurinnen stellten eine große Befähigung zur Arbeit unter Beweis. Sie registrierten mehr als 1110 Verfehlungen während eines einzigen Monats, was zu einem Zustand von Disziplin innerhalb der Damenwaggons beitrug, die zu betreten selbst den männlichen Kontrolleuren verboten war.

Wann ist die U-Bahn in Kairo eröffnet worden?
Welche Arbeiten verrichten die Damen nach der „Erstürmung der Bastion der Männer" ?
Haben sich die Fahrgäste der U-Bahn an die Kontrolleurinnen gewöhnt?
Was haben Sie über die Damenwaggons gelesen?

**Ü 1:** مُتَّخِذ – حَامِل – مُجِيب – مُسَافِر – عَائِد – مُهَنِّئ – نَاجِح – مُجْر – مُقِرّ – آتٍ – غَائِب – مُغَيِّر – جَالِس – مُطَّلِع – مُعْجِب – مُسْتَرِيح – مُصْفَرّ – مُنَافِس – نَائِل – خَارِج – رَاءٍ – مُتَوَجِّه – كَاتِب – مُلْغٍ – مُضْطَرّ – مُسْتَطِيع – تَامّ – مُتَعَاوِن – مَاضٍ – وَاقِع – آكِل – مُرِيد – مُؤْمِن – عَالِم – مُتَعَلِّم – دَاخِل – وَاقِف – مُحِبّ – مُحْتَلّ – مُتَغَيِّر – مُرْسِل – قَائِل – مُشِير – عَامِل

**Ü 2:** معروف، مغيَّر، مُراد، مستعمَل، مقرَّر، معدود، مدار، مساعَد، مُرسَل، مطلوب، مؤلَّف، موقَظ، مقطوع، مُعَدّ، مصدَّر، مسموح، مُحتَلّ، مأكول، مُلْقى، مَنْسِيّ، مُحَبّ، مُتَّخَذ، مَوْضوع، مُنادى، مَنْشور، مُنْهى، مرحوم، مملوك، مهَنَّأ، مسؤول، مُنْتَج، معلوم

**Ü 3:** الدراجة النارية السائرة بسرعة كبيرة – القرية الواقعة بالقرب من النهر – الأخبار المنتشرة اليوم – طلاب مشتركون في الدروس – جواز سفر مفقود في الطائرة – البنت البائعة الفواكه / البائعة للفواكه – أشياء مختارة – السنة الماضية – سيارات مصنوعة في ألمانيا – الاسم المطبوع على بطاقة هوية – الفتيات الماشيات في الشارع – سيارة عائدة إلى وزارة التربية – الكتب الموجودة في المكتبة – الخطوات المتفق عليها

**Ü 4:** سليم الذي يلبس بزة رمادية – الطلاب الذين يستعملون الدراجة النارية – الدراجة النارية التي لم تسجَّل لدى الدولة – الشاب الذي يقف على ظهر الدراجة – الطائرة التي تهبط في مطار بيروت – جواز السفر الذي صدر في الشهر الماضي – الجزر التي تقع في البحر الأبيض المتوسط – البنات اللواتي يخفن من الرحلة بالطائرة – الكتب التي وُضعت في الأرفف – طلاب يدعون / دُعوا لزيارتنا – القطار الذي تأخر ربع ساعة – الوضع الذي يتغير / تغير بسرعة

**Ü 5:** Welches ist das Transportmittel, das viele Bewohner Beiruts bevorzugt benutzen?
Welches Transportmittel bevorzugen Sie: das Auto, das Motorrad oder ein öffentliches Verkehrsmittel?
Sind in Deutschland viele Motorräder nicht registriert?
Benutzen einige Jugendliche von Ihren Bekannten Motorräder zu etwas Anderem als zur Fortbewegung?
Deutet die Größe des Motorrads oder sein Modell auf die materielle Lage seines Besitzers auch in Deutschland?

**Ü 6 ⦿ 88.:**                                                في محطة البنزين

الزبون :          عبئ الخزان إلى أقصى حد من فضلك.
صاحب المحطة :          بنزين عادي أم سوبر.
سوبر من فضلك.
هل أفحص كمية الزيت؟
لا شكرا. هذا غير ضروري. ولكن هل من الممكن أن تفحص

إنني في خدمتك. آه ضغط الإطارات اعتيادي.       ضغط الإطارات؟

شكرا ومع السلامة.       أعطني من فضلك الوصل، وشكرا على خدماتك.

مع السلامة.

### An der Tankstelle

*Kunde:*    Füllen Sie den Tank bis zum äußersten Rand bitte!

*Tankwart:* Normalbenzin oder Super?

*Kunde:*    Super bitte!

*Tankwart:* Soll ich den Ölstand prüfen?

*Kunde:*    Nein danke, das ist nicht nötig, aber ist es möglich, dass Sie den Reifendruck prüfen?

*Tankwart:* Ich stehe Ihnen zu Diensten. Ah, der Reifendruck ist normal.

*Kunde:*    Geben Sie mir bitte die Quittung! Danke für Ihre Dienste!

*Tankwart:* Danke, und leben Sie wohl!

*Kunde:*    Leben Sie wohl!

Was verlangt der Kunde von dem Besitzer der Benzinstation und was hält er für unnötig?

**Ü 7:**

| Sie haben ein Auto. | Sie sind an der Tankstelle. | Wünschen Sie, dass der Öl- |
|---|---|---|
| Einen BMW | Wollen Sie, dass der Tank | stand/ der Reifendruck |
| Einen Volvo | bis zum äußersten Rand ge- | geprüft wird? |
| Einen VW | füllt wird? | |
| Einen Mercedes | Mit Normalbenzin / Super / | |
| | Diesel / Gas? | |

**Ü 8:**                         Der Kokosnusshelm ist der Beste!

Die niederländischen Experten auf dem Gebiet der Anfertigung von Helmen, die die Motorradfahrer zum Schutz des Kopfes vor Zusammenstößen auf den Kopf setzen, haben entdeckt, dass die besten Helme die aus den Schalen der Früchte der Kokosnuss Hergestellten sind.

**Ü 9:** Haben Sie schon eine Reise mit deutschen und ausländischen Fluggesellschaften gemacht?

       Sind Sie mit Billigfluggesellschaften geflogen?

       Bevorzugen Sie die deutsche Fluggesellschaft Lufthansa und warum?

       Reisen Sie mit arabischen Fluggesellschaften, wenn Sie in die arabischen Länder reisen?

       Hatten Sie Erfolg bei dem Versuch, verbotene Waren einzuführen?

       Waren Sie gezwungen, einen Betrag für teure Dinge beim Zoll zu bezahlen?

       Sind Gepäckstücke von Ihnen bei Reisen mit einer der Fluggesellschaften verloren gegangen?

**Ü 10:** وجد السائح تحفة جميلة وقيمة لزوجته في سوق الصفارين. – اشترى والدي بدلة على أحدث موضة من المجمع التجاري. – ينام سكان البلدان الحارة في الصيف على سطح بيوتهم. – سُرِقت كتب قديمة من المكتبة الحكومية. – أنجز ركاب الطائرة الإجراءات اللازمة عند وصولهم في المطار. – لم يستطع المهندس أن يملأ الاستمارة باللغة العربية. – هل لديك حساب جار في أي مصرف لبناني؟ – تريد الأرملة الارتباط بتاجر ميسور ماليًا يعيش في منزله بمفرده. – استغل فلاحو السودان حصة بلدهم من مياه النيل.

**Ü 11:** سأل أحمد الموظف في محطة السكك الحديدية أين أحصل على التذاكر إلى حلب. ودل الموظف أحمد على الشباك رقم ٣. واشترى أحمد تذكرتين له ولأخيه. وسأل أحمد الموظف عن الموعد الذي تنطلق فيه القطارات. فأوضح له أن القطار الأول ينطلق في الساعة ٨,١٢ صباحا، والأخير في الساعة ٢٠,١٠ مساء.

Ahmad fragte den Beamten am Bahnhof: Wo bekomme ich die Fahrkarten nach Aleppo. Der Beamte zeigte Ahmad den Schalter Nr. 3. Ahmad kaufte zwei Fahrkarten für sich und seinen Bruder. Ahmad fragte den Beamten nach der Zeit, in der die Züge abfahren. Da erklärte er ihm, dass der erste Zug um 8.12 Uhr morgens und der letzte um 20.10 abends abfährt.

**Ü 12:** كيف حصلت مدينتا نورنبرغ وفورت على خط للسكك الحديدية

يعود نشوء أول خط للسكك الحديدية بين نورنبرغ وفورت إلى مبادرة خصوصية لتجار وسياسيين يعتبرون السكك الحديدية وسيلة لإنعاش الاقتصاد. وتأسست شركة مساهمة لتوفير الرأسمال اللازم في مايو عام ١٨٣٣. وأنجز بناء الخط والمحطتين حتى خريف سنة ١٨٣٥. وفي مايو سنة ١٨٣٥ كانت شركة السكك الحديدية قد طلبت توريد قاطرة من مصنع ستيفنسون الإنكليزي.

وفي السابع من شهر ديسمبر من سنة ١٨٣٥ سار أول قطار بالقاطرة "النسر" وتسع عربات من الدرجات الأولى والثانية والثالثة على الخط من نورنبرغ إلى فورت الذي بلغ طوله ٧٫٤٥ كلم في خلال تسع دقائق وقاده سائق القاطرة الإنكليزي ويليام ويلسون.

وفي سنة التشغيل الأولى نقلت السكك الحديدية بين نورنبرغ وفورت أربعمائة وخمسين ألف شخص، وبدأ نقل البضائع سنة ١٨٣٩.

اتضح أن خط السكك الحديدية هذا اختبار ناجح للسكك الحديدية في ألمانيا. فقد تأسست سنة ١٨٤٤ شركة خطوط السكك الحديدية للمملكة البافارية وربطت خطوط السكك الحديدية الحكومية أيضا هاتين المدينتين ابتداءً من عام ١٨٦٢.

وفي أيامنا هذه ينقل خط مترو الأنفاق رقم ١ آلاف الركاب بين المدينتين يوميا، كما تسير قطارات على خطوط السكك الحديدية للمملكة البافارية السابقة والحكومية الألمانية الراهنة.

## Lektion 25

**T 1 ⊙ 89.:**                            Alexandria, die „Braut des Mittelmeers"

Nun sind Sie in Alexandria des Alexander, in der sich die griechische, römische und koptische Kultur vermischen, ohne dass in ihr der Geist der islamischen Kultur fehlt.

Ihr Ausflug in Alexandria beginnt am Muntazah-Palast der Königsfamilie und seinen wunderbaren Parkanlagen, die ihn zu einem der wichtigsten Erholungsstätten der Stadt machen. Der Muntazah-Palast stellt einen mächtigen historischen Bau dar, dessen Errichtung in einem Stil erfolgte, der zwischen dem osmanischen und dem italienischen mischt.

Aber sicher liegt das Geheimnis der Schönheit Alexandrias in seiner Meeresstrandstraße verborgen, von der alle Straßen abzweigen, die zu den bedeutendsten Sehenswürdigkeiten der Stadt, zu den traditionellen und modernen Basaren und zu den an dem wunderbaren Sandstrand der Stadt liegenden Hotels führen. Ein Leben in seiner Gänze und seinen verschiedenen Antlitzen finden Sie an der Strandstraße, die ihre Augen niemals schließt.

Und vergessen Sie nicht, die Katakomben der Gräber von Kom asch-Schuqafah zu besuchen, denn sie sind eine in ihrer Art einmalige Sehenswürdigkeit in Ägypten. Ihre Geschichte geht in das zweite Jahrhundert n. Chr. zurück, und sie vereinen die ägyptische, griechische und römische Kunst.

Zu den herausragenden Sehenswürdigkeiten der Stadt gehört auch die berühmte Zitadelle, die Sultan Al-Aschraf Qaitbay vor 530 Jahren zur Verteidigung des alten Hafens an der ursprünglichen Stelle des alexandrinischen Leuchtturms, eines der sieben Weltwunder, erbaute. Heutzutage umfasst die Zitadelle eine Moschee und ein Meeresmuseum. Von ihr aus hat man gleichzeitig prächtige Ausblicke auf die Stadt und auf das Meer.

Zu den berühmten Plätzen Alexandrias gehört jener Platz, der den Namen Saad Zaghluls trägt, des Anführers der Revolution von 1919 gegen den englischen Kolonialismus. Nicht weit entfernt davon ist die Region Sandstation, von der viele Straßen abzweigen, die mit allen Arten des Handels überfüllt sind. Eine davon ist die Frankreich-Straße mit Gold- und Silbergeschäften. Die „Damengasse" ist der berühmteste Basar von Alexandria mit eng aneinander gereihten Geschäften, die Frauenartikel aller Art anbieten. Es ist schwierig, wegen das starken Gedränges hindurchzugehen, was es den Taschendieben leicht macht, ihrem „Gewerbe" nachzugehen.

Danach wenden Sie sich der Alexandrinischen Bibliothek zu, die die Ägypter nach mehr als 2000 Jahren nach ihrem Abbrennen durch den römischen Imperator Julius Caesar wiederaufgebaut haben und die mit ihrem mächtigen Gebäude heute eine touristische Sehenswürdigkeit der Stadt bildet. Manche beschreiben sie als „vierte Pyramide Ägyptens" nach den drei Pyramiden von Giseh.

Auf diese Weise verlassen Sie die „Braut des Mittelmeers", nachdem Sie diese Stadt und ihre Kulturwelten kennen gelernt und in einem der ausgezeichneten Fischrestaurants gegessen haben.

**T 2 ⊙ 90.:**                            Der Muntazah-Palast

*Hans:* Willkommen Samir, vielen Dank für deine Bereitschaft, gute Ratschläge zum Besuch der Sehenswürdigkeiten von Alexandria während meines Aufenthalts (darin) zu geben, insbesondere wo du einer der Söhne dieser schönen Stadt bist.

*Samir:* Herzlich willkommen! Ich bin dazu sehr gern bereit. Wie herrlich ist der Besuch dieser Stadt. Ich hätte gewünscht, dass ich selbst dich während deines Gang dort begleiten würde. Du könntest zum Beispiel den Muntazah-Palast, den Sommersitz der ägyptischen Könige, sowie die Uferstraße am Meeresstrand und die alten Katakomben besuchen. Auch sollte man die Damengasse, den berühmtesten Basar der Stadt besuchen. Es gibt auch die Möglichkeit, deinen Besuch damit fortzusetzen, dass du die Zitadelle aufsuchst und dass dein Besuch damit endet, dass du dich zur Alexandrinischen Bibliothek begibst, die am Ende des 20. Jahrhunderts wieder aufgebaut wurde.

*Hans:* Wenn du gestattest, ziehe ich wegen der knappen Zeit den Besuch des Muntazah-Palastes vor, weil ich mich besonders für die Architektur und die Gestaltung der Parkanlagen in der arabischen Welt interessiere.

*Samir:* Du hast gut gewählt, denn der Muntazah-Palast und seine Parks gelten tatsächlich als eines der Symbole der Schönheit in der Welt. Den Palast errichtete der Khedive Abbas Hilmy II. am Ende des 19. Jahrhunderts, damit er ein Sommersitz für seine Familie sei. Die Pracht des Palastes besteht darin, den italienischen und osmanischen Stil zu vereinen, und in seiner einmaligen Lage an der alexandrinischen Küste, wo er auf einer erhöhten Fläche erbaut wurde und von Parkanlagen und Wäldern umgeben ist.

*Hans:* Gibt es in diesen Parks noch andere Sehenswürdigkeiten außer diesem Palast?

*Samir:* Natürlich, die Parkanlagen umfassen Sportplätze, einen Park für Kinder, ein Sommertheater und ein Meeressportzentrum, ebenso einen Uhrenturm und ein auf das Meer hinausgehendes Teehaus im römischen Stil. Der König und sein Hofstaat pflegten in ihm den Tee einzunehmen und Angelegenheiten der Regierung zu diskutieren. Außerdem gibt es noch in der Nachbarschaft des Königspalastes ein Kino, (es ist) zur Vorführung von Filmen zur Unterhaltung der Prinzessinnen eingerichtet.

*Hans:* Ich habe in Damaskus den Azm-Palast besucht. Dort gab es ein Haramlik und ein Selamlik. Gibt es im Muntazah-Palast besondere Gemächer in dieser Art?

*Samir:* Ja noch mehr als das! Das Haramlik und das Selamlik sind hier zwei vollständige Paläste, die dem Muntazah-Palast im Stil ähneln. Im Haramlik residierten die Ehefrauen des Königs und die Frauen des zur königlichen Familie gehörenden Hofstaats. Was den Selamlik betrifft, so wurde er für die Männer des zum König gehörenden Hofstaats erbaut.

*Hans:* Wie wird der Muntazah-Palast heutzutage verwendet?

*Samir:* Die Revolution von 1952 öffnete die Parkanlagen dem Volk. Das Haramlik wurde danach in die Gruppe von Palästen der Präsidentschaft der Republik umgewandelt, damit die Gäste Ägyptens, Präsidenten und Könige, darin wohnen. Was das Selamlik betrifft, so ist es in ein Touristenhotel für den Aufenthalt von reichen Leuten bei den Touristen umgestaltet.

*Hans:* Herzlichen Dank für alle diese Informationen, die meinen Besuch der „Braut des Mittelmeers" zu einer Sache machen werden, die ich nicht vergesse.

**T 3:** Die Damengasse

Die „Damengasse" ist der berühmteste Basar von Alexandria. Aus ihm haben die beiden „Schlächterinnen", Rayya und Sakinah, im Jahr 1920 einen Schauplatz für die Jagd auf ihre Opfer mit Abschlachten der Damen und ihrer Beraubung gemacht. Sie sind das berüchtigtste Verbrecherduo, das Ägypten und die arabischen Länder gekannt haben. Jetzt ist er zu einem Basar geworden, den die Armen und die berühmt Gewordenen aufsuchen. Er besteht aus engen Gassen und eng aneinander gereihten Läden, die Frauenartikel aller Art und Farbe anbieten. Dieser Basar befindet sich auf dem Gipfel der Basare der Stadt Alexandria und ist das Ziel von Frauen aller Gesellschaftsschichten, um alles zu kaufen, „von der Nadel bis zur Rakete", wie man sagt. Dies ist der Basar der „Damengasse", dessen Berühmtheit (alle) Grenzen übersteigt. Die bekanntesten Waren, die gegenwärtig in ihm verkauft werden, sind weibliche Accessoires, bunte Garne, bunte Perlen, Knöpfe und anderes.

**Ü 1:** ‏١) أَكْلٌ – بَيْعٌ – فَهْمٌ – قَوْلٌ – مَشْيٌ – نَشْرٌ – نَوْمٌ – رَفْضٌ – كَوْنٌ – وَضْعٌ – أَخْذٌ – سَيْرٌ – فَتْحٌ – مَنْعٌ‏
‏– عَرْضٌ – نَقْلٌ – قَفْزٌ – نَيْلٌ – وَصْفٌ – رَفْعٌ – بَحْثٌ‏

‏٢) حُكْمٌ – صُنْعٌ – شُرْبٌ – شُكْرٌ – شُغْلٌ‏

‏٣) لَعِبٌ – ذِكْرٌ – عِلْمٌ – فِعْلٌ‏

‏٤) أَمَلٌ – نَظَرٌ – طَلَبٌ – عَمَلٌ – حَدَثٌ‏

‏٥) تَمَامٌ – قَضَاءٌ – بَقَاءٌ – ذَهَابٌ – سَمَاعٌ – نَجَاحٌ – رَجَاءٌ – سَمَاحٌ‏

‏٦) جُلُوسٌ – دُخُولٌ – خُرُوجٌ – نُزُولٌ – رُجُوعٌ – هُبُوطٌ – وُصُولٌ – وُقُوفٌ – حُضُورٌ – حُصُولٌ‏

‏٧) دِرَاسَةٌ – زِيَادَةٌ – زِيَارَةٌ – قِرَاءَةٌ – كِتَابَةٌ‏

**Ü 2:** ‏اِسْتِقْبَالٌ – تَقْدِيمٌ – اِقْتِرَاحٌ – إِعْلَانٌ – اِجْتِمَاعٌ – مُلَاحَظَةٌ – إِقَامَةٌ – مُغَادَرَةٌ – اِسْتِمْرَارٌ – تَوَقُّفٌ – إِرَادَةٌ –‏
‏اِتِّفَاقٌ – اِسْتِفَادَةٌ – تَطَوُّرٌ – اِسْتِعْدَادٌ – تَشْيِيدٌ – إِعْطَاءٌ – تَصْدِيرٌ – اِسْتِرَاحَةٌ – اِحْمِرَارٌ – اِحْتِوَاءٌ – اِتِّصَالٌ –‏
‏تَغَيُّرٌ – إِسْعَادٌ – مُسَاعَدَةٌ – إِنْتَاجٌ – إِعْدَادٌ – تَرْحِيبٌ – تَعَاوُنٌ – اِنْهِيَارٌ – اِخْتِيَارٌ – اِسْتِيرَادٌ‏

**Ü 3:** studieren : Studium, Studie – vorschlagen : Vorschlag – ankündigen : Ankündigung, Annonce – sich beteiligen : Teilnahme – versuchen : Versuch – sich entzünden : Entzündung – unternehmen : Maßnahme – senden : Sendung, Sendschreiben, Brief – sich aufhalten : Aufenthalt – beschließen, bestimmen : Bericht – sich entwickeln : Entwicklung – explodieren : Explosion

**Ü 4:** يريد أحمد ارتياد قلعة الإسكندرية. ‒ يريد العلماء النظر في المشروع. ‒ أردتم زيارة سراديب المقابر. ‒ يجب عليك الترحيب بالضيوف. ‒ يجب عليهم مرافقته. ‒ لم تستطيعي الإجابة على هذا السؤال. ‒ استطاع سمير توضيح / إيضاح هذا الموضوع. ‒ يمكننا إعطاء الهدية أحمد / لأحمد نفسه. ‒ قدر سمير على تقديم بعض النصائح. ‒ يحاول لقاء / ملاقاة زملائه صباح اليوم. ‒ لا أريد مغادرة القاهرة غدا. ‒ هل علمتم بإجراء الوزير محادثات أمس.

**Ü 5:** تمتزج في المدينة الحضارات المختلفة دون غياب روح الحضارة الإسلامية. ‒ تجعل الحدائق القصر من أهم الأماكن للتمتع فيها. ‒ سنتوجه إلى كورنيش الإسكندرية قبل ارتياد قلعتها. ‒ تمشي سوسن في زنقة الستات بعد شراء تحف في شارع فرنسا. ‒ اتخذت ريا وسكينة من السوق مسرحا لاصطياد ضحاياهما. ‒ أنا على استعداد لإعطائك بعض المعلومات عن معالم بغداد. ‒ ننصحك بالاستراحة قليلا قبل الجولة في حدائق قصر المنتزه. ‒ كانت سينما الأميرات مجهزة لعرض أفلام عالية فيها. ‒ بني قصر السلاملك لإقامة رجال حاشية الملك فيه. ‒ تحول القصر إلى فندق ممتاز لنزول ضيوف الإسكندرية فيه. ‒ رجعت سميرة إلى البيت بعد مغادرتها مكتبة الجامعة. ‒ بقينا في محطة السكك الحديدية حتى وصول القطار.

**Ü 6:** يؤثر السد العالي في تطور الزراعة تأثيرا عميقا. ‒ فهمنا أصدقاءنا العرب فهما تامّا. ‒ يساهم النفط في بناء أسس الاقتصاد مساهمة كبيرة. ‒ رحبوا بضيوفهم ترحيبا حارا. ‒ درست الدول العربية الاقتراحات دراسة شاملة ‒ رفضت الجامعة هذه التصورات رفضا تاما. ‒ نهتم بخبراتكم الاقتصادية اهتماما كبيرا. ‒ تطورت حياة الفلاحين تطورا سريعا. ‒ لا بد أن يغادر العدو المناطق المحتلة مغادرة كاملة. ‒ ترتبط مشكلة الشرق الأوسط بقضية السلام ارتباطا وثيقا. ‒ يعتمد الاقتصاد على المواد الخام المحلية كل الاعتماد / اعتمادا كليا.

**Ü 7:** ساعدنا الأصدقاء أكبر المساعدة. ‒ نعرف موقفكم تمام المعرفة. ‒ تختلف الأوضاع في بلدينا اشد الاختلاف. ‒ نشكركم جزيل الشكر. ‒ فهمتك تمام الفهم. ‒ كنت أهتم بهذا الكتاب أكبر الاهتمام. ‒ اعتقد أنه سينجح كل النجاح. ‒ هذا واضح تمام الوضوح.

**Ü 8:** يصف بعض الخبراء مكتبة الإسكندرية بأنها الهرم الرابع إلى جانب أهرام الجيزة الثلاثة. تجمع المكتبة كتبا حديثة وقديمة. تم تشييد قصر المنتزه على طراز يمزج بين العثماني والإيطالي "الفلورنسي". تكمن في سراديب المقابر الحضارات المصرية والإغريقية والرومانية. تمتزج في مدينة الإسكندرية الحضارات الإغريقية والرومانية والقبطية.

**Ü 9:** إسبانيا ‒ سوريا ‒ المغرب ‒ العراق ‒ مصر ‒ مصر ‒ الأردن ‒ سوريا ‒ سوريا ‒ اليمن ‒ مصر ‒ لبنان

**Ü 10:** (Die Kurzvorträge können schriftlich oder mündlich vergeben werden.)

**Ü 11:** (Anregung zum mündlichen Gebrauch des Arabischen)

**Ü 12:**  A.: Will die Sehenswürdigkeiten von Damaskus besuchen. Welche Sehenswürdigkeiten?
B.: Schlägt den Besuch der Omayyaden-Moschee, des Nationalmuseums, des Azm-Palastes, des Hamidiyya-Basars und der Moschee as-Sayyida Zainab vor.
A.: Fragt nach der notwendigen Zeit für den Besuch aller dieser Sehenswürdigkeiten.
B.: Mindestens drei Tage.
A.: Verweist auf die knappe Zeit und bittet, sich auf die wichtigsten Sehenswürdigkeiten zu konzentrieren.
B.: Am ersten Tag: die Omayyaden-Moschee, und den Hamidiyya-Basar. Am zweiten Tag: das Nationalmuseum und den Azm-Palast. Am dritten Tag: Gang auf den Berg Qasyun, um den Anblick der Hauptstadt vom Berg aus zu genießen.
A.: Bittet um Begleitung während des Rundgangs.
B.: Ist hierzu ganz und gar bereit.
A+B: Vereinbaren einen Termin, um den Rundgang zu unternehmen.

**Ü 13 ◉ 92.:**                          "ملكات مصر الفرعونية" في ضيافة موناكو

تستقبل إمارة موناكو غدا "ملكات مصر الفرعونية" استقبالا رسميا وشعبيا، ليكنّ ضيفاتها خلال الصيف الجاري، وذلك في معرض مخصص لهن تفتتحه زوجة الرئيس المصري وأمير موناكو، وسيستمر حتى ١٤ سبتمبر المقبل. ويشغل المعرض مساحة أربعة آلاف متر مربع في قاعة العرض لمؤسسة "غريمالدي" ويضم ٢٦ قطعة أثرية من المتحف المصري

ومتحف النوبة في أسوان. وقدرت قيمتها بـ٢٤٥ مليون دولار، إضافة إلى بعض كنوز مصر من متاحف مصر وأهم المتاحف العالمية.

ويتيح هذا المعرض لزواره محاولة كشف النقاب عن أسرار أروع حضارات مصر القديمة من خلال تعرف الجمهور على جزء من حضارة مصر القديمة. فالقطع التي يضمها المعرض تعكس الحياة اليومية للملكات وحقائق حكمهن.

### Die Königinnen des pharaonischen Ägyptens zu Gast in Monaco

Das Fürstentum Monaco empfängt morgen offiziell und in der breiten Öffentlichkeit die pharaonischen Königinnen Ägyptens, damit sie seine Gäste während des jetzigen Sommers sind. Dies geschieht in einer ihnen gewidmeten Ausstellung, die die Gemahlin des ägyptischen Präsidenten und der Fürst von Monaco eröffnen und die bis zum kommenden 14. September dauern wird. Die Ausstellung nimmt eine Fläche von 4000 Quadratmeter im Ausstellungssaal der Grimaldi-Stiftung ein und umfasst 26 archäologische Stücke aus dem Ägyptischen Museum und dem Museum von Nubien in Assuan. Ihr Wert wurde auf 245 Millionen Dollar geschätzt, hinzu kommen einige Schätze Ägyptens aus den Museen Ägyptens und den bedeutendsten Museen der Welt.

Die Ausstellung ermöglicht es ihren Besuchern zu versuchen, den Schleier von den Geheimnissen der prächtigsten Kulturen des alten Ägypten durch das Bekanntwerden des Publikums mit einem Teil der Kultur des alten Ägypten zu heben, denn die Stücke, die die Ausstellung umfasst, spiegeln das alltägliche Leben der Königinnen und die Fakten ihrer Herrschaft wider.

Wo und unter welchem Titel wird die Ausstellung veranstaltet?
Auf wie viel wird der Wert der ausgestellten archäologischen Stücke geschätzt?
Welche Museen beteiligen sich an der Gestaltung der Ausstellung?

**Ü 14:** مرحبا بكم في حديقة سانسوسي

نرحب بكم في حديقة سانسوسي بمدينة بوتسدام ترحيبا حارا / قلبيا، ونحب أن نشير إلى أن منظمة اليونسكو أدرجت عام ١٩٩٠ قصورنا وحدائقنا في قائمة تراث الثقافة والطبيعة العالمي.

أنشئت المباني والحدائق في عهد الملك فريدريخ الكبير / الأكبر، وتمتد في أيامنا هذه عبر مساحة تغطي مائتين وتسعين هكتارا. وفي بداية القرن التاسع عشر تم توسيع الحديقة وإعادة تشكيلها. و(من الجدير بالذكر أن) كل إمبراطور حتى القيصر فيلهلم الثاني قد ترك آثاره في سانسوسي.

وكثيرا ما يوصف قصر سانسوسي وحديقته بأنه فرساي البروسية.

نحب أن نرحب بكم في مدينة بوتسدام البروسية بحدائقها وقصورها الجاذبة. احجزوا غرفا لكم في الوقت المناسب للصيف أو لليلة القصور التي تقام كل شهر أغسطس.

## Vertiefungslektion E

**A 1:** Ghada as-Samman

Ghada as-Samman ist eine syrische Romanschriftstellerin, Dichterin und Journalistin. Sie wurde im Jahr 1942 in Damaskus geboren. Ihr Vater Ahmad As-Samman, der Präsident der Universität Damaskus, war ein Liebhaber der Wissenschaft und der Weltliteratur, gleichzeitig war er begeistert vom arabischen Kulturerbe, was ihrer literarischen und menschlichen Persönlichkeit zahlreiche und mannigfaltige Dimensionen verlieh. Gar bald stieß sie durch ihre Schriftstellerei und ihre Persönlichkeit mit der Damaszener Gesellschaft zusammen, die während der Zeit, in der sie dort aufwuchs, sehr konservativ war.

Ihre erste Erzählsammlung „Deine Augen sind meine Bestimmung" brachte sie im Jahr 1962 heraus. Seinerzeit wurde sie als eine der feministischen Schriftstellerinnen betrachtet. Aber sie konnte mit ihrer Literatur aus dem Rahmen der Frauenprobleme zu weiten gesellschaftlichen, psychischen und menschlichen Horizonten ausbrechen und wurde zu einem der bedeutendsten Stars des Journalismus in Beirut, was die Vorbereitung ihrer zweiten Erzählsammlung „Kein Meer in Beirut" beeinflusste. Danach reiste sie nach Europa und arbeitete als Zeitungskorrespondentin, wo sie auch darauf bedacht war, die Stilarten der Literatur und der Kultur kennen zu lernen, was sich in ihrer dritten Erzählsammlung „Nacht der Fremden" widerspiegelt. Die Niederlage im Junikrieg von 1967 war für sie und ihre Generation ein großer Schock. Damals schrieb sie ihren berühmten Artikel „Ich trage meine Schande nach London".

Im Jahr 1973 veröffentlichte sie ihre vierte Erzählsammlung „Abfahrt vom alten Hafen" und Ende 1974 ihren Roman „Beirut 75", in dem sie weit von der Maske der „Schweiz des Orients" zu den Plätzen des hässlichen Untergrunds hinabtaucht. Mit ihren beiden Romanen „Albträume in Beirut" und „Die Nacht der Milliarde" bestätigte sie ihren Ruf als eine der bedeutendsten arabischen Romanschriftsteller und Romanschriftstellerinnen. In „Die unvollkommenen Arbeiten" hat Ghada as-Samman ihre Zeitungsaufsätze gesammelt. Ihr „Der unmögliche Roman: ein Damaszener Mosaik", eine Art Selbstbiographie, erschien im Jahr 1997 und im Jahr 2003 „Gedenkabend für die Toten", worin sie zur Vorhersage zurückkehrte, dass die Lage im Libanon explosiv sei.

Seit Mitte der 80er Jahre des vergangenen Jahrhunderts lebt Ghada as-Samman in Paris und schreibt immer noch wöchentlich in einer der in London erscheinenden arabischen Zeitschriften.

**A 2:** Wann und wo wurde Ghada as-Samman geboren?

Wann kam ihre erste Erzählsammlung heraus und was ist ihr Titel?

Hat sie sich in Ihren Erzählungen, Romanen und Zeitungsarbeiten nur auf feministische Themen konzentriert?

Was meinte die Schriftstellerin über die libanesischen Zustände?

Wo lebt Ghada as-Samman zur Zeit?

Hat sie ihre journalistische Tätigkeit beendet?

**A 2:** Es gibt Personen, wenn du ihnen begegnest, fühlst du, als seist du dir selbst begegnet.

Die große Kunst ist keine Spiegelung der Wirklichkeit, sondern eine Prophezeiung der Zukunft.

**A 3:** حين صدور المجموعة القصصية "عيناك قدري" اعتبرت غادة السمان كاتبة نسوية. ــ منذ سفر الكاتبة إلى أوروبا عمدت إلى التعرف على أدبها وثقافتها. ــ صدرت روايتها "بيروت ٧٥" قبل بدء الحرب الأهلية في لبنان. ــ عند عودتك إلى وطنك ستجيدين التكلم باللغة الألمانية. ــ عند التقائك بهؤلاء الأشخاص تشعر وكأنك تلتقي بنفسك. ــ حين دخول رئيس الحزب قاعة المؤتمر وقف الجميع. ــ قبل زيارة التاجر (لـ)لبنان لا بد من منح تأشيرة له في السفارة اللبنانية أو مطار بيروت. ــ بعد التحاق ابن التاجر بكلية الآداب سيبدأ بدراسة الفلسفة. ــ منذ إقامة المهندس في القاهرة أصبح يتكلم باللهجة المصرية.

**A 4:** اللغة العربية

اللغة العربية أهم اللغات الحية للمجموعة اللغوية السامية ، حيث يتكلم بها أكثر من ٣٠٠ مليون شخص. ولها أهمية قصوى لدى المسلمين ، فهي لغة القرآن الكريم ، وتتم الصلاة في الإسلام باستخدام بعض من كلماتها. وهي أيضا لغة عدد من الكنائس المسيحية في الوطن العربي ، كما كتبت بها الكثير من أهم الأعمال الدينية والفلسفية اليهودية في العصور الوسطى.

وأثر انتشار الإسلام ، وتأسيسه دولاً ، في ارتفاع مكانة اللغة العربية ، وأصبحت لغة السياسة والعلم والأدب لقرون طويلة في الأراضي التي حكمها المسلمون ، وأثرت اللغة العربية ، تأثيرًا مباشرًا أو غير مباشر على كثير من اللغات الأخرى في العالم الإسلامي ، كالتركية والفارسية والكردية والأوردية والإندونيسية والألبانية وبعض اللغات الإفريقية مثل الهاوسا والسواحيلية ، وبعض اللغات الأوروبية وخاصة المتوسطية منها كالإسبانية والبرتغالية والمالطية. وتدرس اللغة العربية بشكل رسمي أو غير رسمي في الدول الإسلامية والدول الإفريقية المحاذية للوطن العربي. هي لغة رسمية في كل دول الوطن العربي إضافة إلى كونها لغة رسمية في تشاد وإريتريا وإسرائيل. وهي إحدى اللغات الرسمية الست في منظمة الأمم المتحدة.

Die arabische Sprache

Die arabische Sprache ist die wichtigste lebende Sprache der semitischen Sprachfamilie, denn es sprechen sie mehr als 300 Millionen Personen. Sie hat weitgehende Bedeutung für die Muslime, denn sie ist die Sprache des edlen Korans, und das Gebet wird im Islam mit Benutzung eines Teils ihrer Wörter gebraucht. Sie ist auch die Sprache einer Anzahl von christlichen Kirchen in der arabischen Welt, wie auch sehr viele der wichtigsten jüdischen religiösen und philosophischen Werke im Mittelalter in ihr geschrieben worden sind.

Die Ausbreitung des Islams und seine Gründung von Staaten hatte Einfluss auf die Erhöhung des Rangs der arabischen Sprache. Sie wurde für lange Zeit die Sprache von Politik, der Wissenschaft und der Literatur und Kultur in den Gebieten, in denen die Muslime herrschten. Unmittelbar oder mittelbar beeinflusste das Arabische auch viele andere Sprachen in der islamischen Welt, wie das Türkische, Persische, Kurdische, das Urdu, das Indonesische, Albanische und einige afrikanische Sprachen wie das Hausa und das Suaheli, sowie auch einige europäische Sprachen, insbesondere die des Mittelmeergebiets wie das Spanische und Portugiesische. Der in Malta gesprochene arabische Dialekt wurde Grundlage für die maltesische offizielle Schriftsprache.

Offiziell oder inoffiziell wird die arabische Sprache in den islamischen Staaten und in den an die arabische Welt angrenzenden afrikanischen Staaten unterrichtet. Sie ist offizielle Sprache in allen Staaten der arabischen Welt; hinzu kommt, dass sie eine offizielle Sprache in Tschad, Eritrea und Israel ist. Sie ist eine der sechs offiziellen Sprachen bei der Organisation der Vereinten Nationen.

**A 5:** فندق – قصصي – الإسلام – جاء – صندوق – كبير – الشهر الماضي – طلب

**A 6:** إذا انتهينا من استعدادنا سنسافر في الأسبوع القادم. — اقرأ هذه الرسالة إن استطعت ذلك. — سننزل في فندق آخر إذا لم نجد في هذا الفندق غرفة مناسبة. — لو لم يسجل أبونا ما شاهده لما علمنا منه شيئا. — لو كانت زيارة المسجد ممكنة لزرناه. — كنت سأحمل هذه الحقيبة لو كانت عندي القوة اللازمة لذلك. — سيكون كثير من الناس سعداء إذا أخذوا رواتب أعلى. — لو تكلمت بلهجة بغداد لما فهمني الجزائريون.

**A 7:** Wenn ich reich / wäre ... (z.B. لو كنت غنيا لسافرت حول العالم كله.)
Wenn ich mehr Computer habe / hätte ... – Wenn ich Arzt / Ärztin bin / wäre ... – Wenn er Ingenieur ist / wäre ... Soweit vorhanden / Wenn es gibt ... – Wenn möglich ... – Wenn du willst ...

**A 8:**

| يناير/ كانون الأول | كولون برلين | معرض كولون الدولي للأثاث الأسبوع الأخضر الدولي |
|---|---|---|
| فبراير/شباط | ميونيخ دوسلدورف | إيسبو: معرض ميونيخ الدولي المختص ببضائع الرياضة وموضة الرياضة الشتوية<br>إيغيدو: معرض دوسلدورف الدولي للموضة الشتوية |
| مارس/آذار | برلين هانوفر لايبزيغ | معرض برلين الدولي للسياحة<br>تسيبيت: المركز العالمي للتقنية المكتبية والمعلوماتية والاتصالات السلكية واللاسلكية<br>معرض لايبزيغ للكتاب |
| أبريل/نيسان | نورمبرغ هانوفر | معرض نورمبرغ الدولي للتعليم<br>معرض هانوفر الدولي للصناعة |
| حزيران/يونيو | ميونيخ | إيسبو: معرض ميونيخ الدولي المختص ببضائع الرياضة وموضة الرياضة الصيفية |
| أغسطس/آب | برلين | معرض برلين للإذاعة |
| سبتمبر/أيلول | دوسلدورف فرانكفورت | إيغيدو: معرض دوسلدورف الدولي للموضة الصيفية<br>إي آ آ: معرض فرانكفورت الدولي للسيارات |
| أكتوبر/ تشرين الأول | فرانكفورت كولون | معرض فرانكفورت للكتاب<br>آنوغا: السوق العالمي للتغذية |
| نوفمبر/ تشرين الثاني | فرانكفورت ميونيخ | معرض فيسكوم الدولي المختص بالاتصالات المرئية<br>إلكترونيكا: معرض الإلكترونيات لمكونات ونظم وتطبيقات |

**A 9:** نوقش الموضوع مناقشة واسعة. — اختيرت أنواع جديدة من البضائع. — قيلت كلمة هامة في المؤتمر الاقتصادي. — سيهتم بهذه الحادثة. — سئلت عن الباب الرئيسي للعمارة. — اُضطرّ إلى مغادرة البلاد. — لم توع تلك الأخبار. — توضع الفواكه على الطاولة. — تباع بعض الأبقار والحمير في السوق. — أيرحب بالضيوف العرب؟ — بدئ ببناء الخزانات. — يوقع على اتفاقية تجارية. — اتفق على مشروع الري.

**A 10:** حصلت الكويت على استقلالها عام ألف وتسعمائة وواحد وستين. — تم إعادة توحيد ألمانيا عام ألف وتسعمائة وتسعين. — تأسست الأمم المتحدة عام ألف وتسعمائة وخمسة وأربعين. — ولدت فيروز عام ألف وتسعمائة وخمسة وثلاثين. — بدئ بتحقيق الاتحاد الأوروبي عام ألف وتسعمائة وسبعة وخمسين. — بدئ بناء السد العالي في مصر عام ألف وتسعمائة وستين.

**A 11:** Presseinterview mit dem Industrieminister

*Korrespondent:* Ich möchte Eurer Exzellenz Herr Minister, herzlichen Dank dafür sagen, dass Sie die Gelegenheit gewähren, dieses Gespräch zu führen.

*Minister:* Herzlich willkommen. Ich hoffe, dass ich all Ihre Fragen beantworten kann.

*Korrespondent:* Wir wissen, dass Eure Exzellenz bestrebt sind, die Industrie in unserem Land zu entwickeln und dass es zahlreiche Industrieprojekte gibt, für die die Einigung mit den großen internationalen Firmen erfolgt ist. Welches sind dann die Industriezweige, die Sie zur Zeit bevorzugen?

*Minister:* Wir beabsichtigen, alle Industriezweige in angemessener Weise zu entwickeln, obwohl wir unser Interesse zur Zeit besonders auf die Nahrungsmittelindustrie und die Agrarindustrie richten.

*Korrespondent*: Eure Exzellenz haben erwähnt, dass es zu den wichtigsten Zielen des Ministerium gehört, sämtliche Industriezweige zu entwickeln. Können Sie uns einige dieser Zweige nennen?

*Minister*: Ich möchte hier zum Beispiel die petrochemische Industrie, die Lederindustrie und die Textilindustrie nennen.

*Korrespondent*: Wir wissen, und Eure Exzellenz wissen das auch, dass der Aufbau der nationalen Industrie ein ausreichendes Maß an spezialisierten Arbeitskräften erfordert. Geruhen Exzellenz, uns etwas darüber mitzuteilen?

*Minister*: Das ist richtig. In letzter Zeit haben wir in Zusammenarbeit mit dem Erziehungsministerium zahlreiche berufliche Ausbildungszentren eröffnet. Hinzu kommt, dass die Firmen, die mit uns kooperieren, gefordert sind, die Arbeiter und Techniker für diese Projekte auszubilden.

*Korrespondent*: Und wie verhält es sich mit den ausländischen Investoren?

*Minister*: Wir begrüßen immer jeden, der sein Geld in unserem Land investieren will, und es gibt eine lange Liste der Möglichkeiten, die wir diesen Investoren vorstellen.

*Korrespondent*: Vielen Dank, Eure Exzellenz Herr Minister, für dieses Gespräch.

*Minister*: Keine Ursache. Leben Sie wohl!

**A 12:** تكلم الوزير في حوار صحفي / مقابلة صحفية عن تطوير الصناعات في البلاد وأكد على تفضيل الحكومة صناعة المواد
(z.B.) الغذائية وصناعة الزراعة ، كما ذكر بعض الفروع الصناعية الأخرى الهامة مثل الصناعة البتروكيماوية وصناعة الجلود
وصناعة الغزل والنسيج. ثم أشار إلى أن وزارة الصناعة فتحت بالتعاون مع وزارة التربية في الآونة الأخيرة بعض
مراكز الإعداد المهني وإلى أن الشركات المتعاونة مع الحكومة مطالبة بإعداد العمال والفنيين للمشاريع الهامة. ودعا
الوزير المستثمرين الأجانب إلى النشاط في بلاده.

**A 13:** Das Wachstum im Nicht-Öl-Sektor der saudischen Wirtschaft beträgt 4%. – Ägypten und China studieren die Verstärkung der wirtschaftlichen Zusammenarbeit. – Der Sudan nimmt einen Kredit von 80 Millionen Dollar auf. – Tunis und Iran streben die Intensivierung des Handelsaustauschs an. – Ein internationales Komitee empfiehlt, ausländischen Firmen die Investition in die irakische Ölindustrie zu erlauben. – Das arabische Bruttoinlandsprodukt beträgt 1472 Milliarden Dollar und das Defizit in der landwirtschaftlichen Handelsbilanz 25 Milliarden. – Die arabischen Staaten sind aufgerufen, Fachkräfte aus dem Ausland zu gewinnen.

**A 14:** خذ الطريق المؤدي إلى وسط المدينة. — أرفض الاقتراحات المقدمة من طرف وزير الصناعة. — سنجيب على
الأسئلة غير المجاب عليها في الدرس القادم. — ليس الناس الساكنون في الطابق الخامس عشر من الفقراء. —
لن ينجح التلاميذ الناسون تنفيذ واجباتهم. — لم تستطع والدتي الخروج من الباص لأنّ الناس المزدحمين فيه
لا يتحركون. — بماذا تسمى جبال لبنان الممتدة على شاطئ البحر؟ — كم عدد النساء المشتغلات في مكاتب
وزارة التربية؟

**A 15 ☉ 93.:** المحكمة تأمر الأولاد بالزيارة

بكت الأم أمام المحكمة وقالت لأولادها: خذوا كل ما أملك ... ولكن زوروني كل شهر مرة. كانت الأم قد أقامت
دعوى طالبت فيها أولادها الأربعة بنفقة شهرية حتى تجبرهم على زيارتها ولو مرة في الشهر. حكمت المحكمة
للأحوال الشخصية بعدم حقها في النفقة لأن لها دخلا خاصا يصل إلى ٤٠٠ جنيه شهريا. وأمرت المحكمة الأولاد بزيارة
والدتهم لأن الشرع يفرض عليهم ذلك. كان الأبناء الأربعة قد امتنعوا عن زيارتها منذ فترة طويلة احتجاجا بأن
واجباتهم في أسرهم الخاصة لا تمنح لهم بذلك.

### Das Gericht befiehlt den Kindern den Besuch

Die Mutter weinte vor dem Gericht und sagte zu ihren Kindern: Nehmt alles was ich besitze, aber besucht mich jeden Monat ein Mal. Die Mutter hatte eine Klage angestrengt, in der sie von ihren vier Kindern monatlichen Unterhalt forderte, damit sie sie zwänge sie zu besuchen, auch wenn (nur) ein Mal im Monat. Das Personenstandsgericht urteilte auf nichtvorhandenen Rechtsanspruch auf die Unterhaltszahlung, weil ihr Einkommen monatlich 400 ägyptische Pfund erreicht. Das Gericht befahl den Kindern, ihre Mutter zu besuchen, weil das Moralgesetz es ihnen vorschreibt. Die vier Söhne hatten sich seit langer Zeit geweigert sie zu besuchen, mit dem Argument, dass ihre Pflichten in den eigenen Familien ihnen dies nicht ermöglichen.

يصل دخل الوالدة ٤٠٠ جنيه. — أرادت الأم أن يزورها أولادها. — كان الأولاد يمتنعون عن زيارة أمهم لأن
واجباتهم في أسرهم لا تمنح لهم بذلك. — قالت المحكمة إن الشرع يفرض على الأولاد زيارة والدتهم.

**A 16:** آكل/مأكول/أَكْل — بائع/ مبيع، مباع/بيْعٌ — فاهم/مفهوم/فَهْم — ماش/مشي — ناشر/منشور/نَشْر — نائم/نَوْم — رافض/مرفوض/رَفْض — واضع /موضوع/وَضْع — آخذ/مأخوذ/أَخْذ — فاتح/مفتوح/فَتْح — مانع/ممنوع/مَنْع — حاكم/ محكوم/حُكْم — صانع/ مصنوع/صُنْع — شارب/مشروب/شُرْب — شاكر/مشكور/شُكْر — آمل/مأمول/أَمَل — ناظر/منظور/نَظَر — طالب/مطلوب/طَلَب — تامّ/تَمَام — قاض/مقضيّ/قَضَاء — راج/مرجوّ/رَجَاء — سامح/مسموح/سَمَاح — جالس/جُلُوس — خارج/خُرُوج — نازل/نُزُول — راجع/رُجُوع — هابط/هُبُوط — واصل/موصول/وُصُول — دارس/مدروس /دِرَاسَة — زائد/مزيد/زِيَادَة — قارئ/مقروء/قِرَاءَة — كاتب/مكتوب/كِتَابَة — مستقبل/ مُسْتَقْبَل/ استقبال — مقدّم/ مقدِّم/ تقديم — مفتتِح/مفتتَح/ افتتاح — مرسِل/ مرسَل/ إرسال — موافِق/ موافقة — مشير/ مشار/ إشارة — متوقِّف/ توقّف — مستخدِم/مستخدَم/ استخدام — مطوِّر/ مطوَّر/ تطوير — مستعدّ/ استعداد — محوِّل/ محوَّل/ تحويل — مهدٍ/ مهدًى/ إهداء — مرحِّب/ مرحَّب/ ترحيب — مستطيع/ مستطاع/ استطاعة — مصفرّ/ اصفرار — مدعٍ/ مدعىً/ ادعاء — متّفِق/ متّفَق/ اتّفاق — متحوِّل/ متحوَّل/ تحوُّل — مؤكِّد/ مؤكَّد/ تأكيد — متبادِل/متبادَل/ تبادُل — منطلِق/ منطلَق/ انطلاق — محتاج/ محتاج/ احتياج

**A 17:** قبل كل شيء أريد الترحيب بالزائرين من الخارج. — سمعت بعودتك من الرحلة بسلامة. — هل يمكنك الذهاب إلى السوق وشراء بعض الأشياء منه. — ليس هذا من الأشياء التي يستطيع الأجنبي الاستفادة منها. — هؤلاء الشباب يأملون في السماح لهم بدراسة الطب. — دخل السواح المسجد بعد أداء المسلمين الصلاة. — يطلب هؤلاء الأشخاص قضاء حياتهم في الحرية. — تريد نساء القرية تبادل آرائهن في المشاكل اليومية. — نتمنى لكم إنهاء واجباتكم الصعبة عما قريب. — طلبت رئيسة الحزب من الوزير توقيع الاتفاقية.

**A 18:**

| | |
|---|---|
| | ممنوع الانتظار حيث أن الانتظار غير مسموح به في هذا المكان. |
| | هذه العلامة تعني منع المركبات من الدوران للخلف. |
| | هذه العلامة تعني أن الطريق لا يسمح بمرور سيارة يزيد ارتفاعها عن ٣٫٥ مترا. |
| | هذه العلامة تعني أن طبيعة الطريق تتطلب ألا تقل المسافة بين السيارات عن ٥٠ متر لمنع وقوع الحوادث. |
| | هذه العلامة تعني أنه يسمح لجميع السيارات بتخطي السيارات الأمامية وأن حالة الطريق تسمح بإجراء عملية التخطي. |
| | هذه العلامة تعني أنه يوجد قبلها علامة أخرى تمنع زيادة السرعة وهذه العلامة تعني نهاية المنع. |

**A 19:** توجد المعالم المذكورة في غرناطة/ إسبانيا — سورية — دمشق — الإسكندرية — القاهرة — الجيزة — الأردن — سوريا — القدس — فاس — الإسكندرية

**A 20:** Anregung zum mündlichen Gebrauch des Arabischen

**A 21:** المستشرق كارل بروكلمان (١٨٧٨ — ١٩٥٦)

درس كارل بروكلمان علوم اللغات الشرقية والكلاسيكية بجامعات روستوك وبريسلاو وستراسبورغ. وأدي امتحان الدولة لممارسة مهنة التدريس في المدارس الثانوية سنة ١٨٩٠. وفي سنة ١٨٩٣ حصل على شهادة دكتوراه الدولة لعلوم اللغات السامية في جامعة بريسلاو، وعين في سنة ١٩٠٠ أستاذا مساعدا بهذه الجامعة. وقد شغل بروكلمان في الفترة بين عامي ١٩٠٣ و١٩٣٥ منصب أستاذ كرسي بجامعات كونيغسبرغ وهاله وبرلين وبريسلاو. وفي سنتي ١٩١٨/١٩١٩ كان رئيس جامعة هاله وفي سنتي ١٩٣٢/١٩٣٣ رئيس جامعة بريسلاو. وفي سنة ١٩٣٥ أحيل إلى تقاعد المعاش.

وانتقل بروكلمان عام ١٩٣٧ إلى مدينة هاله لكي يستفيد (هناك) من مكتبة جمعية المستشرقين الألمان، وعيّن هناك مستشارا مكتبيا سنة ١٩٤٥. وبناء على رغبة هيئة الأساتذة كلف سنة ١٩٤٧ في جامعة هاله بتدريس علوم اللغات التركية. وافتخر

علماء الجامعة بكون هذا العلامة من جديد في صفوفهم. وفي أكتوبر ١٩٥١ منحته حكومة ألمانيا الديمقراطية (السابقة) الوسام الوطني للعلوم والهندسة من الدرجة الأولى. وتوفي بروكلمان سنة ١٩٥٦ عن ثمان وثمانين سنة.

ألف كارل بروكلمان الذي يعتبر من أهم ممثلي علوم اللغات الشرقية خلال فترة عمله "تاريخ الأدب العربي" بخمسة مجلدات، وتُرجم هذا المؤلف أيضا إلى اللغة العربية. كما كتب "مجمل النحو المقارن للغات السامية" بمجلدين و"قاموس اللغة السريانية" والعديد من المؤلفات الأخرى. وصدر كتابه "تاريخ الشعوب الإسلامية" خلال الحرب العالمية الثانية في ألمانيا ونشر إثر الحرب في الولايات المتحدة.

## Lektion 26

### T 1 ☉ 94.:                                        Die Lehren des Islam

Der edle Koran ist das Wort Gottes oder sein Buch, das der Engel Gabriel dem Gesandten Gottes Muhammad (Gott segne ihn und gebe ihm Heil) in der Zeit zwischen den Jahren 610 und 632 diktiert hat. Er wurde in eindrucksvollem Arabisch offenbart und setzt sich aus mekkanischen und medinensischen Suren, bezogen auf den Ort ihrer Offenbarung, zusammen. Die Sure umfasst eine Anzahl von Versen. Die Verse des edlen Korans wurden in den Tagen des Kalifen Othman ibn Affan – Gott möge Wohlgefallen an ihm haben – gesammelt.

Die islamische Religion beruht auf grundlegenden Glaubensinhalten, an die jeder Muslim glauben soll, und einer Reihe von Pflichten, die er einhalten muss. Was die Glaubensinhalte anlangt, so sind sie

a) Gott ist ein einziger, er hat keinen Teilhaber. Er ist die Quelle des Lebens, der Urheber des Seins und der Schöpfer der existierenden Dinge. Gott ist stark, aber er ist gerecht und barmherzig.

b) Gott schickte zu den Menschen für ihre Rechtleitung Gesandte wie Moses und Jesus (der Friede sei mit ihnen), und Muhammad (Gott segne und gebe ihm Heil) ist das Siegel der Propheten.

c) Zu den Glaubensinhalten gehört auch, dass der Muslim an die Auferstehung von Geist und Leib glaubt, und der Glaube an den Jüngsten Tag.

Was die Pflichten betrifft, so sind sie:

a) Das Gebet, wobei es der Muslim fünf Mal an jedem Tag ausführt. Zu ihm ruft der Muezzin (Gebetsrufer).

b) Das Fasten, das bedeutet, sich während des Monats Ramadan des Essens und Trinkens vom Morgengrauen bis zum Sonnenuntergang zu enthalten.

c) Die Almosensteuer, die bedeutet, dass der Muslim einen bestimmten Geldbetrag den Armen und anderen Menschen gibt, die Gott in seinem Buch genannt hat.

d) Die Pflicht der Wallfahrt. Sie führt der Muslim mindestens einmal in seinem Leben durch. Sie besteht im Aufsuchen der Kaaba, von Arafat und anderen heiligen Plätzen, wo die Wallfahrtsriten ausgeführt werden.

e) Das Glaubensbekenntnis. Das ist das Bekenntnis, dass es keine Gottheit außer Gott (Allah) gibt und dass Muhammad der Gesandte Gottes ist.

Es gibt auch viele Verbote, die den Wein, die Hurerei, den Wucher und das Essen von Schweinefleisch betreffen. Auch gibt es im edlen Koran Lehren und Regeln, die mit dem sozialen Leben zusammenhängen.

Im Folgenden findet sich der Text des Gebetsrufs für Sunna und Schia.

| Text des Gebetsrufs Sunna | Text des Gebetsrufs Schia |
|---|---|
| Gott ist am größten. (4-mal) | Gott ist am größten. (4-mal) |
| Ich bezeuge, dass es keine Gottheit außer Gott gibt. (2-mal) | Ich bezeuge, dass es keine Gottheit außer Gott gibt. (2-mal) |
| Ich bezeuge, dass Muhammad der Gesandte Gottes ist. (2-mal) | Ich bezeuge, dass Muhammad der Gesandte Gottes ist. (2-mal) |
| Auf zum Gebet! (2-mal) | Ich bezeuge, dass Ali der Gott Nahestehende ist. (2-mal) |
| Auf zum gedeihlichen Tun! (2-mal) | Auf zum Gebet! (2 mal) |
| Gott ist am größten. (4-mal) | Auf zum gedeihlichen Tun! (2-mal) |
| Ich bekenne, dass es keine Gottheit außer Gott gibt. (2-mal) | Auf zur besten Tat! (2-mal) |
| Es gibt keine Gottheit außer Gott. (1-mal) | Gott ist am größten. (2-mal) |
| | Es gibt keine Gottheit außer Gott. (2-mal) |

**T 2 ⊙ 95.:**                                    Der Hadsch nach Mekka

*Hans:* Herzlich willkommen, Samir! Gott sei Dank, dass du wohlbehalten bist. Ich habe erfahren, dass du den Hadsch gemacht hast und im verehrten Mekka gewesen bist. Erzähl mir ein wenig von den Hadsch-Riten. Denn ich kann nicht nach Mekka wallfahren, weil ich kein Muslim bin.

*Samir:* Gott erhalte dich heil! Ich bin in der Tat gesund hierher zurückgekommen und werde diese Tage der Wallfahrt nicht vergessen, weil ich sie zusammen mit mehr als zwei Millionen Muslimen ausgeführt habe. Ich habe ihre Riten am 8. Dhu l-Hidschah begonnen. Du musst wissen, dass die Umrah sich davon unterscheidet, denn sie kann der Muslim jederzeit durchführen. Der Muslim soll einmal in seinem Leben den Hadsch machen unter der Voraussetzung, dass er ein freier, erwachsener, vernünftiger und dazu fähiger Mensch ist. Der Hadsch gilt als Pflicht, die jedem Muslim auferlegt ist wegen dessen, was im edlen Koran steht. Gott – er ist erhaben – hat gesagt: „Gott steht es zu, den Menschen aufzuerlegen, zum Haus (in Mekka) zu wallfahren, wenn einer imstande ist einen Weg dazu zu finden." (Sure 3 Āl ʿImrān, Vers 97).

*Hans:* Aus den Bildern der Pilger geht hervor, dass sie eine spezielle Kleidung tragen. Möchtest du mir einige Aspekte dieses Themas erklären?

*Samir:* Ich mache das sehr gern. Wenn der Muslim zum Hadsch-Treffpunkt in der Nähe Mekkas kommt und in den Weihezustand eintreten will, muss er die Waschung vollziehen und beten. Er legt die Weihekleidung an, wobei der Mann den rein weißen Lendenschurz und den rein weißen Überwurf anlegt, wogegen die Frau anzieht, was sie an verhüllender Kleidung will, aber sie vermeidet in ihrem Weihezustand, den Gesichtsschleier und Handschuhe zu tragen. Zusätzlich zu diesen Traditionen ist es im Weihezustand untersagt, das Haar zu scheren, die Fingernägel zu schneiden, Geschlechtsverkehr zu haben, Parfüm aufzutragen und die Ehe zu schließen. Dort drückt der Pilger die Absicht zum Hadsch aus und spricht die Talbiya, nämlich: „Dir zu Diensten o Gott, Dir zu Diensten. Dir zu Diensten, Du hast keinen Teilhaber … usw."

*Hans:* Erzähl mir bitte Einiges vom Verlauf der Hadsch-Riten.

*Samir:* Nachdem die Pilger von dem ihnen bestimmten Treffpunkten den Weihezustand angenommen haben, begeben sie sich in das verehrte Mekka, um den Ankunftsumlauf (um die Kaaba) zu machen, dann nach Mina, wo sie bis zum Morgen des folgenden Tages bleiben. Darauf begeben sie sich am 9. Dhu l-Hidschah zum Berg Arafat, wo sie Gott um Vergebung ihrer Sünden bitten. Dort bleiben sie bis zum Sonnenuntergang und begeben sich dann nach Musdalifah, um dort die Nacht zuzubringen. Kurz vor Sonnenaufgang am 10. Dhu l-Hidschah ziehen sie nach Mina, wo sie den großen Steinhaufen an der Schwelle bewerfen, der den Satan symbolisiert. Wenn sie mit dem Bewerfen des Satans fertig sind, schlachten sie das Opfertier, ein Kamel, eine Kuh oder ein Kleinvieh / Schaf, wovon sie den größten Teil den Armen geben. Sie feiern das Opferfest und mit ihnen feiern dieses Fest die Muslime in aller Welt.

*Hans:* Das Opferfest ist ein bekanntes Fest der Muslime. Bei der Gelegenheit bekomme ich von meinen muslimischen Freunden und Kollegen zahlreiche Einladungen zur Teilnahme an der Feier dieses Fests.

*Samir:* Du musst wissen, dass der Weihezustand nach dem Opferfest beendet ist. Den Pilgern ist es dann wiederum erlaubt, das zu tun, was ihnen während des Weihezustands untersagt war, außer dem Geschlechtsverkehr mit dem Ehepartner. Doch ist der Hadsch damit noch nicht zu Ende. Die Pilger begeben sich nach Mekka, um sieben Mal die Kaaba zu umkreisen. Dann führen sie den siebenfachen Lauf zwischen den beiden Hügeln Safa und Marwah aus, was zum Gedächtnis an den Lauf der einstmals dort nach Wasser suchenden Hagar, der Mutter Ismaels, geschieht. Daraufhin kehren die Pilger nach Mekka zurück und vollziehen unterwegs das Bewerfen der drei Satanssäulen. Jedes Mal wirft der Pilger sieben Kieselsteinchen. Er verbringt die Nacht in Mina und kehrt dann nochmals nach Mekka zurück, wo er den Abschiedsumlauf macht. Danach steht es ihm frei, die heiligen Stätten in seine Heimat zu verlassen.

*Hans:* Hast du Mekka sofort nach dem Abschiedsumlauf am 12. Du l-Hidscha nach Deutschland verlassen?

*Samir:* Keineswegs, denn ich habe die Gelegenheit zum Besuch des erlauchten Medina ergriffen und habe mich dort eine ganze Woche aufgehalten.

*Hans:* Herzlichen Dank für die vielen Informationen. Wie schön wäre es, wenn ich die Wallfahrt nach dem verehrten Mekka einmal in meinem Leben machen könnte.

*Samir:* Du müsstest dich zum Islam bekennen, sodass du nach Mekka wallfahren kannst.

*Hans:* Ich werde über diese Möglichkeit nachdenken. Ich danke dir nochmals für unser Treffen und unser Gespräch über die Wallfahrtsriten.

**T 3:**                                         Fetwa

Die Hauptverwaltung für die Erstellung von Fetwas am Ministerium für religiöse Stiftungen und islamische Angelegenheiten hat die Veranstaltung von Modeschauen zum Zweck der Verkaufswerbung von weiblicher Kleidung unter drei Bedingungen erlaubt, die praktiziert werden müssen, sodass die Vorführungen unerlaubt sind, wenn ein Teil davon nicht eingehalten wird.

Das Fetwa, welches das Komitee für allgemeine Angelegenheiten rechtlicher Gutachten herausgegeben hat, hat zur Bedingung für die Veranstaltung von Vorführungen weiblicher Mode gemacht, dass diese Vorführungen in geschlossenen Orten stattfinden, bei denen nur Frauen anwesend sind und Einblick nehmen, und dass die Kleidung, die die Models tragen, das verbirgt, was die Frau von der Frau nicht sehen darf, nämlich das, was zwischen Nabel und Knie ist. Ebenso hat das Fetwa zur Bedingung gemacht, dass die dargebotenen Kleider zu den Kleidern gehören, deren Tragen der Frau nach dem religiösen Gesetz erlaubt ist.

Das Fetwa schreibt vor, dass die Vorführungen unerlaubt sind, wenn diese Bedingungen oder ein Teil davon nicht eingehalten werden. Es ist der Frau erlaubt, den Beruf des Models auszuüben, wenn sie sich bei ihrer Arbeit an die vorgenannten Bedingungen hält, und es ist ihr freigestellt, ein Honorar zu nehmen, aber es ist nicht erlaubt, Bilder von diesen Vorführungen im Fernsehen oder in Magazinen zu veröffentlichen, weil darin eine Anfechtung enthalten ist.

Was sind die drei Bedingungen für die Abhaltung von Modeschauen für Frauen gemäß diesem Fetwa? Was geschieht, wenn eine dieser Bedingungen nicht eingehalten wird?

**Ü 1:** ١ — مَا ٱسْمُكَ يَا وَلَدُ؟ ٢ — لَوِ ٱتَّصَلْتُمْ بِي لَمَا نَسِيتُمُ ٱلِٱجْتِمَاعَ. ٣ — هَلِ ٱنْتَظَرَتِ ٱبْنَةُ ٱلْمُدَرِّسَةِ يَا أُمِّي؟ ٤ — لَا تُغْلِقِ ٱلْبَابَ قَبْلَ أَنْ يُغَادِرَ ٱلزَّائِرُونَ كُلُّهُمُ ٱلْعِمَارَةَ. ٥ — قَالَتْ لِي ٱبْنَتِي: إِنَّ صَدِيقَاتِي يَلْعَبْنَ أَمَامَ ٱلْبَيْتِ يَا أَبِي. ٱسْمَحْ لِي أَنْ أَكُونَ مَعَهُنَّ. ٦ — رَأَيْنَا فِي ٱلسُّوقِ ٱمْرَأَةً ٱشْتَرَتْ أَكْثَرَ مِمَّا تَسْتَطِيعُ أَنْ تَحْمِلَهُ. ٧ — أَأَنْتُمُ ٱشْتَرَيْتُمُ ٱلشُّقَّةَ فِي ٱلطَّابِقِ ٱلسَّادِسِ؟ ٨ — أَيَّةَ إِجْرَاءَاتٍ ٱتَّخَذْتُمْ لِحِفْظِ حُقُوقِكُمْ؟ ٩ — لَقَدِ ٱحْمَرَّ وَجْهُهُ عِنْدَمَا سَمِعَ مِنَ ٱلزَّمِيلِ هٰذَا ٱلْخَبَرَ. ١٠ — لَمْ يَتَأَخَّرِ ٱلْقِطَارُ، وَلِذٰلِكَ وَصَلَ إِلَى ٱلْإِسْكَنْدَرِيَّةِ فِي ٱلْوَقْتِ.

1. Was ist dein Name, Junge? – 2. Wenn ihr euch mit mir in Verbindung gesetzt hättet, hättet ihr die Zusammenkunft nicht vergessen. / Wenn ihr euch mit mir in Verbindung setztet, würdet ihr die Zusammenkunft nicht vergessen. – 3. Hast du auf die Tochter der Dozentin gewartet, Mutter? – 4. Schließ die Tür nicht, ehe alle Besucher das Gebäude verlassen haben! – 5. Meine Tochter sagte zu mir: Meine Freundinnen spielen vor dem Haus, Vater. Erlaube mir, bei ihnen zu sein! – 6. Wir haben auf dem Markt eine Frau gesehen, die mehr eingekauft hat, als sie tragen konnte. – 7. Habt <u>ihr</u> das Appartement im sechsten Stock gekauft? – 8. Welche Maßnahmen habt ihr zur Wahrung eurer Rechte unternommen? – 9. Sein Gesicht errötete, als er von dem Kollegen diese Nachricht hörte. – 10. Der Zug hat sich nicht verspätet und kam deshalb rechtzeitig in Alexandria an.

**Ü 2:** لَا عِلْمَ لِي بِأَهْدَافِكَ. — لَيْسَ ٱلطَّقْسُ جَمِيلًا ٱلْيَوْمَ. — مَا / لَيْسَ عِنْدَ هٰذَا ٱلرَّجُلِ مَالٌ كَثِيرٌ. — لَيْسَتْ مِنْ بَيْنِ ٱلسُّوَّاحِ ٱلْأَلْمَانِ ٱمْرَأَةٌ وَاحِدَةٌ فَقَطْ. — لَيْسَتْ هٰذِهِ ٱلْآلَاتُ مُسْتَعْمَلَةً. — أَلَسْتَ مُسْتَعِدًّا لِمُسَاعَدَتِي. — لَا أَعْتَقِدُ أَنَّ ٱلْأُسْتَاذَ سَيَسْتَقْبِلُكَ. / أَعْتَقِدُ أَنَّ ٱلْأُسْتَاذَ لَنْ يَسْتَقْبِلَكَ. — لَمْ يُبَعْ فِي ٱلسُّوقِ بَقَرٌ وَلَا غَنَمٌ. — مَا هُوَ طَبِيبٌ عَامٌّ / لَيْسَ طَبِيبًا عَامًّا هُوَ طَبِيبُ عُيُونٍ. — لَيْسَ هٰذَا ٱلشَّيْءُ غَرِيبًا جِدًّا. — لَا تُوجَدُ فِي ٱلْمَكْتَبِ طَاوِلَةٌ وَلَا كُرْسِيٌّ. — لَمْ أَتَلَقَّ ٱلْيَوْمَ رِسَالَةً مِنِ ٱبْنِي وَلَا رِسَالَةً مِنِ ٱبْنَتِي. — لَا تَتَّخِذُوا أَيَّةَ خُطْوَةٍ مُمْكِنَةٍ لِتَحْقِيقِ أَهْدَافِكُمْ وَلَا لِتَنْفِيذِ مَشْرُوعَاتِكُمْ.

**Ü 3:** Unser Dozent ist heute zu spät in die Universität gekommen, weil sich der Omnibus, mit dem er fährt, verspätet hat. – Der Aufenthalt in jenem Land gefiel mir nicht, weil die Traditionen dort sehr merkwürdig waren. – Ich entsinne mich jenes Tages, als ich das Flugzeug zum ersten Mal sah. – Ebenso erinnere ich mich an die Touristen, die nach dem Haus suchten, in dem der bekannte Dichter gestorben war, die es aber nicht fanden, weil die Stadtverwaltung es im Wunsch entfernt hat, die dort vorbeiführende Hauptstraße zu erweitern. – Der junge Mann, den wir vor zwei Wochen kennen gelernt haben, gehört zu den Absolventen der Philosophischen Fakultät, wo er das Magisterzeugnis erworben hat. – Der Dekan der Fakultät war gezwungen, die Wünsche einiger junger Leute abzulehnen, sich an der Fakultät einzuschreiben, weil die Anzahl der Studienplätze [in ihr] nicht ausreicht. – Die Zahl der Touristen hat in einigen Gegenden zugenommen, und wo wir vor zwei Jahren keinen Menschen gesehen haben, finden wir heute eine große Zahl von Hotels voller Ausländer. – Eine größere Anzahl von Bürgern kann sich ein Auto kaufen, weil ihr Einkommen in den letzten Jahren gestiegen ist. – Wegen der Zunahme der Autos wuchs die Zahl der Verkehrsunfälle, sodass die Krankenhäuser eine größere Anzahl von Leuten behandeln (müssen). – Der Direktor der Abteilung für Studentenangelegenheiten hat einen Brief aus Deutschland erhalten, in dem nach den Bedingungen des Studiums und der Einschreibung an der Universität gefragt wird.

**Ü 4:** يتألف القرآن من سور حيث تشتمل السور على آيات. ونزل القرآن في مكة والمدينة، ويمكن أن نفرق بين سور مكية وسور مدنية من حيث مكان نزولها. ويقوم الإسلام على بعض العقائد الأساسية وخمس فرائض، حيث يجب على المسلم أن يتبعها. ومن الفرائض الصوم أثناء شهر رمضان، بحيث يمتنعون فيه عن الأكل والشرب من فجر الصباح والمغرب. ومن الفرائض أيضا أداء مناسك الحج، حيث يقومون بزيارة الكعبة وعرفات وأماكن مقدسة أخرى. ولا يمكن للمسيحيين واليهود الحج إلى مكة، حيث أنهم ليسوا مسلمين.

**Ü 5:** يمكن أن نشتري هدايا لزملائنا لأنّ بعض الوقت بقي أمامنا. — يجب أن يؤدي سمير مناسك الحج في مكة لأنه مسلم. — لا يبقى لنا وقت لزيارة المدينة المنورة لأننا مضطرون إلى أن نعود إلى وطننا. — تحتل هذه الولاية مكانا هاما بين الولايات الألمانية لأنه تتاح فيها للشباب فرص كثيرة للدراسة. — جئت إلى برلين أمس لأنني أردت أن أزور بعض الأصدقاء. — لا يشتري أحد / لا أحدَ يشتري هذه الكمبيوترات لأن سعرها مرتفع. — لم تصل وزيرة التربية إلى الاجتماع بالوقت لأن الطائرة تأخرت كثيرا. — ألقى الكاتب سلماوي كلمة باسم نجيب محفوظ لأنه لم يحضر حفلة منح جائزة نوبيل. — لم يستطع محمود أن يأتي لأنه كان مريضا. — نوصيكم بالنزول في هذا الفندق لأننا نزلنا فيه قبل سنتين.

**Ü 6:** 1. Der edle Koran ist Gottes Wort. – 4. Die Koranverse wurden in den Tagen des Kalifen Othman ibn Affan gesammelt. – 5. Gott ist ein einziger, er hat keinen Teilhaber. Er ist die Quelle des Lebens, der Hervorbringer des Seins und der Schöpfer der existierenden Dinge. – 7. Zu den fünf Pflichten gehört das Gebet, das der Muslim fünf Mal täglich verrichtet. – 10. Der Muslim vollzieht die Wallfahrt mindestens einmal in seinem Leben. – 11. Zu den Glaubenspflichten gehört auch das Glaubensbekenntnis: Es gibt keine Gottheit außer Gott.

**Ü 7:** 5,15 Frühgebet　　12,23 Mittagsgebet　　15,14 Nachmittagsgebet　　17,55 Sonnenuntergangsgebet 19,23 Abendgebet

الساعة الخامسة والربع في فجر الصباح — الساعة الثانية عشرة وثلاث وعشرون دقيقة ظهرا — الساعة الثالثة وأربع عشرة دقيقة بعد الظهر — الساعة السادسة إلا خمس دقائق بعد الظهر — الساعة السابعة وثلاث وعشرون دقيقة

**Ü 8:** الثامن من ذي الحجة : مكة — طواف القدوم — منى

التاسع من ذي الحجة : عرفات — مزدلفة

العاشر من ذي الحجة : منى — رمي الجمرة الكبرى — ذبح الهدي — انتهاء الإحرام

الحادي عشر من ذي الحجة : مكة — السعي بين الصفا والمروة — منى

الثاني عشر من ذي الحجة : رمي الجمرات الثلاث — مكة — طواف الوداع

الثالث عشر من ذي الحجة : مغادرة مكة

**Ü 9:** التوجه إلى مكة وعرفات مسموح به للمسلمين فقط.

الميقات : هو وقت اجتماع الحجاج ومكانه وهناك يحرمون ويعبرون عن نية الحج ويقولون التلبية.

التلبية : يقول الحاج الكلمات التالية : لبيك اللهم لبيك، لبيك لا شريك لك لبيك ... إلى آخره.

طواف القدوم : بعد وصول الحاج إلى مكة يطوف حول الكعبة سبع مرات.

السعي : يمشي الحاج سبع مرات بين الصفا والمروة، وهما هضبتان قريبتان من مكة.

طواف الوداع : قبل انتهاء الحج يطوف الحاج حول الكعبة.

رمي الجمرات : في العاشر من ذي الحجة يرمي الحاج جمرة العقبة الكبرى بسبع حصيات وفي الثاني عشر من ذي الحجة يرمي الجمرات الثلاث بسبع حصيات.

الهدي : هو ما يذبحه الحاج من الغنم أو الإبل أو البقر وذلك بمناسبة عيد الأضحى الذي يحتفل به المسلمون في كل أنحاء العالم.

Bei den Verkehrsschildern wird darauf hingewiesen, dass die Weiterfahrt nach Mekka und A-rafat nur Muslimen gestattet ist.

**Ü 10:**　　　　　　　Im Namen Gottes, des barmherzigen Erbarmers

Der Friede sei mit Euch und Gottes Erbarmen und seine Segnungen,
Anlässlich des gesegneten Opferfestes und der Festzeit der großen Wallfahrt entbiete ich Euch die herz-lichsten Glück- und Segenswünsche. Ich bitte Gott, dass er Euch allen diesen verehrten Anlass mit Segen, Gutem und Schutz wiederkehren lässt.

　　Möget Ihr in jedem Jahr in guter Verfassung sein!

**Ü 11 ⊙ 97.:** Die Eröffnungssure

Im Namen Gottes, des barmherzigen Erbarmers. 2. Gott sei Lob, dem Herrn der Welten, 3. dem barmherzigen Erbarmer, 4. dem König am Tag des Gerichts. 5. Dir dienen wir und dich bitten wir um Hilfe. 6. Führe uns den geraden Weg, 7. den Weg derer, denen du gnädig bist, nicht zürnst und die nicht in die Irre gehen.

**Ü 12:** (Die Kurzvorträge können mündlich oder schriftlich ausgeführt werden.)

**Ü 13:** الخليفة — موسى وعيسى عليهما السلام — محمد رسول الله صلى الله عليه وسلم — المدينة المنورة — مكة المكرمة
القرآن الكريم — عمر بن الخطاب رضي الله عنه

**Ü 14:** الدولة الألمانية والأديان

تم في ألمانيا الفصل بين الدولة وبين الطوائف الدينية. والعلاقة بين الطوائف والدولة علاقة شراكة حيث يجب على الدولة ألا تحدد مضامين الإيمان لأنه عليها أن تراعي حرية العقيدة. إنّ أكبر الطوائف الدينية في ألمانيا هما كنيسة البروتستانت وكنيسة الكاثوليك المسيحيتين. ولكلاهما سبعة وعشرون مليون مؤمن وبعدهما يلي في الدرجة الثالثة ٤,٣ مليون مسلم وفي الدرجة الرابعة حوالي مائة ألف يهودي. وتلعب كنيستا الكاثوليك والبروتستانت دورا كبيرا في الحياة العامة حيث تديران مؤسسات اجتماعية مثل مستشفيات ورياض أطفال. ويتم تدريس الدين للأطفال الكاثوليك والبروتستانت في المدارس الحكومية. وبعد مناقشات طويلة / مطولة في المجتمع الألماني يجري تدريس الدين الإسلامي أيضا في عدد من المدارس الألمانية. ومعلمو تدريس ديني حاصلون على شهادات جامعات حكومية على العموم. وبرغم الفصل بين الدولة وبين الكنائس يجوز للكنائس أن تطلب دفع ضريبة دينية حيث يدفعونها مباشرة مع الضرائب الحكومية إلى إدارات الشؤون المالية، إذا كانوا من المسيحيين الكاثوليك أو البروتستانت

# Lektion 27

**T 1 ⊙ 98.:** Besuchen Sie Tunesien und seine Hauptstadt

Sie werden die Tage, die Sie in der Hauptstadt verbringen, für wunderbare Augenblicke halten. Sie werden in Tunis zu Gast sein und die Tunesier hören, wie sie sich mit iʿaišak begrüßen. Sie werden an dem Frühlingsmorgen dastehen und sagen: iʿaišak o schöne grüne Stadt Tunis.

Wenn Sie die Altstadt betreten, wird das Minarett der Zaitunah-Moschee, die als ein Zentrum religiöser und wissenschaftlicher Ausstrahlung angesehen wird, Ihre Blicke auf sich ziehen. Ihr Name geht darauf zurück, dass Tunis für seine Oliven berühmt ist. Die Zaitunah-Moschee war auch eine islamische Hochschule, aus der Gelehrte wie Waliyaddin Ibn Khaldun al-Hadrami hervorgegangen sind.

Nach dem Besuch der Zaitunah-Moschee werden Ihnen die Gassen der Altstadt und die Bögen gefallen, mit denen einige von ihnen beginnen. Sie werden vom Suq der Gewürzhändler zum Suq der Sattler und dann zu den Märkten der Fleischer und des traditionellen Handwerks wechseln. Wenn Sie zur Grabkuppel der Beys gelangen, besichtigen Sie eine künstlerische Kostbarkeit, die deren Andenken verewigt. Dort sind die Gräber der husainitischen Fürsten versammelt, die unter osmanischer Vorherrschaft standen. Als dann die Franzosen kamen, setzten die Beys ihre Herrschaft formal fort. Was Aufmerksamkeit erregt, ist dass die Grabmäler länglich sind. Auf sie stützt sich eine Säule, dessen oberster Teil die Form des Tarbuschs hat, den der in dem Grabmal ruhende Bey getragen hat. Vielleicht der schönste Raum dieses Gebäudes ist jener, in dem die jungen Frauen ruhen, die das Todesgeschick ereilte, als sie noch unverheiratet waren.

Wenn Sie noch weiter in den Gassen umhergehen, werden Sie sehen, wie die Leute in den Suqs ihre Bedürfnisse einkaufen. Sie werden zum Dar Ibn Abdallah kommen, das als Museum für Traditionen und tunesische Trachten gilt. In diesem Anwesen bekommt der Besucher einen Begriff vom Alltagsleben der tunesischen Familie am Beginn des vergangenen Jahrhunderts.

Ihnen wird auch der Besuch des Bardo-Museums gefallen. Denn zusätzlich zu dem, was das Museum vom Kulturerbe der drei Religionen umfasst, enthält es auch Götterstatuen oder mythologische Wesen, welche Sie auf den Kulturaustausch zwischen Karthago und dem Osten des Mittelmeers hinweisen. Das Bardo-Museum ist reich bestückt mit seltenen und einmaligen Sammlungen von Mosaiken und Statuen, die als Zeugen aller tunesischen Geschichtsperioden und der Kulturen gelten, welche in dem Land aufeinander folgten. Der Bau des Museums geht auf das Jahr 1882 zurück, als es im Frauenflügel im Schloss Bardo eingerichtet wurde.

Man kann sagen, dass die mittelmeerische Natur das Land im Verlauf von mehr als 3000 Jahren zur Wiege von Kulturen gemacht hat. Denn Karthago wurde in ihm im Jahr 814 v. Chr. gegründet und erblühte, bis es mit Rom um die Herrschaft über das Mittelmeer konkurrierte. Erwähnenswert ist auch, dass das islamische Zeitalter in ihm mit dem Einmarsch des arabischen Heerführers Oqbah Ibn Nafi' Mitte des VII. Jahrhunderts begann und dass er al-Qairawan als erste islamische Stadt im Maghreb gegründet hat.

**T 2 ⊙ 99.:**                                                    Al-Qairawan

*Jan:* Herzlich Willkommen, Hatim! Weißt du, dass ich zwei Wochen meines Sommerurlaubs in Tunesien verbringen werde?

*Hatim:* Das ist großartig. Wünschst du, dass ich dich mit einigen Informationen über die Stadt Al-Qairawan ausstatte, in der ich aufgewachsen bin?

*Jan:* Ja, ich höre dir sehr gern zu, weil ich diese Stadt besuchen will, wenn ich in deinem Land bin.

*Hatim:* Herzlich willkommen! Ich wünschte, ich würde dich während deines Besuchs von Al-Qairawan begleiten. Es ist die älteste islamische Stadt in Nordafrika, weil sie der arabische Feldherr Okba Ibn Nafi' – möge Gott an ihm Wohlgefallen haben – gegründet hat, damit sie eine Basis für die Ausbreitung des Islams in der Region sei.

*Jan:* Al-Qairawan gelangte dann dazu, eine wichtige Rolle bei der Ausbreitung des Islams und der arabischen Sprache zu spielen. Nicht wahr?

*Hatim:* Ja, das ist völlig richtig. Die Errichtung der Stadt Al-Qairawan gilt als Beginn der Geschichte der arabischen Kultur in den Ländern des Maghreb. Während die Heere der Muslime aus ihr zur Eroberung auszogen, zogen die Rechtsgelehrten aus, um sich im Land auszubreiten, das Arabische zu lehren und den Islam zu verbreiten. Sie gaben / Man gab Al-Qairawan den Namen „die Vierte nach den Dreien", (nämlich) nach dem verehrten Mekka, dem erlauchten Medina und dem edlem Jerusalem.

*Jan:* Ist Al-Qairawan ein Zentrum des politischen, sozialen und wirtschaftlichen Lebens geblieben?

*Hatim:* Ja, Al-Qairawan wurde zum kulturellen Ausstrahlungsort des Islam im Maghreb unter der Herrschaft der Aghlabiden, die es zu ihrer Residenz machten. Da blühten die Wissenschaft und das politische, gesellschaftliche und wirtschaftliche Leben auf. Sie errichteten den aghlabidischen Brunnen, ein Becken, dessen Durchmesser 128 m beträgt, und den Barrutah-Brunnen, nämlich ein Wasserschöpfrad. Damals schrieb Sahnun in dieser Stadt sein berühmtes Buch „Die Gesetzessammlung (*al-mudawwanah*)".

*Jan:* Ich bitte, noch einige Sehenswürdigkeiten in Al-Qairawan zu nennen, wenn möglich.

*Hatim:* Zu den Baudenkmälern in der Nähe von Al-Qairawan gehört Raqqada, die zweite Stadt der Aghlabiden, die zu einem archäologischen Dorf geworden ist. Eines seiner Paläste wurde genutzt, um ein Institut für islamische Studien und Forschungen zu werden, das Arbeiten zur Dokumentation der Handschriften durchführt, die von der Oqbah Ibn Nafi-Moschee hierher gebracht worden sind. Die wichtigste ist ein Teil des Korankommentars von Yahya Ibn Sallam al-Basri, dem ältesten bekannten Kommentar des edlen Korans.

Zu den wichtigen Moscheen gehört die große Moschee, die Oqbah Ibn Nafi' errichtete und die sich durch ihr Minarett auszeichnet, das eine Form hat, die vom östlichen Stil abweicht und dann zum Vorbild für die Minarette in den Regionen der malikitischen Rechtsschule, nämlich dem Maghreb und danach al-Andalus, wurde.

Zu den berühmten Plätzen gehört auch das Heiligengrab des Prophetengenossen Abu Zam'ah al-Balawi – möge Gott an ihm Wohlgefallen haben –, der sich eines großen religiösen Rangs erfreut und dessen Grab Tausende Beter und Besucher aus fernen Gegenden aufsuchen, insbesondere bei religiösen Anlässen.

*Jan:* Ich habe verstanden: Ich sollte zusätzliche Tage in Al-Qairawan zubringen, um alle diese Sehenswürdigkeiten aufzusuchen. Ich danke dir sehr für alle diese Informationen.

*Hatim:* Kein Grund zum Dank. Ich wünsche dir eine glückliche Reise und einen guten Aufenthalt in meinem Heimatland.

**T 3:**                                        Al-Mahdiyyah zwischen Vergangenheit und Gegenwart

Die Stadt al-Mahdiyyah liegt an der Küste des Mittelmeers. Im 10. christlichen Jahrhundert errichtete sie Ubaidallah al-Mahdi auf einer Halbinsel, um sie zur Hauptstadt des fatimidischen Reichs zu machen, das von ihm begründet wurde. Al-Mahdiyyah wurde von drei Seiten von Seemauern und von einer Landmauer umgeben. Die Kaufläden wurden innerhalb der Stadt platziert, während die Kaufleute und ihre Familien außerhalb wohnten. In der Altstadt residierte nur der Kalif, seine Wache und die Notabeln.

Wir können unsere Tour durch Al-Mahdiyyah im Stadtmuseum beginnen, das als eine der herausragendsten, Modernes und Altes vereinenden Sehenswürdigkeiten angesehen wird, wobei es an den „Schwarzen Durchgang", den einzigen Zugang zur Altstadt, angrenzt. Das Museum hat die archäologischen Funde gesammelt, auf die man in der Provinz al-Mahdiyyah gestoßen ist. Daher ist der untere Saal den punischen, römischen und byzantinischen Altertümern vorbehalten.

Zum Inventar des Museums gehört jenes Relief, das von der Stadt al-Mahdiyyah in der Fatimidenzeit hergestellt worden ist. Es wurde dafür eine Fläche von mehr als 20 qm bestimmt. Ebenso enthält das Museum ein Mosaikbild, das man für das einzige islamische in der Provinz existierende Bildnis hält.

Weil die Stadt al-Mahdiyyah seit alter Zeit für ihre Weberei, insbesondere von Seide, bekannt ist, wurde im zweiten Stock des Museums ein Webstuhl aufgestellt, an dem einige Handwerker arbeiten.

Nachdem wir die Marktstraße überqueren, wobei wir uns von dem „Schwarzen Durchgang" abwenden, zeigt sich uns die Moschee des Hadsch Mustafa Hamza. Und weil wir uns noch immer zwischen Vergangenheit und Gegenwart al-Mahdiyyahs befinden, kann man sagen, dass unter den meisten Häusern der Altstadt wertvolle Altertümer stecken. Deshalb ist es den Einwohnern untersagt, Häuser von sich abzureißen, außer nach Erteilung einer Genehmigung.

Wenn der Freitagsmarkt im „Schwarzen Durchgang" abgehalten wird, erleben wir die Weberinnen, Stickerinnen und Näherinnen, wie sie die traditionellen Trachten und die mit Goldfäden bestickten Gewebe feilbieten. Es gibt keinen Zweifel, dass die traditionellen Frauentrachten die schönsten Gewänder im Land Tunesien sind.

Wo liegt die Stadt al-Mahdiyyah und wer hat sie gegründet?
Welche Teile umfasste al-Mahdiyyah in der Zeit der Fatimiden?
Was sind die wichtigsten Sehenswürdigkeiten al-Mahdiyyahs?
Warum ist den Einwohnern der Altstadt der Abriss der Häuser untersagt?
Wen können Sie am Freitagsmarkt im „Schwarzen Durchgang" erleben?

**Ü 1:** لم — عندما كنت في سوريا لم أزر/ما زرت إلا مدينة دمشق. — لم أشاهد/ ما شاهدت الملك والملكة إلا مرتين. — أتجول/ ما تجولت إلا في سوق السراجين. — ما بمدرستنا إلا معلمتان لتعليم اللغة الفرنسية. — لم تعطني أمي النقود إلا لشراء الفواكه. — لم نجد في المعهد إلا تسعة طلاب. — ليس المتحف مخصصا إلا للتقاليد والزي. — لن أقضي في مدينة القيروان إلا أسبوعين. — لم تكن/ ما كانت القيروان عاصمة إلا للأمراء الأغالبة. — في زيارتنا القادمة لن نزور إلا المهدية.

**Ü 2:** لا يجد الطريق غيرُ/ سوى من يعرفها. — دخل الركاب القطار غيرَ/ سوى ولد صغير. — أغلقوا كل الأبواب غيرَ/ سوى باب واحد. — نسيت كل المواعيد غيرَ/ سوى موعدين. — أعطيني كل الأقلام غيرَ/ سوى ذلك القلم. — سندعو كل الزملاء غيرَ/ سوى زميلين. — يحظر هدم البيوت على أصحابها سوى في حالة وجود ترخيص بذلك. — توجه كل الناس غيرُ/ سوى المرضى إلى النوافذ ليشاهدوا ما حدث. — يمكننا أن نزورك في كل أيام الأسبوع غيرَ/ سوى يوم الجمعة.

**Ü 3:** دخلنا المدينة القديمة وجامعة زيتونة تجتذب أنظارنا. — ستأخذون فكرة عن حياة الأسرة التونسية وأنتم تزورون هذا المتحف. — أردنا أن نزور القيروان ونحن نقوم بجولة في تونس. — انتشر الفقهاء في البلاد وهم يعلمون اللغة العربية وينشرون الإسلام. — جلسنا نصف ساعة ونحن نشرب القهوة أو الشاي. — حضر سمير وهو يضحك كثيرا. — رأيت الناس (وهم) يشترون حاجاتهم من السوق. — سمعنا أحمد (وهو) يتكلم ببطء. — هل رأي الأستاذ الطلاب يجتمعون في رقادة؟ — هل وجدتم الخبراء يوثقون مخطوطات قيمة؟ — سمعت فاطمة سميرة تتحدث مع صديقتها. — شاهد السواح النساء يعرضن أزياء تقليدية. — رأينا العمال يشربون القهوة أو العصير أو الماء. — تركت الأم الأطفال يلعبون أمام البيت.

**Ü 4:** يذهب الناس إلى الأسواق مسرعين. — وقف الطلاب أمام غرفة الامتحان خائفين. — قضيت ساعة مفكرا/ مفكرة في حل المشكلة. — مشينا في شوارع المدينة باحثين / باحثات عن مطعم جيد. — بدأ الأستاذ محاضرته قائلا: صباح الخير. — أسرع الشرطي خلف الرجل مناديا: قف. — رحب بنا مرافقنا متمنيا لنا إقامة طيبة. — ودعني حاتم راجيا لي رحلة ميمونة. — سيصل أحمد إلى القاهرة قادما من برلين. — نتوجه إلى المدينة القديمة قاصدين / قاصدات بعض الاسواق. — كتب المعلم درسا جديدا معتمدا على نصوص جديدة. — وجدت الأم أولادها عند رجوعها باكين. — هل رأيته آتيا؟ — لم أدخل الغرفة لأنني ظننتك نائما/ نائمة. — تعرفني مشغولا دائما في أيام السبت. — شاهدنا الزوار يدخلون متحف باردو. — سنظن الأيام في تونس رائعة. — تعتبر دار ابن عبد الله متحفا للتقاليد التونسية. — جعلت الطبيعة المتوسطية تونس مهدا لحضارات مختلفة. — بدأ الفقهاء ينشرون اللغة العربية والإسلام في بلاد المغرب. — أصبحت القيروان تلعب دورا هاما في نشر الإسلام. — بقيت المدينة مركزا سياسيا واجتماعيا وثقافيا.

**Ü 5:** هل ستسافرون جميعا / وحدكم إلى شاطئ البحر؟ — كنت مدعوا وحدي إلى بيت الكاتب المشهور. — أقابلك مدير الجامعة وحده / وحدك؟ — يسكن صديقنا هنا وحده. — يريد السواح أن ينزلوا جميعا في فندق واحد. — جلست في المقهى وحدي. — مشت البنات جميعا / وحدهن في السوق. — تركنا الزائر وحده في المكتبة. — هل

تستطيع النساء أن ينقلن حقائبهن وحدهن؟ — لقيت زملائي جالسين جميعا / وحدهم في النادي.

**Ü 6:** سيدنا عيسى عليه السلام — القدس الشريف — تونس الخضراء — أمير البلاد حفظه الله — عقبة بن نافع رضي الله عنه

**Ü 7:** سنقضي أياما جميلة عندما نحل ضيوفا على أصدقائنا في تونس. وسنزور أولا وقبل كل شيء جامع الزيتونة. ثم نتجول في المدينة القديمة بأسواقها ودار ابن عبد الله ومتحف باردو. ويزخر هذا المتحف بشواهد التاريخ ومجموعات نادرة من الفسيفساء والتماثيل. ويعود بناء المتحف إلى أواخر القرن التاسع عشر. وتلفت نظرنا أيضا تربة البايات بأشكال الأعمدة وقاعات الفتيات اللواتي وافتهن المنية وهن عازبات.

**Ü 8:** رغب يان في زيارة تونس، وطلب من صديقه حاتم أن يزوده ببعض المعلومات عن أهم معالم البلاد. فأشار حاتم إلى جامع الزيتونة ومتحف باردو والمدينة القديمة بأسواقها وتربة البايات. ثم أكد على أن القيروان أقدم مدينة إسلامية في شمال إفريقيا. ويعتبر إنشاء القيروان بداية لتاريخ الحضارة العربية الإسلامية في هذه المنطقة. وتعتبر المدينة رابعة الثلاث بعد مكة المكرمة والمدينة المنورة والقدس الشريف. ويقوم معهد الدراسات والبحوث الإسلامية بأعمال توثيق المخطوطات العربية. وأهمها جزء من تفسير يحيى بن سلام البصري للقرآن الكريم. ومن الجدير بالذكر أن شكل منارة جامع عقبة بن نافع أصبح نموذجا لمنارات جوامع المغرب والأندلس.

**Ü 9:** Wie grüßen die Tunesier einander?

Worauf geht der Name der Zaitunah-Moschee zurück?

Was haben Sie über die Besonderheiten der Altstadtgassen von Tunis gelesen?

Welcher Markt würde Ihren Blick auf sich lenken, wenn Sie die Märkte des alten Tunis durchstreiften?

Was sind die Besonderheiten der Gräber der husainitischen Emire?

Was haben Sie über das Dar Ibn Abdallah und das Bardo-Museum gelesen?

Welches Imperium konkurrierte mit Karthago?

Wann begann das islamische Zeitalter im arabischen Maghreb?

**Ü 10:** (Die Kurzvorträge können mündlich oder schriftlich erfolgen.)

**Ü 11 ◉ 101.:**                                          جهاز دليل سمعي في متحف باردو

أخبار تونس ـ بدأ متحف باردو في تقديم خدمة جديدة للسواح بتوزيع دليل سمعي على زوار المتحف، يقدم لهم شرحا للوحات المعروضة ولتاريخ المتحف. وهذه الخدمة معمول بها في المتاحف العالمية الكبرى، وتعطي الخدمة الجديدة السواح فرصة أكبر للاستماع إلى الشرح وتوضيح المحيط المليء بتاريخ الحضارة القرطاجية والرومانية والإسلامية وغيرها مع التمتع بروائع اللوحات المعلقة.

ويستقبل متحف باردو حوالي ٦ آلاف زائر يوميا، مما تطلب العمل على تسهيل عملية تلقي المعلومات حول اللوحات المتواجدة في المتحف. وقد تم توظيف هذه الأجهزة بـ٤ لغات عالمية. ويمكن هذا الجهاز الزائر من تلقي معلومات علمية صحيحة حول أهم القطع الأثرية في المتحف.

ويعد متحف باردو الذي أقيم جزء منه داخل قصر باي تونس ''إبان الحكم العثماني'' عام ١٨٨٨ أكبر متاحف تونس وأشهرها في العالم. وقد أدرجته منظمة الأمم المتحدة للتربية والثقافة والعلوم ''اليونسكو'' في قائمة التراث العالمي لما ينفرد به من كنوز أثرية لاسيما التماثيل ولوحات الفسيفساء التي يتجاوز عددها الـ٤ آلاف وتعكس تعاقب الحضارات على تونس.

Audio-Guide-Gerät im Bardo-Museum

Nachrichten aus Tunis: Das Bardo-Museum hat mit dem Angebot einer neuen Dienstleistung begonnen, indem es an die Besucher des Museums einen Audio-Guide verteilt, der ihnen einen Kommentar zu den ausgestellten Bildwerken und der Geschichte des Museums bietet. Diese Dienstleistung ist in den großen internationalen Museen üblich. Der neue Dienst gibt den Touristen eine größere Gelegenheit zum Hören des Kommentars und der Erläuterung des mit der Geschichte der karthagischen, römischen und islamischen Zivilisation angefüllten Umfelds zugleich mit dem Genuss der aufgehängten Meisterwerke an Bildern.

Das Bardo-Museum empfängt täglich ungefähr sechstausend Besucher, was es erforderlich machte darauf hinzuwirken, den Vorgang des Empfangens von Informationen über die im Museum vorhandenen Bildwerke zu erleichtern. Diese Geräte wurden auf vier Weltsprachen eingestellt und ermöglichen dem Besucher, korrekte wissenschaftliche Informationen über die wichtigsten archäologischen Stücke im Museum zu erhalten.

Das Bardo-Museum, von dem ein Teil innerhalb des Palastes des Beys von Tunis „während der osmanischen Herrschaft" im Jahr 1888 errichtet wurde, gilt als das größte Museum Tunesiens und als sein in der Welt Angesehenstes. Die Organisation der UNO für Erziehung, Kultur und Wissenschaft UNESCO hat es in die Liste des Welterbes eingereiht, weil es einmalig ist mit seinen archäologischen Schätzen und insbesondere mit seinen Statuen und Mosaiken, deren Anzahl die Viertausend übersteigt und die die Aufeinanderfolge der Kulturen in Tunesien widerspiegeln.

Welche Geräte werden im Bardo-Museum benutzt?
Auf wie viele Fremdsprachen wurden die Geräte eingestellt?
Warum reihte die Organisation der UNESCO das Bardo-Museum in die Liste des Weltkulturerbes ein?

**Ü 12:**                                              كثدرائية (مدينة) مرزبورغ

في مدينة مرزبورغ الواقعة على نهر زاله يستطيع المرء أن يقابل أقدم حقبة للتاريخ الألماني. فقد أمر هنا الملك هاينريخ الأول بإقامة قلعة كما أمر بإقامة كنيسة يوحنا المقدسة سنة ٩٣١م والتي قدست مرة أخرى باعتبارها كثدرائية بمناسبة تأسيس أسقفية مرزبورغ عام ٩٦٨م.

إن حجر الأساس لبناء كثدرائية أكبر تم وضعه سنة ١٠١٥م. ولم تتبق إلا أجزاء من المبنى الروماني الأصلي، حيث تم تغيير بنائها في ما بعد على طراز عصر النهضة.

وتشتمل الكثدرائية على أحد أكبر الأراغن الرومانتيكية في ألمانيا، ولها عشرة أجراس. ومن التحف الموجودة داخلها لوحة قبر من البرونز المسبوك (المصنوعة سنة ١٠٨٠) وجرن المعمودية (المصنوع سنة ١١٥٠). وهناك أرشيف مؤسسة الكثدرائية المشهور عالميا. وفيه مجموعة من مخطوطات العصور الوسطى من بينها التعاويذ المرزبورغية التي تعد من أقدم المنتجات الأدبية الألمانية. وهي من القرن التاسع أم العاشر، وما تم العثور عليها في المكتبة إلا في عام ١٨٤١.

## Lektion 28

**T 1 ☉ 102.:**                                         Der Monat Ramadan

Sämtliche Muslime betrachten den Ramadan als den wichtigsten Monat unter den Monaten des Jahres, denn er ist der Fastenmonat gemäß dem, was Gott – er ist erhaben – gesagt: „Der Monat Ramadan, in dem der Koran als Rechtleitung für die Menschen, zur Verdeutlichung der Rechtleitung und als Entscheidung herabgesandt worden ist: Wer von euch diesen Monat erlebt, der soll in ihm fasten, wer aber krank oder auf Reisen ist, (soll statt dessen) eine Anzahl anderer Tage (fasten)." (Sure 2, Vers 185). Das bedeutet das Sich-Enthalten von der Einnahme von Speisen und Getränken von Sonnenaufgang bis Sonnenuntergang während des ganzen Monats Ramadan. Zu den Bedingungen der Pflicht zu fasten gehören die Volljährigkeit, die Verstandeskraft und der Islam. Es gibt einige Entschuldigungsgründe, die das Fastenbrechen unter der Bedingung erlaubt machen, dass der Fastenbrechende andere Tage an Stelle der Tage, an denen er nicht gefastet hat. Diese Entschuldigungsgründe sind Krankheit, Reise, Menstruation, Stillen, Schwangerschaft, hohes Alter und Schwerarbeit. Der Ramadan fördert das Gefühl für die Armen und Elenden, indem jeder Familienvater einer oder mehreren armen Familien „das Ramadan- oder Fasten-Almosen" (jeweils) für jedes Glied seiner Familie gibt.

Im Ramadan versinken die Märkte in den verschiedensten Arten von Speisen, und die Menschen beeilen sich beim Kommen dieses Monats zu speichern, was sie an köstlichen und nützlichen Nahrungsmitteln brauchen. Was das Interesse der Leute am meisten erregt, sind die Süßigkeiten, an denen sich die Kinder in höchster Glückseligkeit erfreuen, als ob sie eine Belohnung seien, die man ihnen in Würdigung ihrer Standhaftigkeit und ihres Erfolgs beim Fasten schenkt. Die speziell in Ägypten verbreitete Ramadan-Laterne hat eine besondere Stellung im Herzen der Kinder, die zu ihrem Kauf eilen, um Ramadan-Lieder wiederholend durch die Straßen zu ziehen.

Im Ramadan arbeitet man am Tag und dient Gott in der Nacht durch Gebet, Koranrezitation und Meditations- und Gotteslobsitzungen: Die Gebräuche im Monat Ramadan unterscheiden sich nur zwischen dem einen und dem anderen Land mit dem, was man auf den reich (gedeckten) Esstischen mit einer Mannigfaltigkeit an Arten von Speisen und ihrer Verschiedenheit von Land zu Land findet. Was allerdings allen diesen Ländern gemeinsam beim Fastenbrechen ist, ist das Beginnen mit dem Einnehmen von Flüssigem, dann von Datteln und dann (erst) der zubereiteten Speisen.

In Palästina beispielsweise ist die Maqlubah am meisten verbreitet unter dem, was die Fastenden beim Fastenbrechen zu sich nehmen. Sie besteht aus gerösteten Auberginen, Reis, Knoblauch, Gewürzen und Fleisch. In den Golfländern werden häufig Haris, Tharid und Basbusah neben Datteln und Obst eingenommen. Was den Jemen und die arabische Halbinsel betrifft, so beginnt der Fastende beim Fastenbrechen damit, Datteln und Sauermilch zu sich zu nehmen, dann die Suppe und dann die Hauptgerichte.

Diese Gewohnheiten unterscheiden sich nicht sehr in den Ländern des Maghreb von Libyen und Tunesien bis Algerien und Mauretanien.

Was den Tisch der Morgenmahlzeit betrifft, so besteht er überwiegend aus leichten Gerichten, die dem Fastenden helfen, eine Portion Ruhe und Schlaf zu nehmen, um am Morgen zu seiner Arbeit aufzustehen.

Die Arten von Süßigkeiten sind während des vortrefflichen Monats vielfältig, und obwohl sich ihre Arten zwischen dem einen und anderen Land unterscheiden, ist doch das Meiste in hohem Maß einander ähnlich und beschränkt sich auf die bekannten arabischen Süßigkeiten.

Die Freude im Ramadan wird vollkommen an den Tagen des Festes des Fastenbrechens, wo alle durch die ausgetauschten Geschenke verwöhnt werden, insbesondere die Kinder, die das Fest mit neuen Kleidern, Ausflügen oder Reisen im In- oder Ausland und mit Geld erfreut, worüber zu verfügen ihnen erlaubt wird, wie sie wollen.

**T 2 ☉ 103.:** *Martin*: Muhammad, zunächst möchte ich dir zum Eintreffen des gesegneten Monats Ramadan Glückwünsche aussprechen. Dann aber bitte ich dich, mir zu sagen, wann der Junge pflichtgemäß mit dem Fasten während des Monats Ramadan beginnt, und ebenso das Mädchen? Gibt es ein islamisch gesetzlich bestimmtes Alter dafür?

*Muhammad*: Ich danke dir vielmals für deine Glückwünsche zu diesem trefflichen Anlass. Um auf deine Frage zu antworten, so fasten Jungen und Mädchen obligatorisch, wenn sich an ihnen die Anzeichen der Geschlechtsreife zeigen. Was das Alter des Jungen oder Mädchens, das zum Fasten verpflichtet, so gibt es kein bestimmtes Alter, aber man kann sagen, dass gewöhnlich der Beginn des Fastens vom 14. (Jahr) ab stattfindet. Trotzdem ist es erwähnenswert, dass viele Jungen und Mädchen freiwillig von frühen Jahren ihres Lebens an fasten.

*Martin*: Was mich auch interessiert: Wer sind diejenigen, denen die islamische Religion erlaubt, im Ramadan das Fasten zu brechen (d.h. nicht zu fasten)?

*Muhammad*: Gott – er ist erhaben – hat das Fastenbrechen dem betagten Mann und der betagten Frau erlaubt, dem Kranken, bei dem keine Heilung erhofft wird, wie dem Zuckerkranken, dem Herzkranken, dem Nierenkranken und anderen. Auch hat Gott – er ist erhaben – das Fastenbrechen dem Reisenden, der keinen Aufenthalt beabsichtigt, der schwangeren Frau, die um sich selbst und um ihr Ungeborenes Angst hat, und der stillenden Frau, wenn sie sich um ihr Neugeborenes ängstigt, erlaubt.

*Martin*: Ich habe noch eine andere Frage: Was ist deine Meinung darüber, dass einige Leute die Ramadannächte mit abendlichem Ausgehen, mit Spiel, Vergnügung und Fernsehen verbringen.

*Muhammad*: Ich muss sagen, dass die Zeit einen wichtigen Stellenwert im Islam hat, um gute Werke zu vollbringen. Auf der anderen Seite wird der Mensch zur Rechenschaft für sein Leben hinsichtlich dessen gezogen, was auf ihn mit Nutzen zurückgeht oder was er mit Vergnügung zugebracht hat und was er mit Nutzlosem vergeudete.

*Martin*: Es gibt eine Frage, die du vielleicht merkwürdig findest: Wenn der Mann seine Ehefrau im Ramadan am Tag küsst, verdirbt das dann sein Fasten?

*Muhammad*: Ich finde deine Frage ganz und gar nicht merkwürdig. Es gibt verschiedene Antworten. Einige sagen, sein Küssen verdirbt sein Fasten in der Tat. Aber andere sagen, der Kuss ist erlaubt, wenn er ohne Leidenschaft geschieht, denn es steht fest, dass der Prophet – Gott segne ihn und gebe ihm Heil – einige seiner Ehefrauen geküsst hat, während er fastete, jedoch er sich des Geschlechtsverkehrs enthalten.

*Martin*: Wenn du erlaubst, habe ich eine Frage, die nicht nur mit dem Monat Ramadan zusammenhängt. Denn mein Interesse hat erregt, dass das Phänomen des Gebrauchs der Mobiltelefone innerhalb der Moschee die Betenden bei ihrem Gebet zu belästigen beginnt und ihnen auf Grund der Töne und der Musik, die sie von sich geben, die Demut raubt. Was ist deine Meinung dazu?

*Muhammad*: Gott segne dich für deine Frage! Das Phänomen des Handys, das sein Besitzer nicht abschaltet, nachdem er die Moschee betreten hat, ist in der Tat lästig geworden, weil vom Läuten dieser Telefone Stimmen, Töne und Musik herauskommen, die mit der Heiligkeit des Ortes unvereinbar sind.

*Martin*: Vielen herzlichen Dank für deine Erläuterungen. Ich wünsche dir nochmals einen gesegneten Monat Ramadan.

*Muhammad*: Du bist eingeladen zum Fastenbrechen morgen Abend, damit du dich an den Speisen und Getränken und den Gesprächen meiner Gäste erfreust.

**T 3:**                                                    Die Basbusah

Die Basbusah ist leicht zuzubereiten. Sie besteht aus Weizengries, Zucker, Backpulver, Butter und Sahne. Sie wird mit Sirup überzogen.

Zutaten:

Basbusah : 2 Becher Gries - 100 Gramm Butter - 340 Gramm Sahne - 1 Becher Zucker - ½ Kaffeelöffel Backpulver

Sirup: 2 Becher Zucker - ½ Becher Wasser - ½ kleine Zitrone - 2 Körnchen Nelken

Art der Zubereitung:

1. Gries, Zucker und Backpulver werden vermischt.
2. Butter und Sahne werden hinzugefügt und gut verrührt.
3. Wird in den Backofen gestellt bis es rotbraun wird, dann gibt man den Sirup hinzu.
4. Der Sirup wird durch Vermischung aller Zutaten hergestellt und bleibt ruhig auf dem Feuer, bis er dickflüssig wird.

**Ü 1:** أرى شهر رمضان أهم شهر للسنة الهجرية. علّمنا المدرس قواعد اللغة العربية. اخترتُ العلوم السياسية مادة أولى لدراستي. عُيّنَ السيد أحمد رمضان وزيرا للتربية. تُعَدُّ السيدة سميرة أفضل سكرتيرة لرئيس الوزراء. أعطاني صديقي بعض الكتب، وأراني صورا نادرة عن الحياة في ليبيا القديمة. أهديتُ صديقتي صحونا نحاسية جميلة. سيسمي والداها ابنتهما بثينة.

**Ü 2:** بدأ شهر رمضان المبارك يوم الاثنين الماضي. ويعمل المسلمون نهارا ويتعبدون ليلا، وذلك كل يوم وبداية يصعب عليهم الصيام إلا أنهم يتعودون عليه بعد بضعة أيام. عندما يستيقظون فجر الصباح يؤدون صلاة الفجر

**Ü 3:** هل ستقومون برحلتكم صيفا أو شتاءً؟ — غادر إبراهيم وطنه كرها. — بعد أن مشينا عشر ساعات وقعنا على الأرض تعبا. — مطعم المطار مفتوح ليلا ونهارا. — يموت كثير من الناس كل يوم جوعا. — توجه الخبراء بعضهم جنوبا وبعضهم شمالا. — بكت أمي فرحا حين رأتني. — تزيدني دراستي في الجامعة علما كل يوم. — انظر يمينا ويسارا قبل أن تقطع الشارع. — أسرع الأولاد في البيت خوفا. — وصل صديقي صباح اليوم وسيتركنا غدا مساءً / مساءَ غدٍ. — آكل كل يوم ثلاث مرات عادة.

**Ü 4:** السلاح الحديث أشد قوة من السلاح القديم. — سوق دمشق أشد ازدحاما من سوق الجمعة في الدوحة. — هذه الإجراءات أكبر تأثيرا من الإجراءات السابقة. — الجريدة الرسمية أقل انتشارا من جريدة "الأهرام". — الآلات التي نستعملها الآن أكثر إنتاجا من الآلات القديمة. — بعض الشركات أكبر استعدادا للتعاون من غيرها. — عمل هؤلاء الفلاحين أقل أجرا من العمل في الصناعة. — الرحلة بالسيارة أسرع وصولا منها بالباص. — هذه المشكلة أصعب حلا من القضايا الأخرى. — هذا النظام الاقتصادي أقل نجاحا من ذلك النظام.

**Ü 5:** يعطي الأطفال الحلويات تقديرا لنجاحهم في الصيام. — فانوس رمضان منتشر خصوصا في مصر. — لا تختلف عادات شهر رمضان كثيرا من بلد إسلامي إلى آخر. — المقلوبة هي الطعام الأكثر انتشارا في فلسطين أثناء رمضان. — وتتكون مائدة السحور غالبا من الأطباق الخفيفة. — يصوم الأولاد وجوبا عندما تظهر عليهم علامات البلوغ، ولكن ليست هناك سن محددة شرعا لوجوب الصيام.— أثناء عيد الفطر يفرح الكل بالهدايا المتبادلة، وخصوصا الأطفال.

**Ü 6:** يمتنع المسلمون في شهر رمضان عن تناول المأكولات والمشروبات من فجر الصباح حتى المغرب. ويعطي كل رب أسرة أو أسر فقيرة زكاة فطر. ولا تختلف عادات شهر رمضان كثيرا بين بلد وآخر، فهي تقوم على التعبد والصلاة والموائد الغنية. وما هو مشترك بين كل هذه البلدان عند الإفطار هو البدء بتناول السوائل ثم التمور والأطباق المحضرة. ويصوم الولد والفتاة عندما تظهر عليهما علامات البلوغ وعادة ما تكون بداية الصوم من الرابعة عشرة من عمرهم. ويبوح الدين الإسلامي الفطر في حالات مختلفة، ومنها كبر السن أو المعاناة من أمراض معينة أو القيام بالسفر بمسافات طويلة وكون المرأة حاملا أو مرضعا.

**Ü 7:** Ihnen (senden wir) die freundlichsten Gratulationen und die angenehmsten Wünsche aus Anlass des Festes des Fastenbrechens. Mögen Sie jedes Jahr in guter Verfassung sein!

**Ü 8:** Warum halten die Muslime den gesegneten Monat Ramadan für den wichtigsten Monat im Hidschrah-Jahr?

Was sind die Stunden, in denen sich der Fastende während des Monats Ramadan der Einnahme von Speisen und Getränken enthält?

Geziemt es sich den Familienvätern oder müssen sie den armen Familien ein Ramadan-Almosen geben?

Warum versinken die Märkte im Ramadan in den verschiedensten Arten von Speisen?

Was wissen Sie über die Ramadan-Laterne?

Was nehmen die Muslime zu Beginn des Fastenbrechens ein?

Was wissen Sie über die arabischen Süßigkeiten und welche davon bevorzugen Sie gegenüber anderen?

**Ü 9:** .الله رسول محمد .الله هو .الله إلا إلاه لا

Es gibt keine Gottheit außer Gott (Allah). Er ist Gott. Muhammad ist der Gesandte Gottes.

**Ü 10:** Sie können zwischen zwei Standpunkten wählen:

♦ Es ist notwendig, dass man sich mit Ihnen in jedem Augenblick und an jedem Ort verbinden (kann) ohne zu erwägen, dass die Sie umgebenden Leute belästigen werden.

♦ Es ist unbedingt nötig, den Ort und die Sie umgebenden Menschen zu achten und sich selbst zu achten durch Abschalten des Handys in bestimmten Momenten und an bestimmten Orten wie beim Betreten der Moschee oder dem Besuch der Unterrichtsstunden des Arabischen.

**Ü 11 ⊙ 105.:**                                          ليالي رمضان

في مساء كل يوم من أيام رمضان يؤذن للمغرب فيسرع الناس جميعا إلى موائد الإفطار ليأكلوا ما عليها من الأطعمة الشهية حيث يبدأون بالشربة اللذيذة التي لا تغيب عن أية مائدة طيلة شهر رمضان. وبعد أن يفرغوا من طعامهم وشرابهم ويستريحوا قليلا يخرج الصبيان إلى الشوارع فيملؤونها صياحا ولعبا ومرحا ونشاطا.

ويخرج الكبار بعضهم إلى المساجد وبعضهم إلى المقاهي ليقضوا سهراتهم في اللعب والسمر. أما النساء فقد تعودن أن يقضين سهرات جميلة في المنازل، يدعون إليها الصديقات والجارات ويعددن في كل ليلة أنواعا مختلفة من الحلويات الشهية وهن يتحدثن عما شاهدنه أو سمعنه ، وفناجين القهوة وكؤوس الشاي مع أطباق الحلويات تدور عليهن من حين لآخر.

هكذا تتواصل السهرات والأفراح في ليالي رمضان إلى أن ينتهي الشهر كله فيأتي عيد الفطر ويملأ الدنيا بهجةً وسرورا. إن الأولاد يفرحون بما يلبسونه من الثياب الجديدة ويأكلونه من الحلويات ويأخذونه من الهدايا وهم يذهبون إلى الملاعب فيلعبون ويمرحون وكل شيء يضحك في وجوههم.

والكبار كلهم يفرحون أيضا فيقصد بعضهم إلى السينما ويقصد البعض الآخر إلى المنتزهات العامة. وفي أيام العيد يلتقي الناس ويهنئ بعضهم بعضا بعد أن يفرغوا من صلاة العيد ويطلبون من الله أن يعيده عليهم بالخير والسلامة.

Die Ramadan-Nächte

Am Abend jedes Tages im Ramadan ertönt der Gebetsruf zum Abendgebet. Dann eilen die Menschen allesamt zu den Tischen des Fastenbrechens, um zu essen, was sich darauf an köstlichen Speisen befindet. Dabei beginnen sie mit der köstlichen Suppe, die an keinem guten Tisch während des Ramadan fehlt. Nachdem sie mit Essen und Trinken fertig sind und sich ein wenig ausgeruht haben, gehen die Kinder auf die Straßen hinaus, dann erfüllen sie diese mit Geschrei, Spiel, Ausgelassenheit und Aktivität.

Die erwachsenen Männer gehen zum Teil in die Moscheen, zum Teil in die Kaffeehäuser, um ihre Abende mit Spiel und Unterhaltung zu verbringen. Was die Frauen anlangt, so haben sie sich daran gewöhnt, schöne Abendgesellschaften in ihren Wohnungen zu verbringen, zu denen sie die Freundinnen und Nachbarinnen einladen. In jeder Nacht bereiten sie verschiedene Arten köstlicher Süßigkeiten zu, wobei sie sich über das unterhalten, was sie erlebt und gehört haben, und Tassen mit Kaffee und Gläser mit Tee zusammen mit Tellern mit Konfekt bei ihnen von Zeit zu Zeit kreisen.

Auf diese Weise folgen die Abendgesellschaften und Hochzeiten in den Ramadannächten aufeinander, bis der ganze Monat zu Ende geht, dann kommt das Fest des Fastenbrechens und erfüllt die Welt mit Heiterkeit und Freude. Die Kinder freuen sich über die neuen Kleidungsstücke, die sie anziehen, die Süßigkeiten, die sie essen, und die Geschenke, die sie bekommen. Dabei gehen sie zu den Spielplätzen, dann spielen sie, sind ausgelassen und alles in ihren Gesichtern lacht.

Auch die Erwachsenen sind alle froh, einige streben ins Kino, andere streben den öffentlichen Parks zu. An den Festtagen treffen sich die Leute und wünschen einander Glück, nachdem sie mit dem Festgebet fertig sind, und bitten Gott, dass er ihnen Heil und Wohlergehen zurückgeben möge.

Wie verbringen die Männer die Ramadannächte?

Was machen die Frauen in den Ramadannächten?

Spielen die Kinder in ihren Wohnungen in den Ramadannächten?

**Ü 12:**      Anregung zur Konversation

**Ü 13:**      Weitere Anregungen zur Konversation mit Muslimen:

An Sie ergehen zahlreiche Einladungen zu Fastenbrechen an den Abenden und sehr oft dauern sie bis in späte Stunden.

Das große Maß an Speisen und Getränken während und nach dem Fastenbrechen, was eventuell zu einer fülligen Form führt.

Welche Probleme gibt es beim Fasten von schwangeren und stillenden Frauen?

Was wissen Sie über das Fasten der Kranken?

**Ü 14:** Zur Verfügung des Lerners.

**Ü 15:** Viel Glück bei der Suche im Internet; die Rezepte sind auffindbar.

**Ü 16:**                                         معجزة الصيام

للصيام تقليد طويل في الإسلام والديانات الأخرى وعلى سبيل المثال الإسلام. وتبدأ فترة الصيام المسيحي بعد نهاية الكارنفال وتستغرق سبعة أسابيع حتى عيد الفصح. وتذكر هذه الفترة بالأربعين يوما التي كان عيسى — عليه السلام — قد صام فيها.

ويبدو أن الإقبال على الصيام يزيد من جديد في ألمانيا. وتعني فترة الاستغناء الواعي عن التمتع بأشياء كثيرة انتقال الكائن الحي الإنساني في تغذيته من الخارج إلى الداخل وهذا ما يمكن أن يؤثر إيجابيا / إيجابا على البدن والروح على حد سواء.

ويعني التخلي عن الغذاء البدن عن عمل الهضم بحيث يستطيع أن يركز على إزالة الرواسب والسموم والزبالة النفسية. وتلاحظ آثار التنظيف / التطهير البدني والنفسي في قدرة الأداء المتزايدة والإحساس بخفة لا مثيل لها وحرية داخلية. وإنكم تنشطون بالصيام طبيبكم الداخلي المستعد لخدمتكم ليل نهار بدون أن تدفعوا رسم العلاج الطبي.

من الممكن أن يبدأ أسبوع صيام في ألمانيا بيوم لا يوجد فيه على المائدة إلا طعام خفيف مثل الأرز أو السلطة ثم تليه خمسة أيام لا يتناول فيها الصائم إلا سوائل. وبعد ذلك يتم الإفطار بالانتقال التدريجي / خطوة خطوة إلى الغذاء اليابس. إن كل إنسان يتمتع بصحة جيدة يقدر على الصيام، وإذا كنت غير متأكد(ة) من ذلك فلتسأل/تسألي طبيبك!

## Lektion 29

**T 1 ☉ 106.:**                                    Der arabische Nationalismus

Die Bewegung des arabischen Nationalismus entstand am Ende des 19. und Anfang des 20. Jahrhunderts. Die arabischen Nationalisten glauben an das auf dem gemeinsamen Kulturerbe der Sprache, Kultur, Geschichte und islamischen Religion beruhende Arabertum und dazu noch an den Grundsatz der Freiheit der Religionen und die Notwendigkeit der Schaffung der arabischen Einheit. Zu den Vorkämpfern dieser Bewegung gehörten Denker wie Sati' al-Husri, Abdarrahman al-Kawakibi und Michel Aflaq.
Anfangs beschränkten sich die Forderungen der arabischen Nationalisten auf die Durchführung von Reformen innerhalb des Osmanischen Staats, darunter den weitest gehenden Gebrauch der arabischen Sprache im Unterricht und in der lokalen Verwaltung. Jedoch wurde die nationalistische Ausrichtung mit dem Zusammenbruch dieses Staates schärfer. Während des ersten Weltkriegs erlebte die arabische Welt eine Kampagne unter Führung des Scherifs Husain von Mekka, die von Britannien zum Entstehen eines vereinigten arabischen Staates gefördert wurde. Aber die Hoffnungen, die an dessen Realisierung geknüpft waren, wurden nach der Teilung des Erbes des Osmanischen Reichs im arabischen Osten zwischen Frankreich und Britannien entsprechend dem Sykes-Picot-Abkommen enttäuscht.
Es ist erwähnenswert, dass Abdarrahman al-Kawakibi der Meinung war, dass der osmanische Sultan kein Recht habe, Kalif aller Muslime zu sein, und dass der Kalif ein arabischer Fürst sein müsse. Sprachliche, geistige und gefühlsmäßige Faktoren spielten eine große Rolle im Denken Sati' al-Husris. Michel Aflaq sah einerseits im Islam den Geist der Nation und ihre zivilisatorische Mission und betonte andererseits, dass das Arabertum als kulturelle und zivilisatorische Identität gegen das religiöse Erbe mit seinen islamischen und christlichen Verzweigungen nicht feindselig eingestellt sei. Die Denker des panarabischen Nationalismus sind der Meinung, dass der Kolonialismus die Aufteilung des arabischen Vaterlands in Länder begonnen und die repressiven Regimes sie vollendet haben, um das regionale Gefühl in den Herzen der Bewohner der Länder zu verstärken.
Die Ideologie des arabischen Nationalismus war von den 50er bis zu den 70er Jahren des XX. Jahrhunderts die in der arabischen Welt am weitesten verbreitete Ideologie. Dabei war sie durch die nasseristische Strömung und die Entstehung der Vereinigten Arabischen Republik zwischen Ägypten und Syrien gekennzeichnet, die unter der Führung des ägyptischen Präsidenten Gamal Abdannasir und mit Unterstützung der syrischen Baath-Partei stattfand. Die Baath-Partei fuhr mit der Bekräftigung ihrer nationalistischen Ideologie nach dem Ende dieser Einheit im Jahr 1961 fort und übernahm sowohl in Syrien als auch im Irak im Jahr 1963 die Macht.
Vier Hauptrichtungen des arabischen Nationalismus sind hervorgetreten, nämlich die linke Richtung, die durch die Sozialistische Arabische Baath-Partei repräsentiert wird, die religiöse islamische Richtung, die Denker wie Abdarrahman al-Kawakibi repräsentieren, die liberale Richtung, die Denker wie Sati' al-

Husri repräsentieren, und die mittlere Richtung, die die nasseristische Bewegung mit ihren verschiedenen Parteien repräsentiert.

Was die gegenwärtige Zeit anlangt, so ist der Begriff der arabischen Einheit dem europäischen Projekt ähnlich geworden, darunter die Verschmelzung in einen Block mit vereinheitlichter Außenpolitik und mit einem wirtschaftlichen Gewicht, das auf der wirtschaftlichen Integration, der gemeinsamen Währung, der Freiheit der Ortsveränderung von Personen und Waren zwischen den verschiedenen Ländern beruht, um zu einer arabischen Union zu gelangen, die gesellschaftliche und kulturelle Eigenheiten der arabischen Länder bewahrt.

Der Kooperationsrat der Arabischen Golfstaaten kann als Kern einer regionalen Union dieser Länder nach dem Vorbild der Europäischen Union betrachtet werden. Was die Einheit aller arabischer Staaten betrifft, so ist das ein Ziel, das, falls es realisiert würde, in ferner Zukunft geschehen würde.

**T 2 ☉ 107.:**                                             Gamal Abdannasir

*Dr. Müller:*  Willkommen Dr. Sami. Weil Sie ein Experte für politische Wissenschaften und die Geschichte der Araber sind, möchte ich Sie nach der Rolle Präsident Gamal Abdannasirs in der arabischen und der internationalen Politik fragen.

*Dr. Sami:*  Es ist Tatsache, dass Gamal Abdannasir (Nasser) eine herausragende Persönlichkeit auf der ägyptischen, der arabischen und der internationalen Ebene war, denn er war Präsident Ägyptens von 1954 bis zu seinem Tod am 28. September 1970 und Präsident der Vereinigten Arabischen Republik während ihres Bestehens von 1958 bis 1961. Außerdem war er eine maßgebliche Persönlichkeit in der Bewegung der blockfreien Staaten.

*Dr. Müller:*  Ich habe gelesen, dass Nasser in einem bescheidenen Haus aufgewachsen ist und dass sein Vater als Angestellter bei der Post gearbeitet hat.

*Dr. Sami:*  Das ist richtig. Nasser wurde am 15. Januar 1918 in der Stadt Alexandria geboren. Er begann seine politische Tätigkeit in seiner Jugend und drückte seit jener Zeit seine Opposition gegen den ausländischen Einfluss in der ägyptischen Politik aus. Trotzdem schrieb er sich im Jahr 1937 in der Militärakademie in Kairo ein. Was den Palästinakrieg 1948/49 betrifft, so diente er in ihm als Hauptmann in den ägyptischen Streitkräften.

*Dr. Müller:*  Was wissen Sie über das Komitee der Freien Offiziere, die König Faruq I. im Jahr 1952 stürzten?

*Dr. Sami:*  Das Komitee der Freien Offiziere wurde im Jahr 1949 von Nasser gegründet, und der Generalmajor des Stabs Ali Muhammad Nagib wurde zum Vorsitzenden gewählt. Er wurde nach der Revolution von 1952 zum Staatspräsidenten ernannt. Zwischen beiden – Gamal Abdannasir und Ali Muhammad Nagib – war es im Lauf der Zeit zu Meinungsverschiedenheiten über die Perspektiven der Entwicklung der ägyptischen Gesellschaft gekommen, worauf Nasser im Jahr 1954 das Amt der Präsidentschaft übernahm.

*Dr. Müller:*  Ich bitte, dass Sie ein wenig die Aspekte seiner politischen Ideologie im Zusammenhang mit den arabischen Nationalisten erläutern.

*Dr. Sami:*  Ich mache das sehr gern. Am Anfang seiner Herrschaft glaubte Nasser in erster Linie an den ägyptischen patriotischen Geist. Dann machte er sich mehr und mehr die Gedanken der panarabischen Nationalisten zu eigen und richtete seine Bemühungen darauf, dass Ägypten eine führende Rolle in der arabischen Welt, in Afrika und in den islamischen Staaten spielen sollte. Es ist selbstverständlich, dass Nasser auch seine feindliche Einstellung gegen Israel zum Ausdruck brachte und dessen Existenzrecht bestritt.

*Dr. Müller:*  Bei diesem Anlass nutze ich die Gelegenheit, Sie nach der Außenpolitik Nassers zu fragen.

*Dr. Sami:*  Präsident Nasser spielte eine bahnbrechende Rolle in der Bewegung der blockfreien Staaten zusammen mit seinen Amtskollegen von Jugoslawien, Indien und Indonesien. Ägypten hat der algerischen Befreiungsbewegung bei ihrem Widerstand gegen den französischen Kolonialismus geholfen und die Gründung der Palästinensischen Befreiungsorganisation im Jahr 1964 unterstützt.

Andererseits vereinbarte der Präsident mit Britannien im Jahr 1954 den Rückzug von dessen Streitkräften aus ihren Basen in Suez. Im Jahr 1956 verkündete er die Nationalisierung des Suezkanals als schweren Schlag gegen die Interessen Großbritanniens und Frankreichs am Kanal. Mit Hilfe der Sowjetunion und der Vereinigten Staaten war er imstande, die daraufhin erfolgende Dreieraggression gegen Ägypten abzuwehren.

*Dr. Müller:*  Welchen Nutzen hat Ägypten aus den Einnahmen des Suezkanals nach dessen Nationalisierung gezogen?

*Dr. Sami:*  Ägypten hat die Einnahmen zur Finanzierung des Baus des Hochdamms mit Hilfe der Sowjetunion von 1960 an genutzt. Es hat auch den kostenlosen Unterricht für die ägyptische Jugend eingeführt und ebenso die kostenlosen medizinischen Dienste. Nassers Popularität steigerte sich (noch) durch die Fortsetzung der Agrarreform zu Gunsten der Kleinbauern.

*Dr. Müller*: Was hat sich vor und nach dem Junikrieg von 1967 ereignet?

*Dr. Sami*: Am Vorabend des Kriegs schloss Nasser den Golf von Aqabah und entfernte die Streitkräfte der Vereinten Nationen von der Sinaihalbinsel. Die Reaktion Israels und die Niederlage, die es den ägyptischen Streitkräften zufügte, führten dazu, dass Nasser seinen Rücktritt bekannt gab. Jedoch veranlassten die massenhaften Demonstrationen in Ägypten und in den anderen Gebieten der arabischen Welt ihn dazu, auf seinem Posten zu verbleiben.

*Dr. Müller*: Blieb die Popularität von Nasser nach der Niederlage von 1967, wie sie gewesen war?

*Dr. Sami*: Jawohl, sie dauerte bis zu seinem Tod in Jahr 1970 an, eine Tatsache, welche die damalige Teilnahme von 5 Millionen Personen an seiner Beisetzung bestätigt.

*Dr. Müller*: Danke für die Erklärungen, so dass ich über diese bedeutende Person im Bild bin.

**T 3:**                    Die Sozialistische Arabische Baath-Partei

Einige Freunde haben unseren Lehrer des Arabischen nach der Rolle gefragt, die die Baath-Partei in der Politik der arabischen Länder spielt, denn sie waren überzeugt, dass er ein Experte hierfür sei, denn er lebte viele Jahre in Syrien. Daraufhin hielt unser Lehrer eine kurze Rede über die Geschichte der Baath-Partei, indem er sagte:

Sehr verehrte Anwesende!

Ich heiße Sie herzlich willkommen. Sie haben nach der Bedeutung der Baath-Partei in der Politik des arabischen Vaterlands gefragt, so will ich Sie mit einigen Informationen zur Geschichte dieser Partei versehen.

Die Gründungskonferenz der Arabischen Baath-Partei fand am 7. April 1947 in Damaskus statt. Der Christ Michel Aflaq und der sunnitische Muslim Salahaddin Baitar werden als ihre Gründer angesehen. Von ihrer Gründung an rief die Partei zur Einheit auf, d.h. zur Einheit des arabischen Vaterlands, und zur Freiheit, d.h. zur Unabhängigkeit vom Kolonialismus, zur Geltung der bürgerlichen Rechte und zum Sozialismus. Die Partei war eine treibende Kraft zur Entstehung der Vereinigten Arabischen Republik, die von 1958 bis 1961 dauerte / bestand, sowie zum Versuch der Vereinigung von Ägypten, Syrien und dem Irak im Jahr 1968. Es gehört zu den wichtigsten Grundsätzen der Partei, dass sie zur nationalen Einheit aller Araber ohne Ansehen ihres religiösen Glaubens aufruft, sich der Mottos „Eine einzige arabische Nation mit einer ewigen Mission" bedienend, und dass sie an der Seite des palästinensischen Volkes in seinem gerechten Kampf steht. Ihre arabische nationalistische und säkulare revolutionäre Ideologie ist mit Elementen des arabischen Sozialismus verbunden, insbesondere seit der Vereinigung der Arabischen Baath-Partei und der Sozialistischen Arabischen Partei im Jahr 1953, so dass sie (beide) zur Sozialistischen Arabischen Baath-Partei wurden.

Es muss darauf hingewiesen werden, dass in den 50er Jahren in verschiedenen arabischen Ländern Organisationen der Partei entstanden. Das geschah im Irak, Jordanien, dem Jemen und im Sudan. Die Partei übernahm die Herrschaft sowohl im Irak als auch in Syrien im Jahr 1963. Die syrische Organisation wird als die älteste in der arabischen Welt angesehen.

In den 60er Jahren erlebte die syrische Organisation eine Anzahl von Konflikten und Spaltungen zwischen der Nationalleitung und der Regionalleitung, ferner zwischen einer linken und einer rechten Strömung seit dem Jahr 1966, ehe Hafiz al-Asad die Führung von Partei und Staat in Syrien im November 1970 durch die von ihm so genannte Korrekturbewegung übernahm, die der politischen Instabilität im Land ein Ende setzte. Im Jahr 1972 bildete die Partei dort zusammen mit nationalistischen und fortschrittlichen Parteien die Fortschrittliche Nationale Front mit dem Ziel der Vereinigung der Kräfte der Volksmassen und deren Nutzung für die Ziele der arabischen Nation.

Im Irak übernahm Ahmad Hasan Al-Bakr im Namen der Baath-Partei die Macht im Jahr 1968; ihm folgte Saddam Husain 1978. Aber die Herrschaft von Saddam Husain und der Baath-Partei wurde im Jahr 2003 im Irakkrieg durch die amerikanische Invasion gestürzt, und die Aktivitäten der Partei wurden in diesem Land verboten.

Damit, sehr verehrte Anwesende, möchte ich meine Bemerkungen über die Geschichte der Baath-Partei im arabischen Vaterland beenden und mich bei Ihnen für Ihre Aufmerksamkeit bedanken. Wenn Sie Fragen haben, bin ich gern bereit, auf sie zu antworten.

**Ü 1:** — العروبة يؤمن القوميون بها كعقيدة شاملة. — التوجه القومي زادت شدته مع تدهور الدولة العثمانية. — دولة عربية موحدة خابت الآمال في إقامتها بعد الحرب العالمية الأولى. — السلطان العثماني لا يحق له في رأي الكواكبي أن يكون خليفة لكل المسلمين. — التجزئة القطرية بدأها الاستعمار واستكملتها بعض أنظمة الحكم

العربية. — الجمهورية العربية المتحدة دعم إقامتها حزب البعث العربي الاشتراكي. — حزب البعث تولى الحكم في كل من العراق وسوريا. — أفكار القوميين العرب تبناها الرئيس جمال عبد الناصر أكثر فأكثر. — مجلس التعاون الخليجي يمكن اعتباره نواة لاتحاد إقليمي.

**Ü 2:** أما مفهوم الوحدة العربية فقد أصبح في الوقت الحاضر مشابها للوحدة الأوروبية. — أما الرئيس جمال عبد الناصر فكان شخصية بارزة على الأصعدة الوطني والعربي والعالمي. — أما الجمهورية العربية المتحدة فـ(قد) أقيمت بدعم حزب البعث العربي الاشتراكي. — أما والد جمال عبد الناصر فكان موظفا يعمل في البريد المصري. — أما أثناء حرب فلسطين فخدم جمال عبد الناصر فيها نقيبا في القوات المصرية. — أما لجنة الضباط الأحرار فانتخبت اللواء أركان علي محمد نقيب رئيسا لها. — أما حركة عدم الانحياز الدولية فأدى فيها الرئيس المصري دورا هاما — أما تأميم قناة السويس فأعلن الرئيس عنه في يوليو ١٩٥٦. — أما السد العالي فبدأ بناؤه عام ١٩٦٠ بمساعدة الاتحاد السوفييتي. — أما شعبية جمال عبد الناصر فظلت على ما كانت عليه حتى وفاته عام ١٩٧٠.

**Ü 3:** أسكن في عمارة ذات خمسة طوابق. — هل رأيت المرأة ذات العينين الجميلتين؟ — أساتذة هذه الجامعة ذوو/ أولو مستوى علمي عال. — بني المسجد الكبير ذو النوافذ الكثيرة قبل قرنين. — هذا النادي فاتح لذوي الدخل العالي فقط. — يزور جامعتنا أستاذان ذوا خبرة كبيرة. — تطور الاقتصاد ذو أهمية كبيرة. — أقدر ذوي/أولي الاطلاع على الأدب العربي الحديث. — اقتصاد بعض الدول العربية ذو ثقل كبير. — شعار حزب البعث هو: أمة عربية واحدة ذات رسالة خالدة. — هذه التقاليد ذات قيمة كبيرة.

**Ü 4:** ميشيل عفلق وصلاح الدين بيطار كلاهما مؤسسا حزب البعث. — كلتا طالبتان في جامعة إرلانغن. — كلا الإقليمين المصري والسوري كانا جزء من الجمهورية العربية المتحدة. — كان أحمد حسن البكر وصدام حسين كلاهما من حزب البعث العراقي. — كلتا السيارتين من إنتاج نفس الشركة. — رأيت كلتا البنتين وأرأيت كلتيهما كذلك؟

**Ü 5:** كان تأميم قناة السويس ضربة ضد فرنسا وبريطانيا. — عقدت القيادة القطرية جلسة. — تلقيت دعوة لحضور حفلة الاستقبال. — في هذه الحالة يجب أن نوافق على الاقتراح.

**Ü 6:** (Die Fragen können schriftlich oder mündlich beantwortet werden.)
Wann ist die Bewegung der panarabischen Nationalisten entstanden?
Was verstehen die arabischen Nationalisten unter Arabertum?
Wie entwickelte sich die arabische nationalistische Orientierung im Osmanischen Reich?
Wann wurde die Vereinigte Arabische Republik errichtet und wann endete die Einheit?
Welche Richtungen sind im panarabischen nationalistischen Denken hervorgetreten?
Was sind die Aussichten der arabischen Einheit?

**Ü 7:** (Die Fragen können schriftlich oder mündlich beantwortet werden.)
Wann wurde die Baath-Partei gegründet und wer hat sie gegründet?
Was ist der Standpunkt der Partei zur arabischen Einheit?
Was ist mit dem Motto „Einheit – Freiheit – Sozialismus" gemeint?
Was ist mit Nationalleitung und Regionalleitung gemeint und wie wird die Teilung praktiziert?
Hat die Baath-Partei die Errichtung der Vereinigten Arabischen Republik zwischen Syrien und Ägypten unterstützt?
Nennen Sie einige herausragende Personen der Baath-Partei.

**Ü 8:** نشأت حركة القومية العربية أواخر القرن التاسع عشر. — كان من رواد هذه الحركة عبد الرحمن الكواكبي. — طلب القوميون العرب بدء إجراء إصلاحات في الإمبراطورية العثمانية. — عقدت اتفاقية سايكس بيكو بين بريطانيا وفرنسا. — كان السلطان العثماني تركيا. — أيديولوجية القومية العربية كانت منتشرة في القرن العشرين. — مثل الاتجاه اليساري للقومية العربية حافظ الأسد. — من دول مجلس التعاون الخليجي قطر وعمان. — ولد جمال عبد الناصر عام ١٩١٨. — أسقط الضباط الأحرار عام ١٩٥٢ الملك فاروق الأول. — الرئيس الأول لجمهورية مصر كان اللواء أركان علي محمد نجيب. — لعب جمال عبد الناصر دورا هاما في حركة دول عدم الانحياز.

**Ü 9:** Michel Aflaq: Er wurde im Jahr 1910 in Damaskus geboren und starb am 23. Juni 1989 in Paris. Er war ein Politiker und einer der Gründer der Baath-Partei.
Er wuchs in einer christlichen Familie auf und studierte in den 30er Jahren an der Universität Sorbonne.
Im Jahr 1954 wurde er zum Erziehungsminister in Syrien ernannt und floh im Jahr 1959 in den Libanon, wo seine Hoffnungen auf die Vereinigte Arabische Republik enttäuscht wurden.

Im Jahr 1966 floh er nochmals nach der Machtübernahme der linken Baathisten in Syrien zusammen mit Salahaddin al-Bitar in den Libanon.

Im Jahr 1974 wurde er zum Vizepräsidenten der Irakischen Republik ernannt.

Hafiz al-Asad: Er wurde am 6. 10. 1930 in der Stadt al-Qardahah in einer alawitischen Familie geboren und verstarb am 19. 6. 2000 in Damaskus.

Im Jahr 1947 schloss er sich der Baath-Partei an. Im Jahr 1951 schrieb er sich an der Militärakademie ein und wurde Offizier in der Luftwaffe.

Er opponierte gegen die Entstehung der Vereinigten Arabischen Republik und war an dem Putsch gegen sie im Jahr 1961 beteiligt. 1963 wurde er zum Befehlshaber der Luftwaffe und im Jahr 1966 zum Verteidigungsminister ernannt.

Im Jahr 1970 übernahm er die Macht in Syrien und wurde im Jahr 1971 der Präsident Syriens. 1978, 1985 und 1991 wurde er wieder gewählt.

**Ü 10:** (Die Vorträge können mündlich oder schriftlich erfolgen.)

**Ü 11:** Auszug aus der Ansprache Präsident Gamal Abdannasirs am 26. Juli 1956 in Alexandria

Heute, ihr Landsleute, habe ich den Suezkanal nationalisiert. Dieser Beschluss ist in der Tat im Staatsanzeiger veröffentlicht worden. Der Beschluss wurde eine vollendete Tatsache.

Heute, ihr Landsleute sagen wir: Dies ist unser Vermögen, es ist an uns zurückgegeben. Dies sind unsere Rechte, zu denen wir geschwiegen haben, sie sind zu uns zurückgekehrt.

Heute, ihr Landsleute, wo doch die Einnahmen aus dem Suezkanal 35 Millionen (ägyptische) Pfund / 100 Millionen Dollar im Jahr betragen, 500 Millionen Dollar in fünf Jahren, werden wir nicht (mehr) auf die 70 Millionen der amerikanischen und der englischen Hilfe schauen.

Heute, ihr Landsleute, – mit unserem Schweiß, unseren Tränen und den Seelen unserer Märtyrer, sie standen ja in Zwangsarbeit (wurde der Kanal erbaut) – können wir unser Land entwickeln. Wir werden arbeiten, produzieren und die Produktion steigern, trotz aller dieser Verschwörungen und all diesem Gerede.

Wann nationalisierte Präsident Nasser den Suezkanal?

Welche Einkünfte gab es bei dem Kanal damals?

Wie wollte der Präsident die Einkünfte aus dem Kanal verwenden?

**Ü 12:** من المجموعة الأوروبية إلى الاتحاد الأوروبي

منذ الحرب العالمية الثانية مضت سنوات كثيرة، ولكن الخمسين مليون قتيل الذين ذهبوا ضحايا لها لم ينسوا وليس القارة المدمرة كذلك. وكان الذين بقوا على قيد الحياة قد فهموا أن أوروبا محتاجة إلى سياسة جديدة وأنه يجب على دولها أن تحل مشاكلها بشكل سلمي. وإضافة إلى ذلك كان من المرغوب فيه أن تخطط مستقبلها بصورة مشتركة.

وفي سنة ١٩٤٦ دعا رئيس الوزراء البريطاني شيرشيل إلى تأسيس الدول المتحدة الأوروبية. كما كان سياسيون آخرون مثل الطلياني دي غاسبيري والفرنسي شومان والألماني آديناور من أتباع فكرة أوروبا المشتركة.

المجموعة الاقتصادية الأوروبية والمجموعة الأوروبية للفحم والصلب والمجموعة الأوروبية للطاقة الذرية: من هذه المجموعات الثلاث نشأت / تشكلت المجموعة الأوروبية سنة ١٩٦٧.

إن الطريق إلى توحيد أوروبا الحقيقي لا يزال طويلا إلا أن تأسيس المجموعة الأوروبية سنة ١٩٦٧ وانتهاء انقسام أوروبا وإقامة الاتحاد الأوروبي عام ١٩٩٣ عبارة عن مراحل ذات أهمية كبيرة في هذا الطريق.

وتنص اتفاقية ماستريخت التي عقدت سنة ١٩٩٢/١٩٩١ على استمرار المجموعة الأوروبية وممارسة سياسة خارجية وأمنية مشتركة كما أنها تنص على التعاون في سياسة العدل والسياسة الداخلية.

وعام ١٩٩٣ أصبحت السوق الداخلية الأوروبية سارية المفعول، حيث لم تعد هناك حدود وطنية للأفراد والأموال والتجارة والخدمات. وأدخلت عملة اليورو كعملة مشتركة لاثنتي عشرة دولة سنة ٢٠٠٢.

وبعد انضمام عدة دول أوروبية شرقية ومالطا والقبرص وكرواتيا ضم الاتحاد الأوروبي عام ٢٠١٣ ٢٨ دولة عضوا.

## Lektion 30

### T 1 ☉ 109.: Abu t-Tayyib al-Mutanabbi

Abu t-Tayyib Ahmad al-Mutanabbi ist einer der Berühmtheiten der arabischen Literatur. Seine Dichtung ist die Quelle vieler gängiger Redensarten und origineller tiefsinniger Weisheitssprüche. Er hinterließ 326 Qasiden, in denen er viele Aspekte des Lebens im 4. Jahrhundert der Hidschrah darstellt. Er drückt in seiner Dichtung Stolz auf das Arabertum und ein Lob auf sich selbst aus. Die meisten seiner Qasiden kreisen um das Lob der Könige und Fürsten.

Abu t-Tayyib wurde im Jahr 303 d. H., entsprechend 915 n. Chr., in Kufah geboren und wurde im Jahr 354 d. H., entsprechend 965 n. Chr. westlich von Bagdad ermordet. Er wuchs in Syrien auf und durchwanderte danach die syrische Steppe, um das Dichten und die Feinheiten der arabischen Sprache zu erlernen. Danach kehrte er nach Kufah zurück, wo er das Studium der arabischen Dichtung, insbesondere der Dichtung von Abu Nuwas, Ibn ar-Rumi, Abu Tammam und dessen Schüler al-Buhturi fortsetzte. Dort besuchte er eine Koranschule und reiste dann mit 14 Jahren in Begleitung seines Vaters nach Bagdad. Dort wurde er mit dem literarischen Milieu bekannt und begann dann, die Dichtung berufsmäßig auszuüben und die Staatsmänner (in Lobgedichten) zu preisen. Danach begab er sich in Begleitung seines Vaters in die syrische Steppenlande, um den Stämmen und Fürsten zu begegnen, denen er sich anschloss und auf die er Lobqasiden verfasste.

Al-Mutanabbi suchte weiterhin einen Platz, an dem er sich ansiedeln würde, schließlich kam er im Jahr 337 d. H. zu Saifaddaulah al-Hamdani und wurde einer seiner Hofdichter in Aleppo. Saifaddaulah gewährt ihm für seine (Lob-) Qasiden viele Preise und al-Mutanabbi zog mit ihm in die Schlachten gegen die Byzantiner. Seine Qasiden auf Saifaddaulah gelten als seine klarste Dichtung.

Abu t-Tayyib lebte geehrt und privilegiert vor anderen Dichtern in Aleppo, wo er sich auf einen arabischen Fürsten verlassen konnte, der sein Bestreben und sein Empfinden mit ihm teilte. Der Fürst hatte sich an diesen Ehrgeiz und diesen Hochmut gewöhnt, seit Abu t-Tayyib von ihm verlangt hatte, dass er seine Dichtung sitzend vortragen könne, während die Dichter ihre Gedichte vor dem Fürsten stehend zu rezitieren pflegten. Nach dem Verstreichen von etwas mehr als neun Jahren spürte der Dichter, dass sich sein Freund ihm gegenüber veränderte. Die Distanz zwischen Dichter und Fürst begann weiter zu werden. Er fing an zu empfinden, dass sein Paradies nicht das Glück realisierte, das er gesucht hatte. Er spürte eine Verwundung seiner Ehre, die er nicht ertragen konnte. Da beschloss er, sich vom Hof Saifaddaulahs zu trennen, als der Fürst ihn hart behandelte und sich seine Missgunst dank derjenigen, die al-Mutanabbi hassten, steigerte. Abu t-Tayyib verließ Saifaddaulah, trotzdem blieb die Verbindung zwischen ihnen beiden bestehen durch Briefe, die sie austauschten, als al-Mutanabbi nach Kufah zurückgekehrt war.

Diejenige Person, die Saifaddaulah an Wichtigkeit im Lebenslauf al-Mutanabbis nachstand, ist Kafur al-Ichschidi, der Herrscher Ägyptens und Syriens, der ein Schwarzer abessinischen Ursprungs war. Abu t-Tayyib hatte sich aus Aleppo in Richtung auf die Städte Syriens und Ägyptens zurückgezogen. Als er in Ägypten ankam, bereitete ihm Kafur einen prächtigen Empfang und stellte ihm ein schönes Anwesen zur Verfügung, damit er es bewohne. Al-Mutanabbi begehrte einen Bezirk, über den ihm Kafur ins Amt einsetzen sollte, jedoch erlangte er nicht, was er von ihm gefordert hatte. Vielmehr wurden die Neider al-Mutanabbis bei ihm immer mehr. So schmähte sie al-Mutanabbi und schmähte dann Kafur und Ägypten. Dann verließ er Ägypten an einem Festtag.

Nicht nur Saifaddaulah und Kafur waren diejenigen, die al-Mutanabbi mit Lobqasiden bedachte. Er suchte zu jenem Zweck die Fürsten Syriens, des Irak und Persiens auf. So lobte er Adudaddaulah ad-Dailami in Schiraz, und zwar nach seiner Flucht aus Ägypten nach Kufah. Als er zu Adudaddaulah in Richtung nach Kufah verließ, ereilte ihn sein Todesgeschick, als er im Alter von 51 Jahren war. In einer der Überlieferungen seines Lebens heißt es: Es ermordete ihn ein Mann aus Rache an ihm wegen einer Qaside, die al-Mutanabbi über den Sohn der Schwester jenes Manns gesagt hatte, in einer anderen Überlieferung: Es ermordete ihn eine Schar von Straßenräubern.

Abu t-Tayyib al-Mutanabbi hat einen hohen Rang, wie er keinem Anderen von den arabischen Dichtern zuteil wurde. Denn er wird als ungewöhnliches Phänomen seiner Zeit und Wunder seiner Epoche beschrieben, und seine Dichtung blieb bis heute eine Quelle der Eingebung und Inspiration für die Dichter und Literaten.

**T 2 ⊙ 110.:** Dialog

*Asis*: Vielmals willkommen, Husain. Wie geht es dir und wie geht es deiner Familie? Sind sie bei guter Gesundheit?

*Husain*: Auch dir ein Willkommen, Asis. Mir geht es gut, Gott sei Dank! Was die Familie betrifft, so geht es ihr auch gut. Ihre Mitglieder sind bei guter Gesundheit.

*Asis*: Du hast mich informiert, dass du dich in letzter Zeit für das Leben des arabischen Dichters Abu t-Tayyib al-Mutanabbi in Aleppo zur Zeit des Hamdanidenfürsten Saifaddaulah interessiert hast. Ist das richtig?

*Husain*: Ach Gott, das ist ganz richtig. Vielleicht weißt du, dass das Haus, in dem al-Mutanabbi vom Jahr 337 d. H. an gewohnt hat, kürzlich identifiziert worden ist?

*Asis*: Ich bitte dich, mir die geschichtlichen Verhältnisse, die damals im abbasidischen Reich herrschten, zu erklären, wenn du erlaubst.

*Husain*: Sehr gern. Die Zeit, in der al-Mutanabbi lebte, war Zeuge der Auflösung der Einheit des Abbasidenreichs in islamische Kleinstaaten. Die Macht des Kalifats war zurückgegangen und Minister und Militärführer übten die tatsächliche Herrschaft aus; und die meisten von ihnen waren Nichtaraber. Unter diesen Kleinstaaten waren auch Fürstentümer in den syrischen Gebieten; dazu gehört das Fürstentum Saifaddaulah al-Hamdanis in der Region von Aleppo. Jeder Fürst und jeder Wesir in diesen Kleinstaaten hatte einen Kreis von Dichtern und Gelehrten, darunter auch der Saifaddaulah zugeordnete Kreis in der Stadt Aleppo.

*Asis*: Was weißt du über die poetischen Ziele Abu t-Tayyib al-Mutanabbis, der als einer der größten arabischen Dichter in alter und neuer Zeit betrachtet wird?

*Husain*: Al-Mutanabbi ist berühmt durch die Lobqasiden, die er Saifaddaulah und anderen zu jener Zeit herrschenden Fürsten gewidmet hat.

*Asis*: Ist es möglich, dass du ein Beispiel dafür nennst?

*Husain*: Natürlich. So hat er die folgenden Verse zum Lob Saifaddaulahs verfasst:

> *Nach dem Maß der Leute von Entschlossenheit kommen die Entschlüsse*
> *und nach dem Maß der Edlen kommen die edlen Taten.*
> *Im Auge des Kleinen sind die kleinen Taten davon großartig,*
> *und im Auge des Großartigen sind die großen Taten klein.*

Es ist noch erwähnenswert, dass Saifaddaulah in einem seiner Briefe al-Mutanabbi kritisiert, weil er im Lob seiner Großzügigkeit übertrieben hat und ihn zum Siegel der Edlen machte.[*)]

*Asis*: Trotzdem gibt es keinen Zweifel, dass er die anderen Zwecke seiner Qasiden ebenso gut beherrschte.

*Husain*: Du hast ganz Recht. Er beschrieb beispielsweise die Schlachten und Kriege ausgezeichnet, die zu seiner Zeit ausbrachen, sodass diese seine Dichtung ein Geschichtsarchiv bildete. Ebenso verwendete er seine Dichtung zur Schmähung und zur Totenklage.

*Asis*: Husain, spielte die Tatsache, dass Abu t-Tayyib al-Mutanabbi ein Dichter arabischen Ursprungs war, eine Rolle im Umgang mit den Dichtern seiner Zeit?

*Husain*: Sein arabischer Ursprung ist etwas, dessen sich al-Mutanabbi rühmt, und zwar in Hinblick auf die nichtarabischen Dichter, die sich am Hof Saifaddaulahs gesammelt hatten und ihm seinen herausragenden Rang beim Fürsten neideten. Dieser Neid führte dazu, dass der Dichter Aleppo nach Kairo ziehend aufgab, wobei sein freundschaftliches Verhältnis zu Saifaddaulah fortdauerte.

*Asis*: Die Historiker weisen auf die Weisheit al-Mutanabbis hin. Spiegelt sich das bis heute im Zitieren von Aussprüchen von ihm?

*Husain*: Es gibt tatsächlich Aussprüche von ihm, aus denen man zitiert, wie: „Lebe angesehen oder stirb, während du edel bist!" oder „Ich bin der Ertrunkene, was soll mein Furcht vor der Nässe? "

*Asis*: Ich danke dir für alle diese Informationen. Es bleibt mir nur noch eine Frage: Wann höre ich das letzte Gedicht, das du verfasst hast?

*Husain*: Hab noch ein wenig Geduld, damit du dir anhören kannst, was ich zuletzt an Dichtung verfasst habe.

[*)] Die Kritik richtet sich auf den Ausdruck خَاتَمُ الْكُرَمَاءِ, da dieser eine Anspielung auf die Bezeichnung des Propheten Muhammad als خَاتَمُ الْأَنْبِيَاءِ „Siegel der Propheten" (Sure 33, Vers 40) darstellt.

**T 3:** Al-Mutanabbi hat ein stürmisches Leben gelebt, sein Ehrgeiz und seine Versessenheit auf Ruhm treiben ihn, sein Wunsch nach Reichtum und Ansehen beruhigen ihn. Die Verderbtheit der Welt, die Gemeinheit der Menschen und die Veränderung der Zustände belasten sein Herz. Es kam ihm zu Ohren, als er in Ägypten war, dass im (Dichter-)Kreis Saifaddaulahs in Aleppo Leute seinen Tod angezeigt hätten, als hätten sie seinen Tod gewünscht und ihm sein Leben und seinen weithin bekannten Dichterruhm missgönnt. Daraufhin blutete sein Herz mit einer Dichtung, die von Traurigkeit und Hochmut überfloss. Die Klingen zerbrechen an den Klingen. Der Geliebte ist fern und es gibt keinen mehr, der ihn wünscht oder auf ihn hofft.

> *Worüber grübeln? Es gibt keine Angehörigen, keine Heimat,*
> *Keinen Zechgenossen, keinen Becher und keine Unterkunft.*
> *Von dieser meiner Zeit will ich haben, dass sie mich erlangen lässt,*
> *Was die Zeit von sich selbst nicht erlangt.*
> *Begegne deinem Schicksal nur mit Gleichgültigkeit,*
> *Solange der Leib deinen Geist begleitet.*
> *Die Freude, derer ich mich erfreute, währte nicht lang*
> *Und die Betrübnis gibt dir den Abwesenden nicht zurück.*
> *Zu dem, was den Leuten der Liebesleidenschaft schadet, gehört*
> *Dass sie lieben und die Welt nicht kennen und nicht verstehen.*

(Aus: „Die Schönheit des Arabischen – eine legitime Entwicklung" von Faruq Schuschah, Zeitschrift al-
Arabi Nr. 409, 1.12.1992, Internetportal: Alarabimag.net)

Wann hat al-Mutanabbi dieses Gedicht verfasst, nachdem er Aleppo oder nachdem er Kairo verlassen hatte?
Welche persönlichen Eigenschaften des Dichters stellt der Verfasser dieses Artikels heraus?

**Ü 1:** — قرأت أنّ أكثر قصائد أبي الطيب تدور حول مدح الملوك. — أعرف أنّ الشاعر ولد في عام ٩١٥ م في الكوفة.
يصف الأدباء العرب المتنبي بأنّه كان أحد مفاخر الأدب العربي قديما وحديثا. — أكد أستاذ الأدب العربي أنّ
الشاعر عاش مميزا عن غيره من شعراء حلب. — أريد أن أشير إلى أنّ الشاعر لم يحقق فردوسه في حلب. —
ذكرتم/ ذكرنا أنّ كثيرا من الشعراء غير العرب في حلب حسدوه. — كتب الخبير السوري أنّ المتنبي سكن في
بيت قريب من القلعة. — تريدون/نريد أن تعلنوا/ نعلن أنّ الندوة عن المتنبي تبدأ في الساعة العاشرة. —
نستطيع الإشارة إلى أن أكثر قصائد المتنبي مفهومة لنا. — نسوا تماما أنّ أصدقاءهم سيزورونهم غدا.

**Ü 2:** أمل أبو الطيب أن يجد فردوسه في حلب. — رجا إبراهيم زميله أن يتحدث عن زيارته لدمشق. — حاول عزيز
أن يقرأ أجزاء من كتاب لأستاذ الأدب العربي. — قرر المتنبي أن يفارق سيف الدولة الحمداني. — أنا مضطر
إلى أن/ لأن أقول لك الحقيقة. — رغب المتنبي (في) أن يلبي كافور مطالبه. — اسمح لنا أن نغادر بيتكم. —
توقع الحاسدون أن تتسع المسافة بين الشاعر والأمير. — اقترح سمير أن نزور قلعة القاهرة.

**Ü 3:** ١) كل طالب يريد أن يدرس في الجامعة ينبغي عليه أن يكون حاصلا على الشهادة الثانوية. — ٢) أكد رئيس
الحزب أنّه من حق كل مواطن أن يعبر عن رأيه السياسي بحرية. — ٣) من اللازم أن تتخذ الحكومة إجراءات فعالة
ضد الأسعار الغالية، فالفقراء لا يستطيعون أن يشتروا حتى أبسط الحاجات لحياتهم اليومية. — ٤) إننا مقتنعون بأنّ
التغيرات التي حدثت في العالم لا تؤثر على العلاقات الاقتصادية بين الشرق الأوسط وأوروبا، وأنه من المتوقع أن
يعود التبادل التجاري إلى ما كان عليه سابقا. — ٥) يعتقد كثير من التلاميذ المتقدمين إلى الامتحانات للحصول على
الشهادة الثانوية أنّه من المستحيل أن ينجح أي تلميذ تحت الشروط التي وضعتها وزارة التعليم. — ٦) من المعروف
أنّ صناعة السيارات لا تتيح إلا فرص عمل قليلة للنساء حيث تشير إلى أنّ العمل فيها صعب عليهن. — ٧) يتضح
من التطورات الاقتصادية في السنوات الماضية أنّ البلاد ليست بحاجة إلى أن تدعو مهندسين أجانب لتنفيذ المشاريع
الصناعية الجديدة إذ أنّ عدد المتخصصين من أبناء البلد كاف. — ٨) عندما أخبر ركاب الطائرة أنّ الطقس سيئ في
البلد الذي يسافرون إليه خافوا أن لا/ ألا يمكن لطائرتهم أن تهبط في المطار.

**Ü 4:** علمت سميرة بأنّ الخبير حدد البيت الذي سكن فيه الشاعر. — طلب الأصدقاء مني أن أوضح الظروف السائدة
في دول الخليج العربي. — يتمكنون من أن يذكروا أمثلة على أشعار أبي الطيب المتنبي. — نشك أنّ زملاءنا
يجيدون اللغة الإنجليزية. — أدى حسد المنافسين إلى أنّ الشاعر غادر مدينة حلب. — قرر المتنبي أيضا أن
يغادر القاهرة ويرحل إلى الكوفة. — عزم أبو الطيب أن يفارق سيف الدولة بعد تسع سنوات ونيف. — شعرت
سامية (بـ)أنّ صديقتها تغيرت عليها. — أمل المتنبي أن يساعده الأمير كافور الإخشيدي. — يمكننا أن نشير
إلى أنّ التغيرات حدثت/ تحدث في العالم العربي.

**Ü 5:** نشأ الشاعر بالشام وتنقل بعد ذلك في البادية السورية. ثم رحل إلى الكوفة حيث بدأ يدرس الشعر العربي،
وعاد إلى الشام وانتقل إلى بغداد، ووفد الشاعر على سيف الدولة سنة ٣٣٧ هـ، وبعد مرور تسع سنوات ونيف
فارق هذا الأمير وغادر حلب إلى القاهرة.

**Ü 6:** عبر الشاعر عن اعتزازه بعروبته، وتدور قصائده حول مدح الملوك. تنقل في البادية السورية ورحل إلى الكوفة
وبغداد. وفي بادية الشام التقى بالقبائل والأمراء واتصل بهم ومدحهم. وبحث المتنبي عن مكان يستقر بهٖ، فأصبح
من شعراء بلاط سيف الدولة في حلب. وأجاز الأمير على قصائده بجوائز كثيرة. وعاش أبو الطيب مميزا عن غيره
من الشعراء، واطمأن إلى إمارة حلب العربية. ومن الجدير بالذكر أنه طلب من الأمير أن يلقي شعره قاعدا. وبعد
مرور تسع سنوات أحس الشاعر بأن صديقه بدأ يتغير عليه. فعزم على مغادرته بعد تسع سنوات ونيف.

**Ü 7:**                      عروبة — بلاط — برلين — يكتب — صديق — جاء — حديقة — إسبانيا — ابن سينا — انحسر

**Ü 8:** Wann lebte Abu t-Tayyib al-Mutanabbi? – Wo wurde er geboren und wo wurde er ermordet? – Wo
wuchs al-Mutanabbi auf? – Worauf war der Dichter stolz? – Wann begann er, Gedichte zu schreiben? –
Wie viele Jahre verbrachte er am Hof Saifaddaulah al-Hamdanis? – Nach welcher Stadt verließ er Aleppo
danach? – Was war die Ursache dafür, dass er sich von Saifaddaulah trennte? – Lobte al-Mutanabbi nur
Saifaddaulah? – Warum betrachtet man al-Mutanabbi als einen der Glanzpunkte der arabischen Literatur?

**Ü 9 ⊙ 112.:** المتنبي يعود إلى داره في حلب بعد ١١٠٠ عام.

أين سكن المتنبي حين زار حلب عام ٣٣٧ هـ؟، وهل ما تزال داره قائمة إلى اليوم..؟ أسئلة وجدت أجوبتها بعد أن توصّل الباحث والمؤرخ السوري محمد قجة المختص في تاريخ حلب إلى تحديد بيت الشاعر العربي أبي الطيب المتنبي في حلب السورية، ولم يكن من المستغرب أن هذا البيت يقع قريبا من بلاط سيف الدولة الحمداني. فقد نظم فيه المتنبي أشهر قصائده قبل أن يغادر حلب بعد أن أقام فيها حوالي عشر سنوات.

ويشير الباحث محمد قجة إلى أنه عثر على أول الطريق نحو بيت أبي الطيب المتنبي في حلب من خلال كتابي "بغية الطلب في تاريخ حلب" و"زبدة الحلب من تاريخ حلب" لمؤرخ حلب في العصر الأيوبي كمال الدين بن العديم. وقد أفرد ابن العديم في "بغية الطلب في تاريخ حلب" نحو مائة صفحة للحديث عن حياة المتنبي في حلب ووصف فيها منزله بكلّ تفاصيله، المنزل وطبقاته وملحقاته وموقعه وساكنيه والقائمين على خدمته. وقد كانت الدار مجاورة لدار ابن العديم.

ويقع المنزل، الذي عاش فيه المتنبي قبل ألف ومئة عام، على بعد عشرات الأمتار فقط من قلعة حلب في قلب المدينة القديمة. ويتألف المنزل، الذي بني من الحجارة الشهباء، من دورين، وعدد من الغرف المتوسطة الحجم، وأبوابها من الخشب، ونوافذها تعلوها قناطر مزينة بأناقة.

وقد تعرضت الدار للهدم والدمار أكثر من مرة نتيجة الزلازل والحروب التي شهدتها المدينة؛ ويشرح الباحث محمد قجة ذلك قائلا: "لقد تعاقبت أسماء مختلفة على المكان ... وقد تعرّضت الدار للهدم ثلاث مرات، عام ٩٦٢ ميلاديا على يد فور فوكاس وفي ١٢٦٠ على يد هولاكو وفي ١٤٠٠ على يد تيمور لنك، وفي كل مرة كان يعاد بناؤه بنفس المكان ونفس الأحجار."

Al-Mutanabbi kehrt nach 1100 Jahren in sein Anwesen in Aleppo zurück

Wo hat al-Mutanabbi gewohnt, als er im Jahr 337 d. H. Aleppo besuchte? Steht das Haus noch immer bis heute? Fragen, deren Antworten gefunden sind, nachdem der syrische Forscher und Historiker Muhammad al-Qiddschah, der Spezialist für die Geschichte Syriens, dazu gelangt ist, das Haus der Dichters al-Mutanabbi im syrischen Aleppo zu bestimmen = zu identifizieren. Es war nicht erstaunlich, dass dieses Haus nahe beim Palast Saifaddaulah al-Hamdanis liegt. In ihm hat al-Mutanabbi seine berühmtesten Qasiden verfasst, ehe er Aleppo verließ, nachdem er sich darin ungefähr 9 Jahre aufgehalten hatte.

Der Forscher Muhammad Qiddschah verweist darauf, dass er den Anfang des Weges zum Haus Abu t-Tayyib al-Mutanabbis in Aleppo durch die beiden Bücher „Buġyat aṭ-ṭalab fī tārīḫ Ḥalab [das Ziel des Verlangens über die Geschichte Aleppos]" und „Zubdat al-ḥalab fī tārīḫ Ḥalab [der Rahm des Melkens in der Geschichte Aleppos]" des Geschichtsschreibers Aleppos im ayyubidischen Zeitalter Kamāl addīn ibn al-ᶜAdīm gefunden hat. In dem Buch „Buġyat aṭ-ṭalab fī tārīḫ Ḥalab" hat Ibn al-ᶜAdīm ungefähr 100 Seiten dem Bericht über das Leben al-Mutanabbis gewidmet und sein Haus in all seinen Einzelheiten beschrieben: das Haus, seine Stockwerke, seine Anbauten, seinen Ort, seine Bewohner und diejenigen, die seinen Dienst besorgten. Das Anwesen war dem Ibn al-ᶜAdīms benachbart.

Die Wohnung, in der al-Mutanabbi vor 1100 Jahren gelebt hat, liegt nur einige dutzend Meter von der Zitadelle Aleppos im Herzen der Altstadt entfernt. Die Wohnung, die aus grauen Steinen erbaut wurde, besteht aus zwei Geschossen und einer Anzahl von Zimmern mittlerer Größe, ihre Türen sind aus Holz und die Fenster werden von elegant geschmückten Bögen überragt.

Das Anwesen war mehrfach der Zerstörung durch Erdbeben und Kriege ausgesetzt, die die Stadt erlebte. Der Forscher Muhammad Qiddschah kommentiert das mit den Worten: Der Platz hatte auf einander folgend verschiedene Namen ... Drei Mal war er der Zerstörung ausgesetzt: Im Jahr 962 n. Chr. durch For Forkas, im Jahr 1260 durch Hülägü und im Jahr 1400 durch Timur Lenk. Jedes Mal wurde es an demselben Ort und mit denselben Steinen wieder aufgebaut.

Auf welchem Gebiet forscht der Gelehrte Prof. Dr. Muhammad Qiddschah?

Wo liegt das Haus, in dem al-Mutanabbi in der Stadt Aleppo lebte?

Wie viele Seiten seines Buchs widmete Kamāl ad-dīn ibn al-ᶜAdīm dem Leben al-Mutanabbis?

Wie viele Stockwerke gibt es im Haus al-Mutanabbis?

Wann war das Gebäude der Zerstörung und Vernichtung ausgesetzt?

**Ü 10:** ♦ [Abu Nuwas] Er lebte in der Epoche des Kalifen Harun ar-Raschid. – Sein Name wird in „Tausend und eine Nacht" als Begleiter des Kalifen erwähnt. – Er studierte die arabische Sprache und die arabische Grammatik in Basrah und Kufah. – Er verfasste Qasiden über den Wein, die Jagd und die Liebe, wie auch Schmähdichtung. Er starb im Jahr 815.

♦ [Abu Tammam] Er wurde im Jahr 788 n. Chr. in der Ortschaft Dschasim nordöstlich von Tiberias in einer christlichen Familie geboren. – Er verfasste seine ersten Gedichte in Ägypten, reiste dann nach Damaskus und Mosul. – Nach 833 verbrachte er sein Leben vor allem im Hofstaat des Kalifen al-Mu'tasim. – Er besuchte Chorasan und danach Maarrat an-Nu'man, wo er den Dichter al-Buhturi traf. – Er ist bekannt durch die „al-Hamasah" genannte Sammlung von Gedichten.

♦ [Al-Buhturi] Er stammte aus dem arabischen Stamm des Tayyi'. –Er begegnete Abu Tammam in Ma'arrat al-Nu'man. – Die Behörden von Ma'arrat an-Nu'man gewährten ihm eine jährliche Pension von 4000 Dirham. – Er begab sich nach Bagdad und verfasste Gedichte, in denen er den Kalifen al-Mutawakkil lobte. – In seinen Qasiden lobte er auch die Stadt Aleppo und widmete viele Qasiden der Sängerin Alwah, die er in dieser Stadt liebte. – Er stellte eine Sammlung von altarabischen Gedichten zusammen, die er wie Abu Tammam „al-Hamasah" nannte.

**Ü 11:** بارينبويم في رحلة السلام في غزة

غزة (د پ آ). لقد زار قائد الأوركسترا دافيد بارينبويم مع نحو ثلاثين موسيقارا من أوروبا المنطقة الفلسطينية قادما من مطار العريش المصري. وقد انتظره في الحفلة الموسيقية الأولى بمدينة غزة حوالي أربعمائة مستمع. وقال بارينبويم: "نريد أن نوجه رسالة / نرسل إشارة ضد الحصار الثقافي".

وبعد سفر دام أقل من ساعة واحدة وصلت الجماعة إلى متحف الآثار التاريخية في مدينة غزة وأوضح بارينبويم قائلا: "إننا هنا كسفراء السلام ونود أن ندل على أن الناس في أوروبا يشغلون بالهم بمعاناتكم". ووقف الناس وصفقوا للأوركسترا الذي ضم موسيقارين من برلين وفيينا وباريس وميلان.

وحين أوقعت نغمة "الموسيقى الليلية الصغيرة" للملحن موزارت تأرجح التلاميذ على مقاعدهم وأصوات الأجراس تصمت والهواتف النقالة تتحول إلى آلات تصوير سينمائية. وبعد كل فصل منها تتحرك الأيدي للتصفيق. وعندما توقع نغمة الأجزاء الأولى من سمفونية موزارت رقم ٤٠ تعبر همهمة على القاعة. إذ إن هذا النغم سائر محبب جدا في العالم العربي، حيث خلدته المغنية فيروز بأغنية حب.

زار قائد الأوركسترا الإسرائيلي الأرجنتيني غزة لأول مرة بدعوة الأمم المتحدة ومنظمات غير حكومية. وكان قد اتصل هاتفيا ببعثة الأمم المتحدة لفلسطين ساعات طوالا بعد أن وضع الحزب الحاكم "حماس" إقامة الحفلة الموسيقية موضع الشك.

إن بارينبويم كان ولا يزال يعمل من أجل التفاهم في صراع الشرق الأوسط. وقبل عشر سنوات أسس مع المثقف الفلسطيني أدوارد سعيد أوركسترا الديوان الشرقي الغربي. وكان هدفهما بذلك أن شبابا من البلدان العربية وإسرائيل وإسبانيا يتعلمون من خلال العزف في الأوركسترا لغة مشتركة. ومنذ تأسيسها أصبحت الأوركسترا معروفة في كل أنحاء العالم.

## Vertiefungslektion F

**A 1 ☉ 113.:** <u>Identifikationskarte / Personalausweis</u>

Registriere! Ich bin Araber.
Meine Ausweisnummer ist 50 000.
Meine Kinder sind acht.
Das neunte wird im Sommer kommen.
Bist du zornig?
         \* \* \*
Registriere! Ich bin Araber.
Ich arbeite mit den Gefährten des Schuftens im Steinbruch.

Meine Kinder sind acht.
Ich ziehe ihnen den Laib Brot,
die Kleider und die Hefte
aus dem Felsen heraus.
Ich bitte nicht um Almosen von deiner Tür.
Ich werde nicht klein
vor den Steinplatten deiner Türschwellen.
Bist du zornig?

Warum betont Mahmud Darwisch, dass er Araber ist und bei welcher Gelegenheit?
Auf welche Arbeit in Israel weist sein Gedicht bezüglich der Araber in Israel?
Bittet er um Almosen von dem israelischen Angestellten?

**A 2:** Im Mugamma': Amt für Ausländerangelegenheiten

*Diana:* As-salāmu ᶜalaikum.
*Beamter:* Auch euch sei Friede. Guten Tag, willkommen, mein Fräulein!
*Diana:* Willkommen für Sie, wie geht es Ihnen?
*Beamter:* Wie geht's, was kann ich für Sie tun?
*Diana:* Am heutigen Tag ist meine Aufenthaltsgenehmigung abgelaufen. Ich möchte bei Ihnen den Antrag auf Verlängerung für zwei Wochen stellen.
*Beamter:* Warum haben Sie uns nicht schon vor diesem Termin aufgesucht?
*Diana:* Weil ich nicht gewusst habe, dass die Verlängerung notwendig sein würde. Gestern hat mich eine meiner Dozentinnen in ihr Haus nach al-Mansurah eingeladen.
*Beamter:* Was unterrichtet diese Dame?

*Diana:* Sie ist Dozentin für moderne arabische Literatur. Was mich betrifft, so habe ich Arabisch an der Universität Berlin studiert, und jetzt studiere ich an der Kairo-Universität zur Vertiefung meiner Kenntnis dieser schönen und schwierigen Sprache.

*Beamter:* Ihre Wünsche sind Befehle. Aber der Verantwortliche für die Verlängerung von Aufenthaltsgenehmigungen ist mein Kollege Fadil Schukri im 6. Stock, Zimmer Nr. 689.

*Diana:* Ach, das hätten Sie doch gleich am Anfang sagen können. Ist Herr Fadil Schukri jetzt anwesend?

*Beamter:* Sicherlich, mein Fräulein, wenn er nicht hinausgegangen ist. Aber warum diese Eile? Wir haben ein Sprichwort das sagt: Die Eile ist vom Satan.

*Diana:* Ich habe gehört, dass ein anderes Sprichwort sagt: Die beste Wohltat sich die, die sofort geschieht. (Diana betritt den Aufzug und gelangt in den 6. Stock. Dann betritt sie das Zimmer Nr. 689.)

*Diana:* Entschuldigung, ich suche Herrn Fadil Schukri.

*Beamter:* Jawohl, wir stehen zu Diensten. Bitte schön!

*Diana:* Ich brauche die Verlängerung meines Aufenthalts für zwei Wochen. Können Sie mir helfen?

*Beamter:* Zu Diensten, mein Fräulein: Hier ist ein Formular, das Sie ausfüllen sollen. Sagen Sie mir, was ist Ihr sozialer Status?

*Diana:* Mein sozialer Status ist gut. Ich kann mich nicht darüber beklagen.

*Beamter:* Das meine ich nicht, mein Fräulein. Ich will wissen, ob Sie verheiratet, unverheiratet oder geschieden sind.

*Diana:* Ach Gott, ich bin noch ledig, aber ich habe einen Freund, dessen Verlobte ich geworden bin.

*Beamter:* Tut mir leid, wissen Sie, wie viel Uhr es ist?

*Diana:* Ich denke, es ist 10 Minuten vor 2 Uhr (mittags).

*Beamter:* Wissen Sie, was das heißt?

*Diana:* Absolut nicht.

*Beamter:* Das heißt, dass die Arbeitszeit in zehn Minuten beendet ist. Nehmen Sie es mir nicht übel, es ist besser, Sie kommen morgen wieder.

*Diana:* Unmöglich, denn ich muss morgen früh zeitig in die Stadt al-Mansurah abreisen.

*Beamter:* Es gibt keine Macht und keine Kraft außer bei dem allmächtigen Gott. Gut, geben Sie mir Ihren Pass.

*Diana:* Bitte schön, da ist mein Pass.

*Beamter:* Schön, wir verlängern Ihnen die Aufenthaltsgenehmigung für einen Monat. Ich wünsche Ihnen Erfolg beim Studium und eine guten Aufenthalt in Ägypten, mein Fräulein.

*Diana:* Herzlichen Dank für Ihre guten Dienste. Das ist sehr freundlich von Ihnen. Gott segne Sie! Leben Sie wohl!

*Beamter:* Leben Sie wohl!

Warum bat Diana um die Verlängerung ihrer Aufenthaltsgenehmigung?

Hat Diana den zuständigen Beamten im Amt für Ausländerangelegenheiten gefunden?

Warum zögerte der Beamte bei der Verlängerung ihrer Aufenthaltsgenehmigung?

**A 3:**                                     Arbeitsanleitung für warmen Kartoffelsambusak (Teigtaschen)

Die Zutaten:

Der Teig: 3 Becher Mehl, ein Kaffeelöffel Salz, ein Viertel Kaffeelöffel Kümmel, ein Viertel Kaffeelöffel Paprika.

Ein Becher Milch, ein halber Becher Maisöl.

Die Füllung: ein Esslöffel Öl, eine Zwiebel mittlerer Größe gehackt – ein Esslöffel Ingwer gehackt – 2 zerquetschte Knoblauchzehen – 3 Kartoffeln in kleine Würfel zerschnitten – ein Kaffeelöffel getrockneter Koriander – ein halber Kaffeelöffel Kurkuma – ein Kaffeelöffel Curry-Gewürze – ein Kaffeelöffel Salz – ein Viertel Kaffeelöffel schwarzer Pfeffer – ein Kaffeelöffel Paprika – ein Kaffeelöffel rote Pfefferschoten.

Zum Braten: Maisöl.

Zur Zubereitung des Teigs: Du mischst die Bestandteile des Teig zusammen, bis du einen festen Teig bekommst. Du lässt ihn für 30 Minuten ruhen.

Zur Zubereitung der Füllung: Die Zwiebel wird mit dem Knoblauch und dem Ingwer verrührt bis ihre Farbe gelb wird. – Zugabe der Gewürze unter Rühren, bis die Zwiebel die Farbe der Gewürze annimmt. – Zugabe der in kleine Würfel geschnittenen Kartoffeln mit einem halben Becher Wasser, sie werden gelassen, bis sie gleichmäßig wird. – Der Teig wird beiseite genommen, in Kreise zerteilt und mit der Füllung gefüllt. – Er wird in heißem Öl gebraten, bis er eine goldene Farbe annimmt und wird (dann) serviert.

**A 4:**

أنا أمشي/ أؤثر/ أدافع/ أرسل /أتلقى/ حافظت/ التقيت/ تعودتُ/ شاركت/ استعددت/ تعلمت

أنتَ تمشي/ تؤثر/ تدافع/ ترسل/ تتلقى/ حافظت/ التقيت/تعودت/ شاركت/ استعددت/ تعلمت

أنتِ تمشين/ تؤثرين/ تدافعين/ ترسلين/ تتلقين/ حافظتِ/ التقيت/ تعودتِ/ شاركت/ استعددت/ تعلمت

هو يمشي/ يؤثر/ يدافع/ يرسل/ يتلقى/ حافظ/ التقى/ تعود/ شارك/ استعد/ تعلم

هي تمشي/ تؤثر/ تدافع/ ترسل/ تتلقى/ حافظتْ/ التقت/ تعودت/ شاركت/ استعدت/ تعلمت

نحن نمشي/ نؤثر/ ندافع/ نرسل/ نتلقى/ حافظنا/ التقينا/ تعودنا/ شاركنا/ استعددنا/ تعلمنا

أنتم تمشون/ تؤثرون/ تدافعون/ ترسلون/ تتلقون/ حافظتُم/ التقيتم/ تعودتم/ شاركتم/ استعددتم/ تعلمتم

أنتن تمشين/ تؤثرن/ تدافعن/ ترسلن/ تتلقين/ حافظتنَّ/ التقيتن/ تعودتن/ شاركتن/ استعددتن/ تعلمتن

هم يمشون/ يؤثرون/ يدافعون/ يرسلون/ يتلقون/ حافظوا/ التقوا/ تعودوا/ شاركوا/ استعدوا/ تعلموا

هن يمشين/ يؤثرن/ يدافعن/ يرسلن/ يتلقين/ حافظنْ/ التقين/ تعودن/ شاركن/ استعددن/ تعلمن

أنتما تمشيان/ تؤثران/ تدافعان/ ترسلان/ تتلقيان/ حافظتُمَا/ التقيتما/ تعودتما/ شاركتما/ استعددتما/ تعلمتما

هما يمشيان/ يؤثران/ يدافعان/ يرسلان/ يتلقيان/ حافظا/ التقيا/ تعودا/ شاركا/ تعلما

هما تمشيان/ تمشيان/ تؤثران/ ترسلان/ تتلقيان/ حافظتا/ التقتا/ تعودتا/ شاركتا/ تعلمتا

**A 5:** نجد رسائل كثيرة. ‒ أقوم في الصباح الباكر. ‒ تصلي خمس مرات يوميا. ‒ يحافظ العرب على لغتهم. ‒ أعطيه رقم التلفون. ‒ ينطلق القطار بسرعة. ‒ تهتمون بطلباتنا. ‒ تتفقان على لقاء جديد. ‒ يستيقظ في الصباح. ‒ دللتهم على الطريق. ‒ عشنا في هذا الشارع. ‒ لبيتم دعوة الأصدقاء. ‒ دافع عن حقوقنا. ‒ أقاموا حفلة غداءً. ‒ تحدثتِ كثيرا. ‒ التقوا في نادي الطلاب. ‒ استقبلتِ الزميلتين الجديدتين. ‒ استطاع أن يفعل ذلك.

**A 6:** لم تدرسوا اللغة الإنكليزية. ‒ لم أقدم الضيوف إلى والدي. ‒ لم ينظم الشاعر خمسين قصيدة. ‒ لم تجئ صديقتك بالكتب. ‒ لم تتغير الظروف اليوم. ‒ لم تتعاون لتحقيق الهدف. ‒ لم ينبغ أن نحضر بالوقت. ‒ لم ننته من أداء الواجب. ‒ لم يصفر وجه فاطمة. ‒ لا أعمل في الجامعة. ‒ لا نعطي أحمد الرسالة المسجلة. ‒ لا يحافظون على لغتهم. ‒ لا تهدي فاطمة صديقتها هدية. ‒ لن يتعودوا على استعمال الآلة. ‒ لن تستقبلي الأصدقاء الأجانب. ‒ لا يتبادلن آراءهن. ‒ لا ينعقد مؤتمر في الخرطوم. ‒ لا تخضر الأشجار في الربيع. ‒ لا تجلس على الكرسي. ‒ لا ترحبوا بأصدقائكم. ‒ لا تحافظي على حقوقك. ‒ لا تعطونا أرقام هواتفكم. ‒ لا تتعلموا هذه التعابير. ‒ لا تتبادلا تحيات. ‒ لا تتفقوا على اقتراح. ‒ لا تستقبلا هذا الزميل. ‒ لا ترحب بهذه الخطوة.

**A 7:** Wurzel ع - م - ج: Die Studenten werden Geschenke für die Opfer des Erdbebens in Iran sammeln. Einige Firmen vereinen die Produktion verschiedener Waren. Übermorgen werden wir in der Kairo-Universität zusammenkommen. Am Freitag werden wir in einer nahe gelegenen Moschee beten. Die saudischen unverheirateten jungen Männer wollen die Einkaufszentren allein betreten, aber die konservative saudische Gesellschaft erlaubt dies nicht. Ich habe den Professoren die Abhaltung eines neuen Seminars vorgeschlagen und wir werden uns da in zwei Wochen treffen. Es gibt arabische Sprachakademien in Kairo, Damaskus, Amman und Bagdad.

Wurzel ع - ل - م: Die Studenten erfuhren gestern, dass Dr. Samir sie das Arabische lehren wird. Sie versprachen, es intensiv zu lernen. In zahlreichen arabischen Staaten gibt es ein Informationsministerium. An der Freien Universität kann man Politische Wissenschaften und Sozialwissenschaften studieren sowie Mathematik und Naturwissenschaften. Die Studenten zeigen ihren ausländischen Kommilitonen die Sehenswürdigkeiten der Stadt.

Wurzel ل - ق - ي: Du wirst vielen Schwierigkeiten bei deiner Arbeit begegnen. Der Präsident der Universität hielt eine wichtige Rede aus Anlass der Eröffnung des neuen Studienjahrs. Wir erhielten vorgestern einen Brief vom Hochschulministerium. Ich werde mit dir morgen am Befreiungsplatz zusammentreffen, so Gott will. Der Vater Ahmads fand seinen Tod auf Grund eines Verkehrsunfalls.

Wurzel ق - د - م: Erlauben Sie mir, Ihnen dieses Geschenk zu überreichen. Wir reichten unseren Gästen köstliche Gerichte und Getränke. Samir stellt seiner Familie seine Kommilitonen von der Universität vor. Der Student reichte bei der Universitätsverwaltung den Antrag auf Einschreibung bei der Philosophischen Fakultät ein. Wir werden Marokko und seine wichtigsten Städte im kommenden Monat besuchen.

**A 8:** أخبرتني ٱبنتي بأنها ٱلتقت بٱبنها. ‒ أجاب ٱلمدير على أسئلة ٱلعمال ٱلأجانب. ‒ ألم تسأل ٱلمرأة عن ٱلمركز ٱلاجتماعي.

**A 9:** لن نزور معالم كثيرة إلا إذا كان الوقت كافيا لذلك. ‒ لن يكون في جامعتنا مدرسون جدد للغة العربية إلا إذا زاد عدد الطلاب بشكل واضح. ‒ لن تدعو صديقتي زميلاتها إلى حفلة عشاء إلا إذا نجحت في الامتحان.

الختامي. — لن يستيقظ سمير في الساعة التاسعة صباحا إلا إذا أيقظته صديقته في الوقت المناسب. — لن يسافروا إلى القيروان إلا إذا كان الطقس جميلا. — لا نفعل ذلك إلا إذا فعلتم ذلك أيضا. — لا يشارك الطلاب في المناقشة إلا إذا فهموا محاضرة المدرس. — لا تتجولون في سوق السراجين إلا إذا رافقكم زملاء تونسيون. — لا يجد السياح الطريق إلى وسط المدينة إلا إذا عرفوه بدقة.

**A 10:** Die Ergänzungen können frei gewählt werden, beispielsweise:

سيجيء البريد بالمجلات الجديدة غدا إن شاء الله. — لنقم برحلة إلى الجبال إن شئتم. — اجلبوا المواد الغذائية اللازمة إن أمكن. — إذا / إن وجدت هذه الآلات فينبغي أن تستعملوها. — لو سمحت أدلك على ما حدث بالأمس. — لو عرفت ذلك لكنت سعيدا / سعيدة. — حبذا لو شاهدنا هذا الفيلم. — أتمنى لو كنت بصحة جيدة.

**A 11:** طلبت ديانا من الموظف مساعدتها. — دعانا صديقنا اليوم لزيارته في مدينة حلب. — لم يؤكد الموظف وجود زميله في مكتبه. — أبلغتني صديقتي بزيارتها لمدينة الإسكندرية أمس. — يعني ذلك انتهاء الدوام قبل نصف الساعة. — آمل في تمديد الموظف تأشيرة إقامتي بثلاثة أشهر. — يجب الإشارة إلى مشاكل كثيرة. — يمكن القول إن مدير المعهد على حق. — أعلنت الجامعة عن افتتاح السنة الدراسية الجديدة في ١ سبتمبر القادم.

**A 12:** (Viel Glück bei der Suche im Internet!)

**A 13:** الجزائر البيضاء — حلب الشهباء — القدس الشريف — مكة المكرمة — المدينة المنورة — محمد رسول الله صلى الله عليه وسلم — موسى عليه السلام — الخليفة أبو بكر رضي الله عنه — القرآن الكريم — أمير البلاد حفظه الله ورعاه

**A 14:** Vergleichen Sie den Text in Lektion 26 T 1.

**A 15:**                                    Sure der unverfälschten Verehrung Gottes
Sprich: Gott ist ein Einziger, Gott ist unvergänglich, er zeugt nicht und wurde nicht gezeugt und nichts ist ihm ebenbürtig.

**A 16:** Wichtige Punkte sind: die für den Islam drittwichtigste Moschee (nach der Kaabah in Mekka und der Moschee des Propheten in Medinah): – Bau einer ersten Moschee aus Holz im Jahr 638 auf Befehl des Kalifen Omar ibn al-Khattab – Bau einer Moschee aus Holz – Bau einer Moschee aus Stein auf Befehl des Kalifen Abdalmalik nach der Errichtung des Felsendoms im Jahr 692 – ihre Benutzung für nichtislamische Zwecke in der Zeit der Kreuzzüge – nach dem Einzug des Ayyubiden Saladin im Jahr 1187 erneute Verwendung als Moschee durch die Muslime

**A 17:** An unseren lieben Kollegen N.N.
Wir wünschen, dass dieser Tag ein Eingang in ein Jahr voller Gesundheit, Glück und Erfolg sei. Jedes Jahr mögen Sie in gutem Zustand sein.          Andrée

Mit den aufrichtigsten Wünschen und höchster Wertschätzung wünschen wir, dass wir in fester Beziehung bleiben, um aus Ihrem Wissen und Ihrer Erfahrung Nutzen zu ziehen.  Buschra

**A 18:** ستفرح كثيرا وأنت تزور قصر المنتزه. — كنت خائفة وأنت تمشين في زنقة الستات بالإسكندرية. — كان المتنبي قاعدا وهو يلقي شعره أمام سيف الدولة الحمداني. — بذل الفقهاء أشد جهدهم وهم ينشرون الإسلام واللغة العربية. — وصل الرئيس الألماني الكويت وخبراء اقتصاديون يرافقونه. — توجه الوزير إلى قصر الضيافة وهو لا يهتم بأسئلة الصحفيين. — ألف الأستاذ درسا جديدا وهو يطبق أحدث أساليب التدريس. — سافرت فاطمة إلى مكة وهي تؤدي مع عائلتها العمرة. — ألقت آمنة محاضرة وهي تتطرق إلى مستجدات التطور في العالم العربي. أعلن الضباط الأحرار عن ثورة مسقطين النظام الملكي. — ألقى الرئيس جمال عبد الناصر كلمة معلنا عن تأميم قناة السويس. — اتخذ مجلس قيادة الثورة إجراءات جديدة مصدرا قوانين الإصلاح الزراعي. — تكلم رئيس الحزب شاكرا على حسن الضيافة والاستقبال الودي. — ودعت المرافقة السياحية الضيوف متمنية لهم ليلة سعيدة. — وصل إلى الجزائر ضيوف ألمان قادمين من برلين. — تكونت الجمهورية العربية المتحدة مبنية على وحدة مصر وسوريا. — وصل مسؤولو وزارة الاقتصاد الأردنية إلى برلين ملبين دعوة وزارة الاقتصاد الألمانية. — ألقى وزير الخارجية كلمة مركزا فيها على المشاكل الإقليمية السياسية. — تأسس حزب البعث عام ١٩٤٧ معلنا عن شعاره "وحدة حرية اشتراكية".

**A 19:** أما الإفطار فيبدؤونه في الدول الإسلامية بتناول المسائل والتمور. — أما الولد والفتاة فيصومان عندما تظهر عليهما علامات البلوغ. — أما معارض للأزياء النسائية فأجازت الإدارة العامة للإفتاء إجراءها بثلاثة شروط. — أما مهنة عارضة الأزياء فيجوز للمرأة أن تمارسها إذا التزمت بالشروط المذكورة. — أما شركة نفط العراق فأممتها الحكومة عات ١٩٧٢. — أما حركة دول عدم الانحياز فأدى فيها رؤساء مصر والهند ويوغسلافيا دورا هاما. — أما أمة عربية واحدة ذات رسالة خالدة فأكد حزب البعث على ضرورة وجودها. — أما جائزة نوبيل فمنحها الكاتب نجيب محفوظ عام ١٩٨٨. — أما شعار "وحدة — حرية — اشتراكية" فبذل حزب البعث جهوده لتحقيقه.

**A 20:** أكثر المؤسسات ارتباطا بالأصدقاء العرب / المؤسسة الأكثر ارتباطا بالأصدقاء العرب — أكثر الطلاب تهذيبا / الطالب الأكثر تهذيبا — أكثر المواقف معرفة / الموقف الأكثر معرفة — أكثر المغنيات شهرة / المغنية الأكثر شهرة — أكثر الخبراء تأهيلا / الخبير الأكثر تأهيلا — أكثر الرجال قوة / الرجال الأكثر قوة = أقوى الرجال — أكثر البلدان بعدا / البلاد الأكثر بعدا = أبعد البلدان

**A 21:** نجح جميع الطلبة في الامتحان إلا واحدا. — لا يزور المعرض إلا تجار متخصصون. — ظن الطبيب كلا الشخصين ميتين. — ليس هذا أمرا ذا أهمية قليلة. — جاء رجال الشرطة يبحثون عن شخص معين. — يزيد مجيء الابن أمه فرحا. — الآن الساعة الثانية عشرة إلا ربعا. — ولد الكاتب عام ألف وتسعمئة وثمانية وعشرين. — دخل المعلم غرفة الدرس وهو يقول: إنني أتمنى لكم صباح الخير.

**A 22:** Für die Form des Dialogs sind die vorgegebenen Sätze in die 1. bzw. 2. Person umzuformen. Im Übrigen kann der Dialog frei gestaltet werden. Benutzen Sie Wendungen wie... أريد زيارة ... أوصي بزيارة ... أرجو.

A: Will die Sehenswürdigkeiten von Tripolis, der Hauptstadt Libyens besuchen.

B: Empfiehlt den Besuch der Altstadt mit ihren altertümlichen Gebäuden und ihren Märkten, der Zitadelle von Tripolis mit ihren Museen, und zusätzlich die Kamelinmoschee, den Triumphbogen des Marcus Aurelius und den Uhrenturm.

A: In Hinblick auf die Vielzahl der touristischen und historischen Altertümer bittet er, ihn mit einigen Informationen über die wichtigsten Altertümer zu versorgen.

B: Ist ganz und gar bereit hierzu. Er beginnt damit, Informationen über die Zitadelle von Tripolis, das "rote Serayl" zu geben: Es schaut auf den Hafen der Stadt herab – es wurde auf den Resten eines römischen Gebäudes erbaut – zu byzantinischer Zeit war es ein große Festung zur Verteidigung der Stadt – die Araber drangen nach einer Belagerung von einem Monat im Jahr 642 in die Stadt ein – die Araber fügten einige Türme und Mauern hinzu – heute enthält die Zitadelle einem Komplex von verschiedenen Museen und ist der Standort der libyschen Altertumsverwaltung.

A: Fragt nach der Moschee der Kamelin.

B: Sie gehört zu den ältesten Moscheen in Afrika – sie wurde vor der al-Azhar-Moschee gebaut – ihr Name ist mit der Geschichte von der beladenen Kamelin verbunden, die der fatimidische Kalif al-Mu'izz lidinillah den Bewohnern der Stadt zum Bau dieser Moschee geschenkt hat.

A: (Gibt es) römische Altertümer?

B: Das einzige in Tripolis übrig gebliebene Baudenkmal ist der Triumphbogen des Mark Aurel zum Andenken an den römischen Herrscher – er herrschte in der Zeit von 161 bis 180 – das archäologische Denkmal steht in Norden der Altstadt.

A: Bittet um Information über den Glockenturm.

B: Er steht im Viertel der Stadtverwaltung – seine Höhe beträgt 18 m – er ist mit einer Uhr ausgerüstet, die eine Glocke enthält, die zu jeder vollen Stunde schlägt – er wurde im türkischen Stil zwischen 1866 und 1870 gebaut.

A: Fragt nach der Zeit, die für den Besuch aller Sehenswürdigkeiten notwendig ist.

B: Wenigstens drei Tage.

A: Bittet um Begleitung von B und schlägt zuerst die Tour durch die Altstadt vor.

A+B: Verabreden einen Termin am folgenden Tag.

**A 23 ⊙ 114.:** العرب قبل الإسلام

منذ قديم الزمان سكن البدو العرب شبه الجزيرة العربية التي تقع في الطرف الجنوبي من آسيا الغربية، وهي أعظم شبه جزيرة في العالم. يحدها الخليج العربي من الشرق والبحر الأحمر من الغرب وبلاد الشام من الشمال والمحيط الهندي من الجنوب. وهي بلاد حارة، أمطارها قليلة، وأكثرها بواد وصحاري تغطيها الرمال التي لا ينبت فيها غير بعض الأعشاب القاسية. وكان العرب قد دجنوا الجمل فاستطاعوا الحياة بالتجوال مع قطعانهم في تلك المناطق الجافة الحارة.

عرف العرب قبل الإسلام ديانات متعددة، إلا أن الوثنية كانت أوسع انتشارا. وكان لكل قبيلة آلهتها، ففي الكعبة كان أكثر من ثلاثمائة صنم تمثل الآلهة التي كان يعبدها العرب ومن أشهرها هبل واللات والعزى ومناة، وهذه الأخيرة هي أقدم الأصنام عندهم، وهي عبارة عن حجر أسود في معبد خاص بين مكة ويثرب أو المدينة المنورة في أيامنا هذه. وقد عرفوا أيضا الشيء الكثير عن الديانات الأخرى كالمسيحية واليهودية بفضل علاقاتهم مع مسيحيي الشرق واليهود.

وخلف العرب تراثا أدبيا هو الشعر، وقد أثرت فيه عدة عوامل أهمها الأسواق التي كان الناس يجتمعون فيها للتجارة في مواسم معينة. وكان سوق عكاظ أشهر هذه الأسواق، لأنه لم يكن سوقا عاديا فحسب، وإنما كان عالما كبيرا لا يقتصر على حركة الشراء والبيع، بل كان منتدى فكريا حافلا بكل فنون الآداب واللغة. وكان الشعراء يتبارون فيه بالشعر، فينشد كل منهم أجود ما عنده ويحفظه السامعون ويتناقلونه. وإن سوق عكاظ بلا شك ملكة أسواق العرب قبل الإسلام.

## Die Araber vor dem Islam

Seit ältester Zeit bewohnen die arabischen Beduinen die Arabische Halbinsel, die am südlichen Ende von Westasien liegt. Sie ist die gewaltigste Halbinsel in der Welt. Der Arabische Golf begrenzt sie von Osten, das Rote Meer von Westen, die syrischen Gebiete von Norden und der Indische Ozean von Süden. Sie ist ein heißes Land, dessen Regengüsse gering sind. Der größte Teil sind Steppen oder Wüsten, die der Sand bedeckt, auf dem nichts außer einige harte Kräuter wachsen. Die Araber hatten das Kamel domestiziert und so konnten sie durch Herumziehen mit ihren Herden in jenen trockenen heißen Gegenden leben.

Die Araber kannten vor dem Islam zahlreiche Religionen, doch war der Götzendienst am weitesten verbreitet, und jeder Stamm hatte seine Götter. So waren in der Kaabah mehr als 300 Götzenbilder, die die Götter repräsentierten, welche die Araber verehrten. Die bekanntesten davon waren Hubal, Allat, Al-Uzza und Manat. Diese Letztere ist das Älteste der Götzenbilder bei ihnen. Sie besteht in einem schwarzen Stein in einem speziellen Heiligtum zwischen Mekka und Jathrib (oder heutzutage das 'erlauchte Medina'). Die Araber wussten auch sehr viel über die anderen Religionen wie das Christentum oder das Judentum dank ihrer Kontakte mit den Christen des Orients und den Juden.

Die Araber hinterließen ein literarisches Erbe, nämlich die Dichtung. Auf sie hatten mehrere Faktoren Einfluss, der wichtigste sind die Märkte, bei denen die Leute an bestimmten Jahreszeiten zusammenkamen um zu handeln. Der Markt von Ukaz war der Bedeutendste dieser Märkte, weil er nicht nur ein gewöhnlicher Markt war, sondern eine große Welt, die sich nicht auf Kauf und Verkauf beschränkte, vielmehr ein intellektueller Treffpunkt angefüllt von allen Künsten der Literatur und der Sprache war. Da wetteiferten die Dichter mit Dichtung. So rezitierte jeder von ihnen das Beste, das er hatte, die Hörer behielten es im Gedächtnis und tradierten es weiter. Zweifellos war der Markt von Ukaz die Königin der Märkte der Araber vor dem Islam.

Was wächst auf dem Sand der Steppen der arabischen Halbinsel?
Was haben die Araber vor dem Islam den folgenden Generationen hinterlassen?
Wer sind die bekanntesten Götter der Araber vor dem Islam?
Was war die Funktion der Märkte im Land der Araber vor dem Islam?
Was machten die Dichter auf den Märkten der Araber vor dem Islam?

**A 24:** Der Prophet gilt nichts im eigenen Land. Ein tatkräftiger Imam ist besser als ein redseliger Imam. Die Bedachtsamkeit ist von Gott und die Eile ist vom Teufel. Die Vorsicht bewahrt nicht vor dem Schicksal.